珍藏本
纪念版

汉译世界学术名著丛书

宪法的守护者

〔德〕卡尔·施密特 著

李君韬 苏慧婕 译

商务印书馆
SINCE 1897 The Commercial Press

2017年·北京

Schmitt, Carl
DER HÜTER DER VERFASSUNG

1. Auflage 1931
2. Auflage 1969
3. Auflage 1985
2. Auflage 1996

汉译世界学术名著丛书
（120年纪念版·珍藏本）
出 版 说 明

2017年2月11日，商务印书馆迎来120岁的生日。120年前，商务印书馆前贤怀揣文化救国的理想，抱持"昌明教育，开启民智"的使命，立足本土，放眼寰宇，以出版为津梁，沟通中西，为中国、为世界提供最富智慧的思想文化成果。无论世事白云苍狗，潮流左右激荡，甚至战火硝烟弥漫，始终践行学术报国之志，无改初心。

迻译世界各国学术名著，即其一端。早在20世纪初年便出版《原富》《天演论》等影响至今的代表性著作，1950年代后更致力于外国哲学和社会科学经典的译介，及至1980年代，辑为"汉译世界学术名著丛书"，汇涓为流，蔚为大观。丛书自1981年开始出版，历时三十余年，迄今已推出七百种，是我国现代出版史上规模最大、最为重要的学术翻译工程。

丛书所选之书，立场观点不囿于一派，学科领域不限于一门，皆为文明开启以来，各时代、各国家、各民族的思想与文化精粹，代表着人类已经到达过的精神境界。丛书系统译介世界学术经典，引领时代思想，为本土原创学术的发展提供丰富的文化滋养，为推动中国现代学术和现代化进程做出了突出的贡献。

为纪念商务印书馆成立120周年，我们整体推出“汉译世界学术名著丛书”120年纪念版的珍藏本，寄望既利于文化积累，又便于研读查考，同时向长期支持丛书出版的译者、编者和读者致以敬意。

两甲子后的今天，商务印书馆又站在了一个新的历史时间节点上。我们不仅要铭记先辈的身影和足迹，更须让我们的步伐充满新的时代精神。这是商务人代代相传的事业，更是与国家和民族的命运始终紧密相连的事业。我们责无旁贷，必须做好我们这代人的传承与创造，让我们的努力和成果不仅凝聚成民族文化的记忆，还能成为后来人可以接续的事业。唯此，才能不负前贤，无愧来者。

商务印书馆编辑部

2017年10月

前　　言

呈献在读者面前的这本专论，是对1929年3月发表的《宪法的守护者》(《公法学论丛》(*Archiv des Öffentlichen Rechts*)，Neue Folge，XVI，S. 161 bis 237)这篇论文所进行的改写与补充。此外，发表于1929年与1930年这段期间的论文与演讲当中的某些论述，也被整合到此一主题的体系脉络中。

倘若欠缺对于具体宪政情势的图像，那么也就不可能对这样的研究对象做科学性的探讨。这其中自然隐含了一项极其困难而充满危险的课题。其并非导因于可以预见的、基于政党态度的扭曲——这应该是属于思想自由所带来的一般风险；毋宁说，该现象系导因于当前德国宪法状况所造成的极度混淆态势，这些状况只能在一个大规模的变迁范畴中被掌握。今天，若有人只想花几页的篇幅来谈论"德意志帝国之现状"(*de Statu Imperii Germanici*)，并且尝试提出一完整的图像，他所观察到的必定是一个充满矛盾的、由各种系统、系统片段以及倾向所构成的混合体。的确，今天在世界上的大部分国家中，宪法都成了一个新的问题，即便在法国，晚近也有巴泰雷米(J. Barthélemy)认为(在对"经济利益联盟"(Union des Intérêts Economiques)的一篇演讲中)，国家改革的要求已经成为当代最实际的课题，我们也应以此为探讨出发点。

不过，在德国，藉由单纯的“帝国改革”(Reichsreform)作为改变当前联邦国家体制的手段，并不能解决问题。在对当前具体宪政情势进行认知时，最令人感到棘手的问题就是，联邦主义的组织型态与其他建构国家意志的原则，同时结合并交错着。我尝试将它们分别标举为“多元主义政党国家”(pluralistischer Parteienstaat)与“多角势力”(Polykratie)，并且处理由此产生的“国家在内政上中立性”问题；之所以这么做，绝非出于对“发人深省”或“引人入胜”之论题的渴求，而是完全基于探讨对象本身所给定的必然性，所不得不为者。

我的残酷命运和疑虑降于一基础未固之国家
(*Res dura et regni novitas me talia cogunt*)
我必须挺身而战
(*Moliri*)

卡尔·施密特

柏林，1931年3月

目　　录

导论　保护宪法的几种方式与可能性

对于宪法守护者或维护者的呼声经常是宪法状态危急的一种 1
表征。因此，在近代宪法史上，是在英国、而且是在1658年克伦威
尔过世之后——也就是在当第一次尝试制定成文宪法之后，或者
说是处在国会没有能力做成实质决议、而君王复辟又尚未发生的
共和政府内政垮台年代里——第一次产生这种宪法守护者之设计
与提案的事实，也就不但深具启发性，同时也值得我们仔细观察。
举例来说，当时提出了一种以斯巴达五长官制（spartanisches Ephor-
ate）之方式来维护邦联（Commonwealth）现有秩序、阻止君主复辟
发生的特殊组织设计。而特别在哈林顿（Harrington）的圈子里则
更产生了一些诸如“自由维护者”或“宪法维护者”的概念[1]。从上
述的叙述中我们可以看到，对于这些制度的设想已经超越了宾夕
法尼亚宪法的范畴，而进入法国大革命的层次。然而在第一共和
国成立后第8年（1799年）所制定的宪法里，是以参议院作为宪法
的守护者。这项制度正产生于政治反对运动（亦即拿破仑一世时
期）的前夕[2]。因此，这个参议院守护者（Sénat Conservateur）在
拿破仑战役失利后才扮演起宪法维护者角色，并以侵害宪法及人
民权利（Volksrechte）为由，通过1814年4月3日之政令宣告拿破 2

仑及其家族丧失王权的行为，也就具有双重的意义[3]。

虽然19世纪的德意志宪法奋斗史不能与这种大型革命相提并论，但德意志君主立宪的宪法也一样没有忽略如何保护宪法的问题。在这些宪法当中，又以巴伐利亚宪法（1818年公布）与萨克森宪法（1831年公布）的规定最具代表性。这两部宪法在“宪法之维护”（Von der Gewähr der Verfassung）的标题下谈到：1. 君主、公务员（Staatsdiener）与国民在宪法上的宣誓（Eid）[4]；2. 等级会议（Stände）在宪法受侵害时之**异议权**（Beschwerden）；3. 等级会议于宪法受侵害时提起**诉讼**之权利；4. **宪法修改**（Verfassungsänderung）之要件。在这个标题之下，1831年的萨克森宪法还另外涉及国事法院在宪法解释具有疑义而政府与等级会议间亦无合意存在时的审判权限[5]。但在普鲁士宪政冲突时期之历史经验与俾斯麦政策的卓越成就之后，宪法维护的问题却在概念的层次上被沉默地忽略了，而在接下来的几个世代里，出于对一般宪法理论的漠然，人们也不再意识到这个问题。G. 耶利内克（Georg Jellinek）在他的《一般国家学》（*allgemeine Staatslehre*）（初版，1900）的最后一章中是在这样的标题“公法的保障”（Die Garantien des öffentlichen Rechts）之下处理（宪法的维护）。他在这里所举出的保障手段（政治宣誓、对国会所负之责任、部长诉讼）符合了19世纪德国的政治局势及氛围。而奥图·梅耶（Otto Mayer）则在他的《萨克森国家法》（*Sächsichen Staatsrecht*，1909）
3 中谈到了保障宪法不受侵害或误解的规定：“很清楚地，这些规定应尽可能不予适用，而实际上也的确不曾适用过。”

也许人们在当时是出于对政治安定与维护公益的想法，才将宪法守护者的单纯议题视为“政治”问题而不予讨论。但从那时起我们已经得到教训,知道宣称自己的见解不带政治色彩、而把反对者的质疑和意见都打上政治标签的做法只是一种政治伎俩。我们还知道,国家学和宪法学的问题不会因为我们的否认或拒绝正视就获得解决。而魏玛宪法的制定再度引发了人们对于宪法特别保障的兴趣,也引起谁是宪法守护者或捍卫者的疑问。德国国事法院自称是“帝国宪法的守护者”(Hüter der Reichsverfassung)[6]。而帝国总统西蒙斯博士(Dr. Simons)也称帝国法院为帝国宪法的“捍卫者及守望者”(Wahrer und Wächter)[7]。许多人提议要求国事法院或宪法法院担负起宪法守护者、维护者、捍卫者或信托管理人(Treuhänder)的责任。而在法学界,这个问题也再度引起人们的重视。我在 1929 年 3 月发表于《公法学论丛》(第 16 卷,第 161 页以下)(*Archiv des öffentlichen Rechts*,Bd. XVI,S. 161 ff.)关于《宪法的守护者》的论文不但获得广泛的支持,也特别造成近年来德意志帝国总统就其宪法地位而言更常被视为宪法守护者的结果[8]。

迄今的法律提案与草案几乎都是从相同的立足点出发,也就是应该由**法院**通过司法程序来解决宪法争议以及帝国法律之合宪性疑义和适用上之争议。但是这些不同的提案也造成众多最高裁判 4
机关并立的混乱结果:国事法院、宪法法院、帝国法院(根据帝国宪法第 12 条第 2 项)、帝国裁判法院(Reichsspruchgericht)(根据芮莱尔[Zeiler]的意思,系指“其法律解释具有拘束力之帝国法院”[9])以及帝国行政法院全都以一种不明确的对等关系成为帝国与各邦众多最高裁判机关的一员。对于这种现象格劳(R. Grau)说得好:“是一大堆互相竞争、时而还会彼此冲突的宪法守护者”[10]。整体而言,当前对于这个宪法难题的普遍对待方式，愈来愈受到从事司法实务的法律人这种倾向的影响，也就是将所有问题交由司法程序来解决，而完全忽略诉讼裁判与宪法规定内容疑义及适用争议之决定的基本差异。而因为人们首先感受到的是保障(宪法)免受立法者(也就是国会)(侵害)的迫切需求，所以也就恣意地将保护宪法的问题限缩为保护宪法免受违宪法律或命令侵害的问题；不仅如此，因为人们另外还希望在司法权领域中寻找宪法守护者，因此如同鲁道夫·斯麦特(Rudolf Smend)在一个附带提出、但十分适切的评论里指出的，应该由谁来担任宪法守护者的问题在“没有多加思索”的情况下又被进一步扭曲了[11]。在战后初期的论者中，维特迈尔(L. Wittmayer)是一个值得称许的例外，因为他基于帝国参议院(Reichsrat)的异议权(Einspruchsrecht)而将帝国参议院视为宪法的守护者，并且藉此再次呈现出保护宪法(Verfassungsschutz)与提高修宪难度(Erschwerung der Verfassungsänderung)之间久已为人遗忘的关联[12]。然而大多数的设计与提案都主张法规(法律与命令)合宪性的疑义与适用争议应交由法院(帝国裁判法院、德国国事法院)决定。第三十三届(1924 年在海德堡召开)与第三十四届(1926 年在科隆召开)德国法学家年会(Deutscher Juristentag)的提议更认为，宪法守护者的问题，应该通过德国
5 国事法院管辖权的扩张——从帝国宪法第 19 条中“邦内部之宪法
争议”扩张到“帝国内部之宪法争议”——来加以解决[13]。也许是
6 人们对战前期的印象还在，也可能是受到当时经常被提到的“奥地
利方案”[14](österreichische Lösung)影响，人们在战败后心神俱疲的第一个 10 年里很少论及这种司法权扩张的实质意义，而以抽

象的规范论（Normativismen）和形式论（Formalismen）为已足。

德国国事法院从 1925 年以来，特别是通过帝国宪法第 19 条之实践而获得的管辖权大幅扩张，很快地就引发了政治和宪法上的疑虑，从而阻碍了这种截至目前似乎是理所当然的司法化浪潮。帝国宪法第 19 条是通过判决先例（Präzedenzfall）之方式去确定“宪法争议”（Verfassungsstreitigkeit）——这个无法以一个毫无限制之字眼“定义”（宪法争议是所有关于宪法规定之争议）来界定——的概念、何谓“邦内部之宪法争议”，以及国事法院之当事人能力的关键问题。我们必须注意到，现在的政党、国会党团（Parlamentsfraktion）以及议员的个别团体、宗教团体（Religionsgesells-chaft）、地方自治团体（Gemeinde），甚至贵族的结社（Adelsgenossenschaft）都已经能够在高度政治性的案件中向国事法院要求传唤邦或邦政府[15]，而我们似乎也无法预见，哪些社会实体（soziale Größe）和团体（职业代表、利益团体、公法人）有朝一日也能循着这种模式成为诉讼当事人[16]。不过大概在一年之前，这种倾向又再度趋缓，因为本文之后还会再仔细讨论的 1930 年 2 月 17 日普鲁士选举法争议判决[17]标示出了一种抑制的趋势。

所有问题的处理，都必须从国家与宪法情势的具体脉络去观察。因此，为了证明这样的必要性，在我们急着将第一个找到的答案抽象化之前，必须先对这些曾在宪法议题之长远历史中出现过的、各式各样的“宪法守护者”作一番回顾。斯巴达**五长官制**的古典模式一直到 19 世纪还时常被提及，在大多数的时候是提到“谁来监督守护者”（*quis custodiet ipsos custodes*）这一无法回避的问题，以及“这种守护者容易变成宪法的主宰并有成为第二个国家元首(Staatshaupt)之危险”的警告性附注；然而有时却是在批评这些不良后果——享有身份保障、不负政治责任且依其裁量而做出
8 决定之机关——时才会提及**五长官制**[18]。其他的提案及建制，诸如**护民官**(Tribunen)[19]、**监察官**(Zensoren)[20]及法律顾问(Syn-
9 dici)[21]也都属于这第一种的宪法守护者类型。而第二种宪法守护者的形式则是以罗马**元老院**(römischer Senat)这种通过其屏障与守护之职权而成为罗马宪政状态之真正捍卫者的原型为基础，而元老院的“权威”(Autorität)——在这里是以精确之含义与“权力”(potestas)相对照[22]——必须对公民决议(Volksbeschluss)加以确认，以防止宪政秩序或国际法上之义务不受侵害[23]。而罗马元老院这样的典型对于欧洲宪法思维的发展也具有深远的影响。是在这种基础之上才有以**第二院**(eine zweite Kammer)作为宪法守护者的制度产生。例如在 1799 年法国宪法第 21 条之下，所有护民官或政府认为违宪之行为，参议院守护者都有权加以确认或使其失效；而根据 1852 年 1 月 14 日之宪法第 29 条，参议院对于所有经由政府或人民请愿(Petition der Staatsbürger)而提出违宪主张之行为，也有类似的权力。而在现行法国共和宪法中(1875 年 2 月 24 日公布之宪法第 9 条)，参议院(第二院)将自己塑造为部长诉讼(Ministeranklage)与其他政治审判权(politische Justiz)案例中的**高等法院**(Haute Cour de Justice)。在国家与宪法理论的讨论里，这种以“参议院”来保护宪法的典范一直具有影响力。因此布鲁塔斯(Junius Brutus)在他关于暴君伐放论(monarchomachisch)最著名的论文中就主张应该建立一个参议院，以审查、监督君主对法律所为的解释和执行[24]。我们在之前曾经提到哈

林顿,而从哈林顿开始我们也可以拉出一条通往西哀士(Sieyès)和 19 世纪的脉络[25]。

而即使是人民代表机关(Volksvertretung),也就是由人民选举而产生的议院,在特定的宪法情势下也会具有宪法守护者、至少
是与政府对抗之“人民权利”(Volksrechte)守护者[26]的地位;而一 10
个由人民代表机关“为了保障人民代表机关权利免受政府侵害”而设立的监督委员会[27],也具有相同的功能。在这里我们可以特别清楚地看到,这种制度永远只能在宪法架构的具体整体关联下来加以观察。如果像盛行于 19 世纪的见解所说,宪法是奠基于一个介于贵族与平民、政府与人民代表[28]间的契约,那么每一个契约当事人就都能成为每一个涉及其自身权利或权限(Befugnis)之宪法片段的守护者,并且也容易将有利于其政治要求的宪法规定就当成是“这部”宪法。但“代表这个统一体(Einheit)”的**政府**,根据它的定义也可能被视为是“官署的守护者和国家制度的捍卫者”[29]。梅耶在他的《萨克森国家法》(1909 年,第 214 页)中这么
说:“宪法的最高守护者是**国王**。”而也就是在这样的体系关联下, 11
会涉及本文在后面还会再详细阐明的、关于君主或帝国总统之中立与斡旋权力的理论[30]。

如果 19 世纪的德意志宪法在其他的保护机制之外也将一个特别的国事法院规定成“宪法的司法保障”(gerichtlicher Schutz der Verfassung)[31],那么我们就可以看到一个单纯的事实:宪法的司法保障仅仅只能是组成宪法之保护与屏障的一部分,而如果我们在这样的司法保障之外不另外讨论所有司法权都应谨守的严格界限和保障宪法的其他方式与手段,那么这种论述也就只是蜻

蜓点水而已。

注　释

[1] F. H. Russel Smith, *Harrington and his Oceana*, Cambridge 1914, S. 175；原文之用语为“Conservators of Liberty”与“Conservators of the Charter”，而其目的在于“捍卫宪法决定的一切并防止君主政体的复辟”。

[2] 关于这条通往西哀士(Sieyès)、从哈林顿到北美宪法之路径的个别阐述：R. Russel, a. a. O. S. 208。为了阐明Russel的说法，我将特别强调André Blondel在*Le contrôle juridictionnel de la constitutionnalité des lois*, Paris 1928, S. 177中所援引Thibaudeau的提议以作为进一步的论据。Thibaudeau忆起了在宾夕法尼亚监察官制度(pennsylvanischer Zensor)中所体会到的经验。

[3] 1814年4月3日之参议院政令，立法会议(Corps législatif)在同一日所做出、内容与之相同(“认为拿破仑违反宪法条约”)的决议，请参见：Duquit-Monnier S. 177。

[4] 关于宪法宣誓之细节请参见Ernst Friesenhahn的优秀论文，*Der politische Eid*, Bonn 1928, S. 35 f., 112 f.。

[5] 巴伐利亚之部分请参见：Stoerk, *Handbuch der deutschen Verfassungen*, 2. Aufl. 1913, S. 105，进一步的文献：M. v. Seydel, *Bayerisches Staatsrecht*, 2. Aufl. 1896, I S. 386, 517 usw.(将个别保护分配到体系的个别点上的做法非常特殊，虽然“宪法的维护”会因而不具体系上之地位，也不会成为优异而详尽之索引册中的关键词)；萨克森之部分：Stoerk S. 343；J. H. Beschorner, *Die Ministerverantwortlichkeit und der Staatsgerichtshof im Königreich Sachsen*, Berlin 1877；Opitz, *Staatsrecht des Königreichs Sachsen*(1884), II S. 246；Otto Mayer, *Das Staatsrecht des Königreichs Sachsen*(1909) S. 214 f.。更多的例子，请参见：R. Mohl, *Die Verantwortlichkeit der Minister in Einherrschaften mit Volksvertre-*

tung, Tübingen 1837, S. 14/15。

[6] 1927年10月15日之判决(RGZ. 118 Anhang S. 4); Lammers-Simons, *Die Rechtsprechung des Staatsgerichtshofs für das Deutsche Reich*, Bd. I, Berlin 1929, S. 295。

[7] Deutsche Juristen-Zeitung 1924, S. 246.

[8] 尤其在联邦关于帝国革新的出版品 Die Rechte des deutschen Reichspräsidenten nach der Reichsverfassung, 2. Aufl. Berlin 1930中的一篇文章更是贡献良多,因为它不但将帝国总统在宪法上之地位的正确见解予以扩展,也从而遏止了所有褊狭不合理的观点和改革提案。此外也应该提及:W. Simons, Einleitung zu Lammers-Simons a. a. O. II, S. 9, 11; H. Pohl, Die Zuständigkeiten des Reichspräsidenten, in Anschütz-Thoma's *Handbuch des Deutschen Staatsrechts*, Bd. I, Tübingen 1930, S. 483; F. Glum, Parlamentskrise und Verfassungslücke, Deutsche Jurist-Zeitung 1930(15. Nov.), S. 1417/18; W. Jellinek 于第三十六届德国法学家年会对财产权界限与征收所提出之鉴定意见, 1930, S. 319, 320, 以及 *Handbuch des deutschen Staatsrechts*, § 72 (Das einfache Reichsgesetz), II S. 177/8。

[9] E. Schiffer, Die deutsche Justiz, Berlin 1928, S. 257 f.; 反对意见: W. Simons, in der Einleitung zu Bd. II der von ihm und Lammers herausgegebenen Sammlung "*Die Rechtsprechung des Staatsgerichtshofes für das Deutsche Reich*", Berlin 1930, S. 8 及 Grünhut, in *Iudicium*, 1930, S. 143。

[10] *Archiv des öffentlichen Rechts*, N. F. Bd. XI (1926), S. 287 f.

[11] *Verfassung und Verfassungsrecht*, München und Leipzig 1928, S. 143.

[12] *Die Weimarer Verfassung*, Tübingen 1922, S. 329.

[13] Alfred Friedmann (Friters)是推翻帝制后第一个提出应该让一个最高法院(ein oberster Gerichtshof)有机会"在违宪法律剥夺宪法所保障之权利时宣告该法律无效"这种要求的人, *Revolutionsgewalt und Notstandsrecht*, Berlin 1919, S. 182。而在魏玛国民会议的讨论中, Ablaß的提案非常有意思,根据Ablaß的见解,德国国事法院在一百名帝国众

议院议员之声请下必须对法律之合宪性做出具有拘束力之裁判；而这项提案（以及备位提案）并未被采纳。第三十三届德国法学家年会（Heidelberg 1924，报告人 H. Triepel 及 Graf zu Dohna）主张，在帝国法律公布之前，应该让国事法院有对该帝国法律之合宪性做出裁判之机会，并且进一步要求德国国事法院之管辖权应扩张（根据宪法第 19 条，国事法院只对邦内部之宪法争议具有管辖权）及于**帝国**内部之宪法争议。而第三十四届德国法学家年会（Köln 1926，报告人安序兹[Anschütz]及蒙德[Mende]）则同样建议帝国宪法第 19 条应予修改；德国国事法院应对帝国内部之宪法争议做出裁判；此外，国事法院对于已公布之系争法律之效力的审查，应具有排他的管辖权；为达成立法者之目的，“对于帝国宪法最高层级之解释应统一于德国国事法院”。帝国内政部在 1925 年出版了“法律一体性维护法”（Gesetz zur Wahrung der Rechtseinheit）的草案（Verlag Heymann），该草案规定，在法律表决程序（Rechtsentscheidver-fahren）中，公法、尤其是宪法的问题应由帝国裁判法院决定之。而一项在 DJZ. 1926，Sp. 842 中由当时帝国内政部长 Dr. Külz 所出版的法律草案则规定，于帝国法规是否抵触宪法具有疑义或适用上有争议时，帝国众议院、帝国参议院或帝国政府得声请德国国事法院做出裁判，因此，根据该草案，一般性的司法审查权（allgemeine richterliche Prüfungsrecht）不应被排除；参见：Külz 之文章，DJZ. 1926，Sp. 837；Poetzsch，DJZ. 1926，Sp. 1269；Bötticher，Leipz. Z. 1926，S. 822；Richard Grau，Zum Gesetzentwurf über die Prüfung der Verfassungsmäßigkeit von Reichsgesetzen und Rechtsverordnungen，AöR.，N. F. XI，S. 287 ff. (1926)；Fritz Morstein Marx，*Variationen über richterliche Zuständigkeit zur Prüfung der Rechtmäßigkeit des Gesetzes*，S. 129 f. (Berlin 1927)；Schelcher，Fischers Zeitschr. f. Verwaltungsrecht，Bd. 60 S. 305；Bredt，Zeitschr. f. d. ges. Staatsw. Bd. 82 1927，S. 443；Nawiasky，AöR.，N. F. XII(1927) S. 130 f.；Hofacker，Gerichtssaal，Bd. 94 S. 213 (1927)。而在 1927 年 3 月 25 日提交帝国众议院法律委员会、与帝国部长 Külz 所出版之草案一致的草案（Reichstags-drucksachen Nr. 2855 III 1924/26）也一样让国事法院（于帝国众议院或帝国参议院以特别之少数提出声请，或法院认为某法规抵触帝国法规，从而停止裁判、提出声请时）对于法规之合宪性做出具有制定法位阶效力（Gesetzeskraft）之裁判，请参见：K. Frhr. von Imhoff, Bayr. Verwaltungsblätter, Bd. 75（1927）S. 241 f.。关于这种法律的修宪性格：Hofacker a. a. O., R. Grau a. a. O., Imhoff a. a. O. 与 Bredt, a. a. O. S. 453 f., 认为修宪的法律是必须的；反对见解（就我看来是不合理的）Löwenthal, DJZ. 1927, S. 1234, Reichsverwaltungsblatt 1930 S. 748。此外，对于这里的文献还有一点值得强调，关于国事法院之博士论文的作者（对"博士论文"而言，这似乎是一个很受欢迎的题目）经常套用前述的公式或样板去对这个困难的议题大加斥责；但这情有可原，所以不应该对这些年轻的作者加以苛责。

[14] 1920年10月1日奥地利联邦宪法第89条以及第139条；例如 W. Jellinek, Jur. Woch. 1925, S. 454，提出了对当时而言极具代表性的说法："如果我们考虑到奥地利这些引人注目之规定的合目的性，……那么这些奥地利的规定也许可以适用到德国。"但这里的"也许"并未成真；从1925年开始，奥地利方案的其他特征比合目的性更引人注目。

[15] 截至1929年：**邦众议院中之党团**：1921年7月12日临时国事法院之判决（RGZ. 102, S. 415 und vom 21. November 1925, RGZ. 112, Anhang S. 1）；**政党**（在选举争议的审慎界限下）：RGZ. 121, Anhang S. 8；**各邦教会**（Landeskirchen）：RGZ. 118, Anhang S. 1；**地方自治团体**：1922年1月12日之判决，DJZ. 1922, Sp. 427，以及1928年7月9日关于波茨坦市政府事务与普鲁士邦的判决（RGZ. 121, Anhang S. 13）；先前直接由帝国贵族（五个家族！）统治之 Nassau 地方团体（Ortsgruppe）与普鲁士邦内阁之判决，1924年5月10日（RGZ. 111, Anhang S. 1）。

[16] 参见 W. Wofacker 对于国事法院管辖权扩张极为有力的批评，Verfassungsstreitigkeiten innerhalb eines Landes, Reichsverwaltungsblatt 1930, S. 33f.。

[17] RGZ. 128, Anhang S. 2；以及（mit Verhandlungsbericht）Ausgewählte Entscheidungen des Staatsgerichtshofes für das Deutsche Reich, herausgegeben von Reichsgerichtspräsident D. Bumke, Heft 2, Berlin 1930；另

见本书第51页所引判决。

[18] 关于拉西第蒙城邦中(Lacedämonischer Staat)的五长官制:Busolt-Swoboda,Griechische Staatskunde(*Handbuch der Altertumswissenschaft*, IV 1,München 1926)S. 670,683 f.;有关于其起源之叙述及其他参考文献。五长官负有维护现行国家社会秩序、市民纪律与习俗的任务,从而让 νόμος[即 nomos,法律、法——刘锋译]成为城邦中唯一的主宰(Herr im Staate)。他们接受两个国王的宣誓,同时也对两个国王宣誓。他们主要在保障现有的秩序不受被压迫之奴隶的叛乱威胁,并且有权直接处死具有叛乱嫌疑的奴隶。对内部敌人的处置,视同**战争**;因此五长官每年都正式地向奴隶宣战。Busolt-Swoboda (S. 670)把这样的做法称为"天真的狡狯"(naive Schlauheit);当在对抗"内部敌人"(innerer Feind)之战斗中有办法展现出少一点的天真和多一点的狡狯时,这样的说法是有道理的。无论如何,五长官在历史上都曾经是一个机关,而这个机关的政治性格正是显现在它与内政上之**敌人**(Feind)概念的关联之中。而亚里士多德的批评也具有重要意义,*Politik*, II 7(B 10, 1272 C)(关于五长官与长老会议[Kosmen]的制度):"最糟的情况是,长老会议被因不想遵守法院判决而设立的僭主(die Mächtigen)所免职"。关于 Althusius 所谈到的五长官制:G. Leibholz, Der Begriff der Repräsentation, Berlin 1929, S. 84, Anm.;关于费希特(Fichte)认为五长官制会造成两个国家元首的见解:K. Wolzendorff, *Staatsrecht und Naturrecht*, 1916, S. 408; Mohl, *Encycloöädie* 2. Aufl. 1872, S. 647; Dahlmann, *Politik* 3. Aufl. 1847, S. 197 ff.; Bluntschli, *Allgemeines Staatsrecht* 2. Band, 4. Auflage, München 1868, 10. Kapitel, S. 552。而这些贯穿整个世纪之国家与宪法理论文献最重要的地位,见于黑格尔(Hegel)对费希特五长官设计的批评,Wissenschaftliche Behandlungsarten des Naturrechts, *Sämtliche Werke I* S. 479:"职是之故(亦即人们想通过另一个位阶相同之权力的设置来迫使最高权力符合于公共意志[volonté générale]的做法,实际上无法解决如何对最高权力施加强制的问题),将会导引出一个完全形式化的区分。**实际**的权力(die wirkliche Gewalt)会成为一个整体(Eine),并被整合进政府部门之中;但与之相

对的则是**可能**的权力(die mögliche Gewalt),而这种可能性应该具有对上述的实际权力施加强制的能力。公共意志这种**不具权力**(gewaltlos)的第二种存在形式应该去判断:权力的行使是否逸脱出第一种存在形式(即公共意志)之外,以及权力是否已经不再符合普遍自由(allgemeine Freiheit)的概念。"它"甚至应该对最高权力施以**监督**(beaufsichtigen),并在私意(Privatwille)侵夺公共意志之地位时,将该情况予以**排除**(entreißen);而排除的方式应该是一个对未来(von diesem Augenblick an)具有绝对效力的、对最高国家权力的一切行使**一概予以抹煞的官方宣告**。"这也就进一步表示了:公共意志的第二种代表形式,为了能够强制最高权力,必须具有一种"现实上的权力"(reelle Gewalt)。而因为公共意志的另一种代表形式也具有"现实上的权力",因此公共意志的第二种代表形式也就无法以具体的方式来加以确定,"如五长官被赋予何种行为权限,或是废除被监督者、禁止的官方宣告以及形式要件的设计等等;而且是基于相同的理由……。因为五长官的私意与其他人的并无二致,因此五长官之私意是否孤立于公共意志之外的问题,得由政府部门予以判断,就如同五长官可判断政府部门之私意一般。"

[19] 1799 年法国宪法第 21、28 条,以及为数众多的参议院决议(Senatus-Consulte),直到 1807 年 8 月 19 日废除护民官为止。

[20] 关于宾夕法尼亚之监察官,请参见本书第 1 页注 2(即本章注释[2]——译者);进一步的例证请参见:R. Mohl, *Verantwortlichkeit der Minister* S. 223 f. 关于一个为检验所有政府行为之合宪性而"特别指派的监察官"(eigens bestellte Zensoren)。关于波希米亚式的防御官(Defensoren),Herr Dr. Rudolf Slanka 则出版了一份调查报告。

[21] Spinoza, *Tractatus politicus VIII* 920 f. ;X § 2 f. ;editio Bruder p. 108, 130:他们(也就是法律顾问)的唯一职责就是维护有关会议和帝国臣工的帝国法律,使之不受侵犯。因此,他们就拥有将任何犯法的帝国臣工——即违反了有关其自身的职司的法律的帝国臣工——传唤到庭并按既定法律予以定罪的权力(*quorum officium solummodo sit observare, ut imperii jura, quae concilia et imperii ministros concernunt, inviolata serventur, qui propterea potestatem habent, delinquentem quem-*

cumque imperii ministrum, qui scilicet contra jura, quae ipsius ministerium concernunt, peccavit, coram suo iudicio vocandi et secundum constituta iura damnandi)(刘锋译);其为终身职,并须年满60岁以上,“这样,他们就不会因为过长时间掌握权力而变得确确实实地傲慢”(*ne longa admodum dominatione nimirum superbiant*)(刘锋译),掌有军事权力,可行使相对于主权会议(souveräne Ratsversammlung)的征兵权等等。如果要我们说明法律顾问典型的功能,那么就是对国家治权形式的维护。

[22] 关于权威(auctoritas)与权力(potestas)的区分:Carl Schmitt, *Verfassungslehre*, 1928, S. 75 Anm.。而这种区分在当前德国内政情势上的有趣运用,请参见 die Zeitschrift **Die Tat**, Oktober 1930, S. 509 f.(一篇匿名的文章“Die kalte Revolution”);请进一步参见:Leopold Ziegler, *Fünfundzwanzig Sätze vom deutschen Staat*, Darmstadt 1931, S. 43。

[23] Mommsen, *Römisches Staatsrecht III*, S. 1041;关于罗马元老院之权威的进阶讨论:*Verfassungslehre* S. 75 Anm.;并参考本书第136页注释(即第三章之注释[14])。

[24] Junius Brutus, Vindiciae eontra tyrannos, Ausgabe Edinburg 1579, S. 128.

[25] 关于这条历史脉络:H. F. Russel Smith a. a. O. S. 173;关于西哀士之想法与见解:A. Bolndel a. a. O. S. 173;关于西哀士之见解在瑞士所产生的影响:Eduard His, *Geschichte des neuern Schweizerischen Staatsrechts*, Bd. I, *Die Geschichte der Helvetik und der Vermittlungsakte 1798—1813*, Basel 1925, S. 196 f.。

[26] 也就是当邦众议院接受宪法诉愿(Verfassungsbeschwerde)时。例如根据1818年5月26日巴伐利亚宪法文件 Tit. VII § 21(in der Fassung des Gesetzes vom 19. Januar 1872),所有国民及地方自治团体都能基于宪法权利之侵害向邦众议院提起诉愿。根据莫耳(Mohl)的想法,国会议员在政府破弃宪法(Verfassungsbruch)的最极端情况下,有权呼吁人民进行武装抵抗(*Verantwortlichkeit der Minister*, S. 575);此外还有(在法院审查权的前提之下):*Über die rechtliche Bedeutung verfas-*

sungswidriger Gesetze, *Monographien aus Staatsrecht*, *Völkerrecht und Politik*, I. Bd., Tübingen 1860, S. 85/86；对于“以邦等级会议(Landstände)作为宪法守卫者”之见解的批评，格内斯特(R. Gneist), Gutachten zum 4. deutschen Juristentag über die Frage: “Soll der Richter über die Frage zu befinden haben, ob ein Gesetz verfassungsmäßig zustande gekommen ist?” Berlin 1863, S. 28。格内斯特认为最核心的保障就在于世袭之君主、常设之上议院(die erste Kammer)与民选之下议院(die gewählte Kammer)的合作之中；虽然他在1866年2月9日的邦众议院发言中(Stenogr. Berichte S. 128)将邦众议院之议员称为“宪法的守卫者”；但这只是一个形式特殊的案例，请参见本书后文第17页注1(即第一章之注释[14]——译者)。关于布伦奇利(Bluntschli)的见解，请参见本书第77页。

[27] 基于Haußmann在1919年7月4日之提案，帝国宪法第35条第2项将“为保障众议院权利免受政府侵害”之用语明定于宪法规定之文义中。这特别与符腾堡的传统(参照1819年旧符腾堡宪法第187条以下，在“维持宪法”[Erhaltung der Verfassung]的观点下设置临时委员会[Interimsausschuss])相一致。

[28] 对于这种宪法概念在现实层面上的进一步影响，请参见本书第61页。在普鲁士宪法史上，普鲁士众议院(Abgeordnetenhaus)在1866年2月10日所提出的异议(Protest)提供了一个例子(Aktenstück Nr. 41, Stenogr. Berichte S. 137, 141 f.)：“本议院为保障其权利，以及其依宪法第83条所代表之全体人民之权利，提起异议”，以对抗检察系统因议员Twesten及Frentzel在众议院中所发表言论而发动之司法追诉声请。但我们必须特别注意，这里所涉及的是对于侵入其固有范围之干预的防御，亦即**自我防卫**(Selbstschutz)的案例；参照本书第17页。

[29] 例如：Adolf Trendelenburg, *Naturrecht*, 1860, S. 375。

[30] 1826年4月29日葡萄牙宪法第71条(Dareste S. 497)与1824年3月25日巴西宪法第98条都将国王或皇帝称为“整体政治制度之钥”(Schlüssel der ganzen politischen Organisation)，并赋予其对其他政治权力之独立、制衡(Gleichgewicht)及和谐(Harmonie)的维持，有无止尽

的捍卫职责;参照本书第133页注1(即第三章之注释[3]——译者)。

[31]“宪法之司法保障”的用语可参见1819年符腾堡宪法第195条;这样的用语极为妥适,因为它把法院的保障和其他保护宪法的机制区分开来,从而避免了将司法保障加以扭曲或绝对化的危险。

第一章　司法者作为宪法的守护者

1. 此种一般性的(附属的)，所谓实体的司法审查权在德国不足以构成宪法的守护者

精确地说，拥有民事、刑事及行政审判权而对诉讼做出裁判的 12
法院并不是宪法的守护者。但在这些法院行使所谓实体的司法审查权时(亦即审查一般法律内容与宪法规定的相容性并在抵触时拒绝该法律的适用)，却非常容易产生这种将做出诉讼裁判之法院视为宪法守护者的误解。因此，自从帝国法院在1925年11月4日的判决(RGZ. 111，S. 320)中宣告自己有权审查帝国法律之内容是否抵触帝国宪法之后，也就时而被称为宪法的守护者[1]。

这种将做出诉讼裁判之法院视为宪法最高保障的倾向，也许可以从对美国联邦最高法院的过度想象得到解释。对于某些德国法学者而言，这个享誉全球的法院似乎已经成为一种神话。在魏玛国民会议(Weimarer Nationalversammlung)宪法委员会的讨论中不但显现出了对美国联邦最高法院理解的不精确，而且还把这种不精确的理解载入会议记录里。从记录中我们可以看到，他们

是在讨论一种“用以保障宪法的国事法院”，而且把它描述成“所有大型民主国家——如美国——都已实行”而且“也已经在这些国家中证明其存在价值”的法院[2]。但相对地也有学者指出，基于对财产、价值及自由等概念的有权解释，美国联邦最高法院在经济领域
13 中具有“世界史上独一无二的地位”[3]，而这种独特的地位无法轻易地移植到政治及社会情势都完全不同的欧陆国家之中。美国联邦最高法院是在一种盎格鲁萨克逊式的**司法国**（Justizstaat）框架下发展出它的（现有）地位。这种不具有行政法的国家形式与欧陆国家相较——不管是法国这种共和体制抑或 19 世纪的普鲁士这种君主官僚国家（ein monarchischer Beamtenstaat）——都处于极端的对比。美国联邦最高法院与（德国的）国事法院完全不同，而美国联邦最高法院的审判权也与今天我们在德国所习称的国事法院审判权（Staatsgerichtsbarkeit）或宪法审判权毫无共同之处。因为对于诉讼裁判机关之定位有着明确的信念，美国联邦最高法院的司法权只限于具体争议事实（bestimmte Streitsachen）的裁判（现实上存在之“案件”或“具有司法性质”的争议[real, actual “case” or “controversy” of “Judiciary Nature”]）[4]。着眼于“严格的司法功能”，最高法院拒绝表明其政治立场或对立法提供指示，也不愿担任行政法院的角色[5]。它原则上也拒绝向国会（Kongress）或总统提出鉴定意见（Gutachten）[6]。而我们可以从当前德国的异常情势出发，去观察影响美国联邦最高法院之现实意义与作用的因素。法院的作为，不能以经济繁荣和内政稳定的时期去评价，而必须把危急动荡的时刻也纳入考虑。从一些南北内战时期涉及奴隶制及通货膨胀等政治性争议的著名判决先例可

以看出，不但法院的权威在这些案件中岌岌可危，而且法院的见解也根本无法执行[7]。最高法院最主要、最基本的特征是借助（容易 14
被滥用而称为“规范”之）一般性原理及原则观点来审查法律的公正性与合理性（Vernünftigkeit），并从而在个案中拒绝法律的适用[8]。在这样的观点下，因为联邦最高法院实际上是在护卫一种基本上没有受到质疑挑战的社会经济秩序，所以就具有与国家相抗的资格。而（联邦最高法院）就如同格内斯特（R. Gneist）所贴切指出的，具有一种相对于国家的**超然权力**[9]。所以我们只能从这样的脉络去观察这些对于最高法院常年来以违宪宣告为手段去遏止、防堵劳工保护法规、社会政策规定，甚至是女工及童工规定——这种在德国极为理所当然——之行为的批评。当然，这里并不是在辩护或驳斥美国的法院体系，而只是在简短地指出，一项思虑欠周的（制度）移植和迷思化是应该予以避免的。原则上，只有在一个将公领域整体（das ganze öffentliche Leben）都置于普通法院（ordentliche Gerichte）控制之下的**司法国**里，这种司法审查权或者说对诉讼做出裁判之法院，才能在宪法承认这些——由普通法院保障其不受国家（亦即立法权、政府及行政权）侵害的——市民法治国中之**基本权**、**人身自由**及**私有财产**的前提下，成为宪法的守护者。而美国联邦最高法院在实务上也就是以这种方式，在第 5 及第 14 增补条款的基础上通过常被讨论之“正当法律程序”（*due process of law*）原则的发展[10]，来捍卫并试着保障具有上位秩序及真实宪政体制（wahre Verfassung）地位之市民社会秩序与经济秩序免于立法权的侵害。 15

反之，由德意志帝国法院通过 1925 年 11 月 4 日这项著名判决[11]以及由其他最高法院如帝国财政法院(Reichsfinanzhof)、帝国供养法院(Reichsversorgungsgericht)及普鲁士最高行政法院(Preußis-ches Oberverwaltungsgericht)等以类似方式所提出的司法审查权,相较于美国法院所行使的审查权,不仅在重要性上逊色许多,而且进一步就其审查权所行使的范围而言,也必须谨守更为严格的界限。1925 年 11 月 4 日的判决理由是以下述句子为基础:“在帝国法律与另一项法官应予注意而效力又优先于该帝国法律的规范抵触时”,法官应依据法律做出裁判(帝国宪法第 102 条)之规定“并不排除法官有权驳斥一部帝国法律或个别条文之效力”[12]。也就是说,必须要有一个构成要件能在系争案件中进行涵摄的宪法规定,而且在规范冲突的情况下,该宪法条文的效力必须优先于构成要件与之相同的一般法律规范。只有当这项宪法条文——依其内容——在系争案件中进行构成要件涵摄的机会可预见而可估量时,才会被列入(规范)冲突的考量;因为如同所有的实质冲突(echte Kollision),这种形式的冲突也是以冲突规定在逻辑上的**同类性**(Gleichartigkeit)为前提。而一般原理原则、授权规范和纯粹管辖权规定的情况就与构成要件的涵摄完全不同。只有宪
16 法规定之构成要件的涵摄能够让法官(如同帝国法院所指出的)拒绝一般法律的适用(而非驳斥其效力),或者更精确地说:取代该法律的涵摄,并作为系争案件的裁判依据。所以这并不是对(法律)效力的驳斥(Aberkennung),而是——因为此时应适用宪法——一般法律在具体个案中的不予适用(Nichtanwendung)。因此,帝国法院接下来在判决里也讲得很正确(第 322/23 页):法官有义务“不予适用”该法律。如果我们更仔细地观察这个句子就可以知

道，法律对法官的拘束力与这种司法审查权并不冲突，而毋宁更应该说，法律的拘束力是这种司法审查权的基础和唯一的证立依据。但这同时也表示，只有构成要件具有涵摄可能的规范，才能在冲突时取代一般法律去进行涵摄，而不包含一般原则或授权规范等等。

1925 年 11 月 4 日的判决更进一步强调，审查权**只能针对一般法律**，而不能针对修改宪法的法律，亦即依帝国宪法第 76 条之程序而制定的法律。只要所涉及的是依宪法第 76 条而制定的法律，那么根据该判决就不能再加以审查。而这些在宪法上极具重要性的问题，如修宪权之界限、第 76 条之规定受到公然滥用的可能性，以及在现行宪法之法理论中已被详加阐述的，把——绝不可能被肤浅地认为具有“全能或主权者”(der allmächtige Souverän)或甚至制宪权主体之绝对意涵的——第 76 条中之修宪权再做区分的必要性等等[13]，都不是这种受到严格限制的司法审查权所应该考量的问题。同理，是否有因违反第 76 条之程序而产生的宪法破弃，或是第 76 条之条文是否可能产生习惯法上“体制外之主权行为”(apokryphe Souveränität)的问题，也都不在法院的考量范围之内。而在立法者以一般法律之形式偷渡本质上并不在法治国之法律概念中——因此在欠缺宪法明文许可时不得以立法程序之 17
途径加以制定——的命令(Anordnung)及措施(Maßnahme)，从而逾越立法者之立法权限时，帝国法院此时似乎也不会发动司法审查权。此外，立法程序也容易被滥用，而将个案指示(Einzelbefehl)、义务免除(Dispense)、赦免(Begnadigung)、法律破弃(Durchbrechung)及优惠(Privilegierung)等等都以法条的形式来加以规范。这里时常潜藏着对司法独立的威胁，从而也就需要一种用以确保司法权之宪法地位的(防御性)司法审查权。这是**法院**用以对抗其他国家权力之越权干预的一种**自我防卫机制**(Selbstschutz der Gerichte)。在这样的范围内,法院可以说是宪法部分内容(亦即涉及法院之固有基础及地位、也就是司法独立的规定)的守护者。然而 1925 年 11 月 4 日的判决在推论中并没有提到这种司法审查权,也没有对司法审查权做出重要的划分:一方面是对于与宪法规定冲突之法律规定的拒绝适用,另一方面是对于其他国家权力(尤其是立法权)对司法独立之违宪干预的防御[14]。此外,通过帝国宪法第 105 条以及第 109 条去拒绝适用最严重的滥用和最明显的例外法,也是可以想象的。在这种情形中,我们必须注意到,这种援引宪法条文而发动的司法审查权,比起帝国法院在 1925 年 11 月 4 日判决中所针对的、只涉及构成要件涵摄冲突的情况,在另一种层面上更具有捍卫及守护宪法的特质。1925 年 11 月 4 日判决的推论,严格限缩在构成要件的涵摄上,而不曾提及以审判独立之自我防卫为目的的另一种司法审判权。

最后,从帝国法院 1925 年 11 月 4 日的判决理由中也可以看出,有别于具有涵摄性质的个别宪法条文,帝国法院**不得**对于一般
18 法律是否抵触**一般宪法原则**的问题加以审查。帝国法院并不认为它能够以宪法精神或构成帝国宪法之法治国要素的一般原则(即基本权与权力分立)去对一般法律进行一般性(亦即与具有涵摄性之宪法构成要件无关)的审查。反之,为了避免形式化的主张,法院毋宁是小心翼翼地将判决理由的范围,局限在依其形式及逻辑结构能与一般法律规范交锋的、之宪法上的法律规范中。因此,依据该判决的见解,也就不能以**一般法律原则**如诚信原则、正当法律

(richtiges Recht)、理性(Vernünftigkeit，reasonableness，expediency)等类似概念对法律进行**司法审查**，而这正是美国联邦最高法院在实务上所做的事情。而在 RGZ，Bd. 118，S. 326 / 7(J. W：1928，S. 102 ff.)的判决中甚至明白指出，善良风俗(德国民法第826 条)的概念只适用于私法关系，而不及于立法者与人民之间的公法法律关系。帝国法院院长西蒙斯博士也以几乎完全赞同的态度主张法庭拒绝从正当法律的观点去评价依合宪程序而制定的法律、从而使法院凌驾于“拥有主权的立法者”(souveräner Gesetzgeber)之上[15]。这项见解具有特别的实益，因为法官协会(Richterverein)引用了一个 1923 年 11 月 28 日的第五民事庭判决(关于合理调整价金之原则和诚信原则的个案衡量，RGZ. 107，S. 78)来要求诚信原则应适用于调整价金的法律规范中。

因此，帝国法院所行使的司法审查权只具有任何做出诉讼裁判之法院都拥有的特征：这只是一种“附属的”——而且就像特里佩尔(H. Triepel)所说——“个案审判权”(Gelegenheitsgerichtsbarkeit)[16]；这只是一种司法判决所**附带的**，在可允许的情况下由个别法官(因此是**分散式的**)加以行使的审查权[17]；而且这项审查权只具有最高司法机关(在德国甚至还只是帝国及各邦众多最高司法机关之一)**判决先例拘束**(Präzedenzwirkung)的效力。若与美国最高法院所行使的审查权相比较，其主要的差别在于，美国最高法院旨在维护一般性的原则，因此具有当前社会经济秩序之守
护者与捍卫者的地位。反之，由于帝国法院所行使之司法审查权 19
必须严守前文所提及的界限，从而并没有成为宪法守护者之可能。对于这种司法审查权而言，政治上的关键决定应该留在立法者手

上。所有的审判权都必须受规范的拘束，而在规范内容本身具有疑义或有争论的情况下，司法者就应该止步。在一个如同当前德国的国家里，司法审查权必须以可进行构成要件涵摄的规范为依归。至于法官通过不确定概念及社会通念、通过诚信原则及交易习惯之适用，以及私法领域中的裁量而享有的行为自由及形成空间，在何种程度上是可想象且可允许的，则是第二个层次的问题。相对稳定的关系及稳固的社会观可以提供足够的判准及拘束。只要法曹和法律实践在立法或行政部门未有明确决定时，仍然能为系争事实提供足够明确的规范依据，那么即使是在公法领域（亦即行政法甚至是警察法的案件）中，不确定法律概念依然有存在的空间。无论如何，司法审查权及裁判的基础都必须是能够进行确定及可测度之涵摄的规范。

如果法官偏离了这项基础，不以抽象规范的构成要件涵摄为限、从而不受法律内容的拘束，那么他也就不再具有独立法官的身份，而司法程序的外在形式也不能影响这里的推论结果。“法官在帝国宪法第 102 条之下唯一所必须遵循的法律拘束，不仅仅是判决自由的界限，更是判决自由的唯一证立基础：为了这项必须在判决中实现的法律主治原则（Gesetzesherrschaft），法官必须超脱于其他一切限制之外。[18]”因此自由法运动（Freirechtsbewegung）与法官“造”法（schöpferischer Richtertum）主要都是宪法问题[19]。

20 根据以上所述，这种做出诉讼裁判之法院的司法审查权乃是奠基于某种法官与法律（或立法者）的对立思考之上。因为立法规范的相互冲突，使得法官陷于一方面受到相互矛盾的拘束、另一方面却又必须做出判决的困境之中，从而才会产生上述的司法审查

权[20]。如果法官为了做出法院的诉讼判决而在相互冲突的法律
条文中选出一条作为判决的基础，也就表示法官不适用与之冲突
的其他条文。就是这么简单。这不是像其他人所主张的，就等同
于“对诉讼做出裁判之法院拥有‘驳斥未被适用之法条的效力’”；
正确说来，这只是局限于个案判决、“对法律的不予适用”而已，而
此时的“不予适用”，只是对于其他审级的判决多多少少具有可预
见的先例效力。整体而言，司法权仍然受立法权之拘束，而司法权
将宪法拘束力置于法律拘束力之前的行为，并不当然就能让司法
权成为宪法的守护者。司法者不能在一个并非纯粹司法国的国家 21
里行使宪法守护者的功能。此外必须注意的是，合法性以及合宪
性这种一般性原则的维护并不足以成为特别设立一个机关的理
由。否则我们就必须把每一个机关以及——在宪法明文将宪法之
维护交由全体国民监督时[21]的——每一个国民都视为是宪法的
守护者。然而这样的宪法规定只能导引出一种一般性的**拒绝服从**
权利(ein allgemeines Recht der *Gehorsamsverweigerung*)或者是
时常被称为“具有革命性质之紧急权”(revolutionäres Notrecht)
的被动或甚至主动**抵抗权**(Widerstand)[22]。因此，从体系的观点
来看，这种抵抗权应该可说是为了维护、捍卫宪法而存在的、宪法
最广义的屏障(äußerste Garantie)[23]。但宪法守护者的功能正是
在于**取代这种一般或个案性的不服从权利与抵抗权**，并使它们的
存在变得不必要。**唯有如此，才能说在制度的意义下有宪法守护
者之存在**。并不是所有为了尊重宪法、避免侵害宪法所保障之法
益，而不适用违宪法律或不遵守遵宪规范的机关和人员，都足以构
成宪法的守护者。不将法院——即使它是在行使附属而分散之法

院审查权——视为宪法守护者，是体系权衡的结果。虽然法院因为司法独立的保障而在拒绝服从违宪法律和命令时，可以承担比较小的风险，但我们不能只是因为某种机关可以相对较小的风险
22 来维护宪法，就宣称它是宪法的守护者。而最小风险的观点也不足以证立任何“宪法的守护者”。

2. 所有司法权的本质界限（侵害国家及宪法秩序之政治犯罪的刑事审判权；部长诉讼［Ministeranklage］）

司法权在维护宪法上的权限为何，以及在司法权领域中建立旨在确保、维护宪法之特别机构的可能性有多大，是另一个独立而且更为深远的议题。人们之所以在战后没有提出这个问题，而几乎一面倒地紧盯着一种（由国事法院所行使之）司法性质的宪法保障，并在未加思索的情况下，便理所当然地在司法领域中寻求宪法守护者的现象，可以从几种原因中获得解释。首先是出自于对法治国的抽象误解。具体而言，它是把政治问题的司法解决当成是法治国概念的理念，但是却也忽略了，把司法权扩及于或许不具司法本质的领域，只会让司法权受到损伤。因此，也就可能造成了我经常在宪法或国际法论述中所提到的，不仅是政治司法化（Juridifizierung der Politik）、而甚至是司法政治化（Politisierung der Justiz）的结果。这种思维所显现出的是一种彻底形式化的做法，因为它是虚构出来的，不具实体，从而也就无法驳倒。如果我们能够忽视所有实质上的差异，而宪法（Verfassung）与宪法法律（Verfassungsgesetz)、法治国法律概念意义下之法律与形式法律概念(亦即政治性法律概念)意义下之法律、法律与判决,以及(由特里佩尔所提出)法律争议之裁判(Rechtsstreitentscheidung)与利益衡量(Interessenausgleich)[24]的重大差异都能被忽略不计,那么自然也就不会再有什么本质上的困难或疑虑。一旦我们把法(Recht)转化为司法,再把司法形式化为所有由司法机关所做成之行为,那么法治国的问题就会很快地被消解,而把政治方针都交由帝国法院以诚信原则去决定,也就是圆满实现形式意义之法治国最直截了当的方式。

之所以会有人主张国事法院应被赋予毫无限制的管辖权,而且这项主张之所以被认为系不证自明(Selbstverständlichkeit),其部分原因或许多少是来自于这样的概念混淆。然而从法治国的概念里并不能导引出具体的制度,而人们也应该避免以这种多少显得过于天真的方式去援引“法治国”。单单提出法治国的字眼并不 23
能解决我们眼下的问题。法治国可以导引出各种形式迥异而不能并存的机制。举例来说,有许多值得尊敬的学者就认为这种附属性质的法院审查权是唯一符合法治国要求的方案,并且强烈反对特别设立一个国事法院的做法,因为这种特殊的法院不但必然会导致一般审查权的限制,而且把由全体司法官员所行使之分散控制,集中于单一机关之手,也会让法院的控制权更容易受到政治的把持和影响。在这样的脉络之下,普劳斯(Hugo Preuß)甚至将这种行使集中审查权的机关称为“被派去当看守花园的山羊”[25]。而 H. Stoll 则说:“完善的法院审查权是为法治国加冕”,“如同以独立的行政法院审查和保障来对抗行政国家之侵犯,也必须要由独立的机关来监督以立法者角色出现的国家。[26]”在19世纪，人们常以上述那种谈论法治国的方法来要求部长必须负担司法形式
24 的责任（die justizförmige Ministerverantwortlichkeit），人们相信，部长的司法责任不但是宪法的础石，也是最高的冠冕。“部长的法律责任”，格内斯特认为[27]，“为法治国的补充画下了句点。”再看这里：“部长的法律责任不仅是公务员责任的础石，更是法治国的根基；部长的法律责任是公部门法律状态（öffentlicher Rechts-zustand）的最高屏障：没有了它，宪法和宪法上的权利都可能受到权力滥用的荼毒；没有了它，一个民族的公法就仍然只是不完美的法（lex imperfecta）。[28]”但我在下文中将要指出，从经验上来看，相对于政治责任，司法形式的部长责任其实既无意义也无实益，而想要在完美形塑司法形式的限度内，通过司法形式来完善法治国的尝试也都极为可疑。无论如何，从历史经验与“法治国”一词的多义性，我们都只能得到这样的结论：最好应停止对于“法治国”的抽象援引，而代之以具体宪法理论的概念与划分。

且不论法治国这个字眼所遭到的滥用和意义上的不明确，也先不管对德国这种由众多最高法院所行使之分散审查权应予中央化（Zentralisierung）、集中化（Konzentrierung）的要求是否愈趋普遍，对于当前这种希望让一个以司法形式做出裁判的法院来担任宪法守护者的想法，也许有另一个更全面而且更有趣的解释。在需要一个守护者的时候，人们所期望的当然是某种特定的保障，而这里所谓的保障，自然也就是出自于对特定的危机、而且是由特定来源所产生之危机的想象。守护者所行使的并不是一种抽象的、无所不在的守护，而毋宁是在确保某种具有威胁性的特定具体危

险不会发生。早期在19世纪时，这种危险是来自于政府，也就是来自于“行政”的范畴，然而当前人们所关注的却主要是如何免于**立法者**的威胁。在今天，宪法规定有很大一部分的作用是在保障以往属于一般立法权的特定事务和利益不受立法者——也就是变动的国会多数——的侵害。而宪法的“明文”应该在确保特定利益，尤其是少数的利益，不受当时多数的侵害。我们可以看到，这
里出现了一种值得注意的功能转变，还产生了一股反民主多数决 25
原则的趋势。依据约翰·斯图亚特·穆勒(J. St. Mill)的论述(他对于19世纪的典型自由主义国家结构多有阐述，而且直至今日仍对当前的政治概念深具影响，尤其在这种概念的支持者欠缺具体的历史意识时更为明显[29])，“真正”的民主(die „wahre“ Demokratie)其实可以用对少数的保障来加以定义；民主真正的固有本质应该就在于多数与少数恒久的折衷妥协之上[30]。借着“真正”(wahr)或“假性”(falsch)的补充，同样一个政治概念的内涵也会跟着转变，而认为民主就是由多数人决定、而落败少数的真正意志会被扭曲的传统见解也就会被加以翻转。随着宪法条文规定的功能变迁，对于宪法守护者的想象自然也就可能改变。在19世纪，人们所思考的主要是如何免于政府的侵犯，但今日我们所关切的，则更常是如何防止来自国会多数之立法的侵害。因此，既然宪法现在所受到的威胁是出于立法部门，那么立法者也就不能成为宪法的守护者。另一方面，由于人们的脑海中还残留着为了宪法而与政府奋战百年的印象，因此人们也就不会在行政权的范畴里寻找宪法的守护者。这么一来，守护者既不属于行政权，也不属于
立法权，那么似乎除了司法权外我们也就别无选择。这样的思维 26

也再一次显示出，权力分立理论和其中常见的三权分立思想在德国具有多大的影响力。权力分立理论不但与根深蒂固的中世纪司法国（mittelalterlicher Justizstaat）传统相互联结，也以相同的方式导引出法院应独立自主这种“理所当然”的结论。

所以我们接下来就必须考虑这些问题：在司法权领域中寻求宪法守护者的可能性究竟有多大？宪法守护者之功能能够原则性、一般性地由司法形式来加以行使吗？而即使是以司法程序的形式出现，这种行为在本质上是否仍与司法权以及司法程序有别，从而只是为其他高度政治性的权限提供掩护？

为了回答上述的问题，以抵触宪法法律之规定为由而提起刑事、民事及行政诉讼的案例，就具有讨论的实益。在民事与行政裁判权中，法院是为了保障一造的法律利益及其请求权的实现而存在。而只有在特定犯罪（Delikte）的刑事诉讼如叛乱罪（Hochverrat）以及其他以宪法整体（die Verfassung als Ganzes）（有别于宪法条文的个别规定）作为刑法保障客体的犯罪行为中，才会对宪法提供保障。因为这些诉讼具有政治性格，所以刑事法院管辖权的规定也就有别于其他诉讼：例如在叛乱罪的诉讼中，帝国法院是第一审及最终审的管辖法院（GVG § 134），而 1922 年 7 月 21 日所公布、目前已废止的共和维护法（Gesetz zum Schutz der Republik）（Reichsgesetzblatt I S. 525）则明定以一个特别的国事法院（ein besonderer Staatsgerichtshof）作为政治犯罪的特别法院。也有国家以英国的上议院为典范而规定由国会第二院充当具有政治犯罪管辖权的特别法院；在法国于 1875 年 2 月 24 日所公布的宪法第 9 条中就规定，第二院——也就是参议院——可以组成法院以审判共和总统和部长，或判断国家安全是否受到危害。即使是在最彻底的法治国中，基于这种案例的政治利害考虑，政治犯罪通常不会归入普通刑事法院的一般性管辖权（allgemeine Zuständigkeit）之中[31]。虽然有这样的缓和，但此处所涉及的依然一直是对过去发生之犯罪所发动的事后追惩（nachträgliche Ahndung），依然是从事惩罚与报应的刑事审判权（eine repressive und vindikative Strafjustiz）。这种刑事审判权极具重要性，因此 27
广义地、一般地来说，也可以被称为宪法的保障。然而这仍然无法解决宪法守护者的难题。因为在司法与法院的形式下，对于宪法的保障只能局限于已经确定的构成要件上，然而在保护宪法上最重要的案例却往往超出司法权所能掌握的范围之外。即使我们完全地贯彻了司法化（Juridifizierung）的工作，也建立了明定当事人两造地位的诉讼程序，但是此时的保障主要仍只是一种事后的矫正，因为能进行涵摄的，只有在现行法律规定中已经明定的构成要件。

从这样的观点来看，法院如何审理**部长诉讼**的问题也就深具启发意义。本雅明・贡斯当（Benjamin Constant），一名试图建立部长诉讼制度的自由主义先锋，本身对于部长诉讼案件之特殊与异常的理解甚至还更为透彻。贡斯当在他关于部长责任（Ministerverantwortlichkeit）（1815 年）的名作中指出，相对于法治国原则在刑法及刑事诉讼程序中对明确可涵摄性（klare Subsumierbarkeit）的要求，规定部长责任的法律是“既无法明确化，也无法细节化的”。“**这是一种带有政治性质的法律**，而在本质及适用上必然存有裁量空间。”（*C'est une loi politique* dont la nature et

l'application ont inévitablement quelquechose de discrétionnaire)因此自然也就需要由一个特别组成的法院——也就是具有中立性与独立性优势的上议院——来加以管辖。而这里最重要也最一般的矫正机制就是“讨论过程公开”这种自由主义的中心思想。根据贡斯当的论述，部长本身不得要求一般刑事诉讼中被告所享有的保障，因为部长和其任职之国家所缔结的是一种特殊契约。既然他的野心一方面通过部长这种崇高而耀眼的地位获得了满足，那么另一方面他也就必须承担这种政治性诉讼的风险，并且接受法院出于广泛自由裁量而做出的（恣意）判决。“这种恣意是出自于事物的本质”（“Mais cet arbitraire est dans le sens de la chose même”），但它可以通过形式的严格要求、讨论过程的公开、公共舆论的回响、法官的操守（die Vornehmheit der Richter）及刑罚的特质来缓和[32]。这里的论述会让我们联想到市民法治国的古典代议士理论，因为该理论对于这种部长诉讼程序的特质和政治审判权的难处表示谅解，而避免粗率地做出抽象化的结论。但是，即使对政治审判权的特殊性赋以最高程度的考虑，司法程序仍然不
28 可避免地会对政治产生瘫痪的作用。而德国在19世纪的历史经验也明白地表现出了这一点。而且我们也可以说，这是宪法史上最真实的经验，也是19世纪整个德意志君主与市民阶级内政斗争的核心。在德意志君主立宪政体中，司法形式的部长责任本身就具有排除部长的政治责任以及在政治上尽量不损及整个“责任制度”的政治意义[33]。司法形式是避免政治效果发生的最保险手段。人们可以这样的说法来自我安慰：“‘当国事法院因为本身的存在而毋需发动职权’，那么也就可以说国事法院已经达成它所想

达成的目的了。[34]”但在今天，这种司法形式的部长责任制度已经丧失了它的现实意义，因为作为国会与君主角力残迹的魏玛宪法第 59 条，规定部长不但是在可归责地违反帝国宪法的情况下，甚至在可归责地违反帝国法律时也能被加以起诉，因此也就把部长责任在构成要件和客体上的限制毫不保留地完全松绑[35]。

为了能更清楚地分析上述宪法的历史经验，我们接下来要针对 19 世纪最重要也最常被讨论的宪法争议——1862 年到 1866 年的普鲁士争议（der preußischer Konflikt）——详加观察，并且试着借由最著名之德国国家法学者之一的安序兹（Anschütz）所撰写之教科书来判断此一争议。安序兹是特别坚决地认为具有一般审查权亦即具有**所有**宪法争议管辖权之国事法院乃是法治国之要求的代表人物[36]。但当我们将安序兹的说法及立场运用在 1862 年这个引人玩味的案例中时，将会产生以下的结果：根据安序兹的 29
说法，国事法院只能针对法律问题（以别于政治问题）做出裁判，这是“毋庸置疑”的。“我不相信”，他说，“在这一点上还有什么好补充的。[37]”然而对普鲁士宪法争议所涉及的问题：政府在预算法不存在的情况下是否能继续执行，他在与迈尔（Meyer）合著的教科书中却是这么写着：“这里是国家法的终点；政府在预算法不存在时应如何行动的问题，已经超出了法律问题的范围。[38]”那么根据安序兹的论述，普鲁士或德国国事法院对于这项普鲁士宪法争议应该如何下判决呢？一方面国事法院应该局限于纯粹的“法律问题”之中，另一方面这却又已经是国家法的界限。在一个如同 1862 年普鲁士宪法争议这样重要的具体案件上，援引安序兹的理论将会排除法院做出判决的可能性。但是这类法院的价值却正是在将所有的宪法争议法律化、并以司法判决的形式来进行判断。而莫耳甚至已经在部长诉讼中承认的、“悬而不决”(non liquet)的可能,或是法官“必须宣告该法律之意义极为可疑”的“明确案件”(der leicht mögliche Fall)[39]却被完全忽略了。因此,这种见解在所有的重大宪法争议中都会窒碍难行并引发冲突。而这是因为真正的司法权(echte Justiz)与真正的宪法争议(echte Verfassungsstreit)在本质上就无法相互联结,并且这个问题也不能通过让宪法法院拥有自行确定宪法疑义为何的权限来加以解决。

而在当下,对于宪法权限要件与内容之政治歧见的相同简单结构,也在另一个(但从这里的观点来看十分有趣的)问题中显现出来。在1930年7月18日所公布的命令中(RGBl. I S. 299),帝国总统通过以下的宣称解散了帝国众议院:“在帝国众议院今天决议要求废止吾人于7月16日依据帝国宪法第48条所通过之命令后,基于帝国宪法第25条所赋予之权限,吾人在此宣布解散帝国议会。”因此帝国政府就在1930年7月26日依据帝国宪法第48条所通过之命令中(RGBl. I S. 311),重申了这项帝国众议院要求
30 应予废止之命令的大部分内容。而在此处所产生的诸多宪法疑义与适用争议中(在1930年12月的当下,大概只有规范论的盲目狂热分子,才会要求把这些争议交给位于莱比锡的国事法院裁判),有一个问题特别重要:1930年7月26日公布之命令中,对于宪法第48条的适用,是否在规避或排除帝国众议院多数的立法权限?另外,我们能否因为帝国众议院无法形成国会多数(mehrheitsfähig)就宣称帝国众议院无法行使其职权?说到底,这些问题的答案是取决于帝国政府是不是已经尽了全力去争取国会

多数——而这正是报章媒体以及选战文宣所剧烈争论的问题。我们自然毋须在这里对政党宣传战中深具目的性的诉求和煽动性的口号多做深究，但当时一份倾向于社会民主主义的重要期刊，在同一期中所呈现出来的冲突立场却是极具代表性的证据，因此我们在此应加以援引。August Rathmann 在《社会主义新报》(*Neue Blätter für den Sozialismus*)创刊年第 8 期第 340 页中一篇名为《人民对国会及宪法的攻击》(*Bürgerliche Offensive gegen Parlament und Verfassung*)(1930 年 8 月)中写道："如果布吕宁(Brüning)政府主观上真的相信无论如何都不可能获得国会多数席次的话，那么他们应该被原谅。但是布吕宁政府却完全不曾试图在它唯一有可能获得多数的左派中争取票源，反而因为它几乎已经是自我否定社会民主主义立场的行为，而把一切的努力毁于一旦。事实明摆在眼前：布吕宁政府只能期望获得由右派所支持的多数，不然就不必奢望获得多数。而因为他不可能获得右派的支持，所以他只能选择成为少数政府(Minderheitsregierung)并且通过宪法第 48 条的策略性运用来确保他的政权。在这种情况下，我们就不太可能认同布吕宁政府真的是出于善意，从而认为适用第 48 条的要件在客观上已经该当。这里不折不扣地是**宪法的违反**(Verfassungsbruch)，而无关其他。"但在同一期的第 374 页赫曼(Eduard Heimann)却有这样的论述："我不认为左派的多数会如同社会民主主义者在官方发言中所宣称的有可能实现……如果人民不能组成政党，那么就绝对不可能得到多数。如果我的论点无误，那么布吕宁就毫无选择；他必须寻求一个右派所支持的多数，并且在右派拒绝的时候解散帝国众议院或采取第 48 条的措

施。”如果连同一个圈子和同一份杂志里的同志，对于一个就发生在当下的议题都会产生意见分歧（而我援引这两篇文章的目的也
31 仅是在此），那么我们就可以看得出来，从法律的观点来看，这种宪法立场之争所涉及的只是“谁来判断”（*quis judicabit*），也就是决断（Dezision）的问题，而与司法审判权（justizförmige Gerichtlichkeit）伪规范性（Pseudonormativität）无关。在现行的帝国宪法之下，根据具体的情况，帝国政府——即帝国总统加上具有副署权的帝国总理——或是帝国众议院有权做出决定。在帝国众议院实际上真的无法形成多数，也无法行使宪法所赋予帝国众议院之职权（如依据宪法第 54 条做出帝国总理不信任投票之决议，或依据第 48 条第 3 项之规定要求废除依宪法第 48 条第 2 项规定所发布之命令）时，法院也不得取而代之。如果我们以国事法院取代宪法上所规定的管辖机关，那么法院就必须对所有可见的疑义和适用争议做出决定，而且无法做出决议的国会多数、甚至是国会中的少数也可以对法院提出声请，那么国事法院就会成为在帝国议会、帝国总统与帝国政府之外的另一个政治性机关，而法院的“判决理由”也就只是为统治行为（Regierungsakte）的做成或禁止披上司法形式的外衣而已。而再怎么样竭尽心力地开脱，都不能阻止人们将这样的法院视为政治部门的评价。因此，将重大宪法争议与真正司法权限加以联结所必然会造成的困难与矛盾，在这里也就清楚呈现出来。

斯麦特（在其著作《宪政与宪法》[*Verfassung und Verfassungsrecht*]中）与特里佩尔（在 1928 年德意志国家法学家年会报告中）对上述这种宪法争议和司法权联结的问题点已经有所阐

述[40]。不过从先前的经验来看，所有法院所面临的都是一个二选一的**选择**，这样的选择在部长诉讼应否由国事法院管辖的问题上特别明显，而且在讨论是否以其他形式建构有权控制立法者与政府之“国事法院审判权”（Staatsgerichtsbarkeit）或“宪法审判权”（Verfassungsjustiz）时也会不断地重复出现：**若非**有一个**明确**而毫无疑问的**宪法侵害**（Verfassungsverletzung），而让法院对此行使惩罚与报应形式的司法权，并以某种形式宣告一个过去的行为“有罪”（Schuldig）；**否则**就是——也许是出于事实上的原因，也可能是基于一般成文宪法必然的不完备性与广泛的性质，或（特别地来说）因魏玛宪法第二部分的特征而产生——宪法侵害是否存在**并不清楚**的**可疑**案件，在这种情况下，这并不是“纯粹的法律问题”，而法院此时的决定也就有异于法院裁判，也就是说，有异于司法权。司法程序这种以终结案件为目标的内在逻辑必然会导出这样的结论：真正的司法权决定都出现在**事后**（*post eventum*）。如果人们想通过赋予**法院暂时性处分**（einstweilige Verfügungen）的权力来修正这项缺点的话，那么司法者就拥有做出或回避某项政治措施的权力，而且因为这样的权力使司法者成为了国家内政、在个别案件中甚至是外交政策最有权力的部门，因此司法者在政治上也就扮演了积极的角色；在这样的情况下，法院独立不但再也无法保障法院免于政治责任的担负，司法者甚至是应该要负起政治责任[41]。一旦偏离了宪法上关于司法独立明确而毫无疑义的内容范围，司法独立就丧失了它宪法上的基础。此外，只要司法权本质上仍然是司法权，那么就无法避免它在政治上永远会来得太迟的结果，而且司法程序规定得愈彻底、愈缜密、愈符合法治国的要

32 33

求、愈符合司法权的形式，司法者来得就会愈迟。在宪法受到明确侵害（这在文明国家并非常态）的案件中，最好的情况是对该可归责之行为加以惩罚，并将出现在过去的非法状态（Unrecht）回复原状（Wiedergutmachung）。而在可疑的案件中，却显现出对司法独立与司法独立的前提——也就是严格遵守内容具有拘束力之法律——的混淆。

这种误解不但出现在部长诉讼的发展历程中，也见于其他实际案例中。关于国事法院在联邦国体制中的特殊性以及帝国宪法第19条下的德国国事法院，在下文后还会再加以论述（本章第4节）。为了宪法保护与司法权之关联而制定的一般原则在政治生活现实中其实随处可见。因此，只要我们将宪法纳入考量，那么即使是在最严格、最彻底的法治国中，司法程序的修正与调整也不可避免。如果在税法领域中认为税法的解释必须顾及其“目的、经济上之重要性与法律关系的发展”（《帝国税捐条例》第4条），那么在宪法上就更不可能把具体的客体抛诸脑后。为什么所有国家将叛乱与攻击国家基础这种犯罪类型从一般普通刑事法院手里抽走，而让一个最高的法院作为第一审也是最后一审的管辖法院，或另外设立一个专在保障国家安全的特别法院[42]？以国事法院或宪法法院限制或排除普通法院之审查权，其依据何在？而只让特定政治机关（政府、国会等；帝国宪法第13条第2项仅限于“具有管辖权”之帝国或各邦机关）有权提请这种国事或宪法法院审查的根据又在哪里[43]？而为何在帝国财政法院与帝国参议院在联邦国
34 体制之下关于税捐法的管辖权问题中，目的性的特殊考量是合理而不可避免的[44]？为什么1924年8月30日帝国法律（所谓的

Dawe 计划)在帝国铁路法庭(Reichsbahngericht)的裁判之外，还规定在帝国政府或帝国铁路公司(Reichsbahngesellschaft)其中一方认为法院裁判之执行，会危及对赔款国债券(Reparations-Schuldverschreibungen)之利息支付与清偿时，得声请仲裁(Schiedsrichter anrufen)[45]？在特别法院(如帝国铁路法庭)之裁判确有必要因外交政策之目的性考量而调整时，那么有权对德国所有宪法争议加以裁判的法院，其裁判不也应该至少具有相同的调整必要？而在这种调整确为必要时，不也表示了对司法权无界限(grenzlose Justizförmigkeit)原则的扬弃？

只要我们以具体的宪法意识去处理这些困难的案件，那么我们也就能避免谈到这种一般性的“国事法院裁判权”或“宪法审判权”。被称为宪法审判权之父的西哀士，其实只谈到应该引入宪法陪审团(jury constitutionanaire)与宪法执法官(magistrature constitutionnelle)来保障宪法免于违宪的侵害。他指出，这种执法官并不属于行政或统治之范畴，也不在立法的领域之中，而是宪法的执法官(Verfassungsmagistratur)；西哀士并没有明白指出这是司法权的行使，反而强调这种职权是制宪权的一部分、或至少有行使制宪权的可能[46]。在论及看护宪法之陪审法院(Geschworenengericht)的瑞士宪法草案中，也同时提到了宪法受侵害 35
时的诉讼[47]。在拿破仑宪法以一个参议院守护者来捍卫宪法的情况下，司法权再次被搁置一旁，而由一个立法机关或参赞机关来加以管辖。自由法治国立场的代表，尤其是贡斯当和基佐(Guizot)，仍然对司法权的自然界限(natürliche Grenzen)有所认知，并且经常提出一针见血的警句，如贡斯当先前关于部长诉讼的阐述[48]，以及基佐在当前德国应该更予重视的语句：在这种司法化之下，“不但在政治上毫无所获，而且还赔上了司法权的全部。[49]”在19世纪自由德国中对法治国有所省思的宪法学者，特别是莫耳、布伦奇利和格内斯特，是从宏观的事物脉络体系去观察这个问题；对他们而言，只有（作为知识分子与有产阶级的代表）立法机关或是由世袭君主结合两院制才是维护宪法最保险的机制[50]。此外，他们主要在乎的对象只有对部长诉讼——当时部长责任的唯一手段以及所谓“宪政国家架构的基础”[51]——或是对国王命令的法院审查权；但即使如此，他们也仍然避免对绝对司法
36 程序做出肤浅的不实幻想[52]。在稍后的战前期，为了稳定的考量起见，人们可以很轻易地利用这种直接抹煞实质问题的形式论。然而在具体政治争议再起的时候，司法程序应严守界限的想法就会再次被唤醒，而在1919年以司法权来解决战争赔款的提议出现时，埃利希·考夫曼（Erich Kaufmann）便在一篇令人印象深刻的文献中，再度提醒我们对司法权所应遵循的法治国界限应予重视[53]。

3. 于宪法法律内容具有疑义时，其内容的关键决定权乃是立法者——而非司法者——之本质任务

为了回答这个基本的宪法理论问题，我们必须在这里再次强调，世界上不存在一个没有司法独立的市民法治国，也不存在一个内容上不受法律拘束的司法独立，更不能在法律与司法判决间不

做实质区分的情况下谈论如何受法律的内容拘束。市民法治国必 37
须立于不同权力的本质区分之上。人们可以如同德意志君主立宪时期常见的国家学一样，以绝对主义式的观点来拒斥权力区分(Gewaltenunterscheidung)，也可以赋予法官一定程度的判断自由，但只要司法者在国家法上的角色不曾改变，我们就不能让司法者侵入政治决定这项立法者的本质任务之中。我们也不能通过字面上的不精确表达(权力划分[Gewaltenteilung]、权力分立[Gewaltentrennung])或是指出在个案中区分的困难以及各种权力界限相互重叠的可能性等等，甚至因为在普遍的三权分立(立法、行政、司法)之外还有其他划分方式的可能，而驳斥立法权和司法权在本质上的原则性区分。如同拉尔纳奴(Larnaude)[54]所正确指出的，权力划分的类型，就跟国家的数目一样多。但权力划分类型的多样性并不能证明权力之间并无差别，或是人们有权忽略立法权与司法权的差异。对市民法治国而言，这项说法一直是适用的：一个不对立法、行政(统治及行政)、司法做本质区分的国家，在市民法治国的意义下不能说它“具有宪法”[55]。

在市民法治国中，司法权的意义只限于依据法律所做出的法院判决。这个自从19世纪以来就被所有德意志宪法引为固定用语的“**依据法律**”(auf Grund eines Gesetzes)，对于市民法治国的组成具有核心意义。我在近年来也时常指出这一点，并且也点出了这里的体系性脉络[56]。**这项用语在历来德意志宪法中的重要性绝不亚于(如果还有其他可能性的话)“正当法律程序”此一名词对盎格鲁萨克逊宪法的重要程度**。从“依据法律”的用词，我们也可以导引出法律与判决，以及立法者与司法者应予区分的结论。

虽然在不同的国家中权力划分的实现方式极其多样，但法治国意义下之权力区分的不变内容是，至少在常态的管辖权规定上，国家行为的本质差异必须符合国家功能在组织层面上的区分。法律并非判决，判决也非法律，而是“依据法律”所做出的“个案”决定。司法者在法治国中的特殊地位、司法者的客观性、超越党派的地位、
38 独立性及身份保障，这种种都以下述的前提为基础：亦即司法者必须依据法律做出判决，且判决在**内容**上必须**出自**另一个规定于法律之中可衡量、可预测的决定。在立法部门例外地以立法的形式行使立法权外之职权时，我们可以将之称为“形式的立法权”，就像我们可以在一个宣称自己具有管辖权之司法机关，以司法权的形式行使超出司法权本质范围时，将之称为司法权的形式意义一样。但这不表示我们能毫无目的地把形式主义加以反推，因为这种反推不但本末倒置，而且会把立法部门以立法形式所做出的一切行为都视为法律，而法院所做出的一切就都是司法权的行使。这种逻辑是来自于以下这种一连串的混淆：司法权是由法官所行使的，因此也就是法官所做出的一切；法官是独立的，因此所有具有独立地位的都是法官；而一个具有独立性之机关在独立性保障之下所做出的一切，就都是司法权的行使；同理，我们只需将所有宪法争议及歧见都交由独立的法官决定，就会得出一个“宪法审查权”。通过这种形式概念的操作，我们可以把一切都张冠李戴；所有的国家行为都可以被说成司法权，任何东西都可以成为“规范”、规范的制定，甚至是宪法[57]。从而宪法体制就会成为一个充斥虚构幻想的世界，而法学则会成为霍法克（Hofacker）称为“鸭腿逻辑”(Gänsebeinlogik)[58]之思维方式的练习场。

这种因为无实体之抽象概念与充满想象力之隐喻而产生的明 39
显混淆，导引出一种极度荒谬的逻辑。而这种逻辑也显现在宪法
守护者或宪法维护的问题之中。法律不能作为其他法律的守护 40
者。较弱的法律自然无法守护或保障较强的法律。那么反过来
说，修改上较为困难的法律应该守护一般的法律吗？不过这种想
法却正与我们今天所考虑的问题相反，因为此处所涉及的是宪法
法律的保障及守护，而不是一般法律，所以现在的问题正是在保障
修改困难之法律不会因为一般法律的修改而遭受侵害。如果一项
规范可以做出规范性的自我防卫，那么这个问题就不会存在。一
项规范的效力可能强于、弱于其他规范，或是与之效力等同；那么 41
在这些规范之间就可能存在应予解决的矛盾与冲突；一项规范可
能只在重申另一规范的内容；也可能在赋予一种新添的、更强的效
力（例如在宪法法律中重申一般法律的内容）；也可能引入了新的
法律效果或刑罚威吓等等（更强的“制裁”）；而当然也有可能一直
制定出效力更强的、更难修改的规范。只要此时所涉及的是规范，
那么我们永远能够通过一个更强的规范对之加以保障、维护，但相
对地，对于作为最高、最强规范的宪法而言，这样的保障可能性就
不存在。宪法守护者这项问题所涉及的是如何防止最强的规范受
到较弱规范的侵害。从规范主义及形式主义的逻辑来看，这不应
该是个问题，因为较强的效力不可能受到较弱效力的威胁和危害，
所以在实质问题开始浮现的这里，也又再度是形式主义宪法所能
及的界限。

如果宪法审判权是凌驾于一般法律之上的宪法法律审判权，那么它也就是某种法律的审判权，而且这种审判权凌驾于他种法

律之上。但只要“规范”的概念还保有某种程度的精确性，而“规范”的字义还不致沦为毫无限制地，侧门、旁门、后门大开的众说纷纭（虽然它特别容易如此），那么就不应该有规范之审判权反倒凌驾于规范之上的情形。早在多年前梅耶就已经对“规范”这个用语的滥用和误解提出强烈的警告[59]。只可惜他的努力都白费了。否则大概就不会产生这种将宪法审判权理解为规范的审判权而且还让它凌越于规范之上的想法。如果“宪法审判权”的用语是用来指称一种审判权的类型，一种只以作为其裁判基础之法律类型来定义的审判权，那么所有依据帝国宪法第131条及第153条进行的民事诉讼也都属于宪法审判权。或者我们应该将宪法法律拟人化成法官，而一般法律拟人化成当事人呢？如果这样的话，我们就可以看到“宪法审判权”的特征在于，这时有一项规范同时是法官、当事人和裁判依据、甚至是裁判主文，而这种诉讼的建构，也只是表明了——在抽象概念变质成隐喻，而概念的“通用”只能在空泛的抽象概念像影子游戏中互相重叠之影子般互相混同时才能存在的情况下——从规范这个用语所延伸而来的种种。

42 将一项规范适用于其他规范上的行为，在性质上多少有别于将规范适用于案件事实的情况，而将一项法律涵摄进另一项法律（如果这真的是可以想象的情况的话）与将被规范之案件事实涵摄进规范之中，两者也有本质上的差异。如果一般法律与宪法法律之间的冲突可以被加以审查，并且该一般法律可以被宣告无效的话，那么我们就不能将它称为“将宪法适用于一般法律”，因为它所代表的意义与“司法者将法律适用于个案之中”不同。在前者的情况下，规范是被拿来相互比较的，而在（可能因各种不同理由而产生）冲突或矛盾时，某一项规范会排挤另一项规范。而在后者的情况下，特定的案件事实通过司法者对于法律的适用而在个案中被涵摄进普遍的概念（以及法律的“构成要件”）之中。如果宪法法律规定：“神学院应予保留”（帝国宪法第149条第3项），而某条一般法律则反过来规定：“神学院应予废除”，那么根据宪法法律的适用，神学院应该被保留下来，而根据一般法律的适用，则应该将神学院废除。这没什么好争论的。在这两种情形中都存在将法律适用于个案事实的情况，而且在这两种情形中，都是以法律构成要件涵摄的相同方式来得到法院判决。如果将规范的内容加以比较，在冲突或矛盾的存在，从而延伸出应该适用冲突规范中何者之问题时，就应该将这两项抽象规范加以比较，但不是将某一项规范涵摄进另一项规范，或是相互“适用”。而哪一项规范应予适用的决定，也并不是通过将某规范涵摄进另一项规范之构成要件而得来。那么在这种清楚的案件中被涵摄的应该是什么呢？在一项规范的规定刚好与另一规范相反时，在这种冲突的情况下，我们就应该决定哪一项规范应予适用而哪一项规范不予适用，而不是将无效的规范涵摄进有效的规范、或将有效的规范涵摄进无效的规定。在前述的案例中，相互冲突之规范的法律“构成要件”——神学院——是完全相同的。我们不能说宪法法律所规定的神学院应该要涵摄进一般法律的神学院里。同理，在解决规范的冲突时，我们也不能说是将另一个规范涵摄进另一项规范，或说“将之适用于”另一规范。这种将“被排挤的规范”（Aufgehobenwerden）涵摄进“被保留下来的规范”（Beibehaltenwerden）（或反过来）的说法毫无道理可言。在规范冲突最明显的情况下，就不可能存在这种“在

43 规范冲突之审查上、透过构成要件涵摄得出法院判决”的典型司法程序。在这种案件中，根本就不会有涵摄出现，而只会审查是否有冲突存在、继而决定在冲突规范之中何者应适用、而何者又应“不予适用”[60]。

如果我们坚守宪法法律与一般法律间有**明显**抵触这种单纯案件的范畴，那么也就不会产生“宪法法律之审判权凌驾于一般法律之上”的想法。在这种案件中唯一的审判权，是因为侵害宪法之行为而发动的、针对行为人而非针对规范的报应性刑事审判权。然而决定法律冲突的实益，其实并不在于这种明显抵触的案件，或是对于发生于过去之抵触行为的矫正，而是在另一个完全不同的问题之上：亦即“谁对于是否以及在何种程度上有法律抵触存在的疑
44 义与适用争议具有决定权”。以魏玛宪法的观点来看，这项实益意义更为重大。因为魏玛宪法在第二部分中充斥着形态各异的原则、实体性的个别条款、计划与方针，以及拖延性质的形式妥协[61]，而如果这些不同形态的条文都能被称为“规范”，那么规范这个字眼就会完全失去价值而且无法使用。这里所涉及的是最困难但在实务上也最重要的案件，也就是宪法法律条文本身的不明确与矛盾。而这是因为宪法条文系奠基于纷杂而互相矛盾的各种原则之上，因此宪法条文本身也就既不明确而且还充满了矛盾。在这种情况下，我们显然无法拟制出一个规范位阶的架构(Stufenbau der Normen)，而在一项宪法法律之规定与另一项有所出入时(例如第146条第1项与第2项)，这项冲突也无法藉由建构一个规范的“位阶”(„Hierarchie“ der Normen)来解决。此外，在宪法法律与一般法律之间是否有矛盾存在的疑义及适用争

议案例中所涉及的也并不是真正司法权意义下的构成要件涵摄，因为此时的疑义只牵涉到宪法法律的内容。当宪法法律规定："神学院（theologische Fakultäten）应予保留。"而一般法律规定："神学学院（theologische Akademien）应予废除。"那么问题就在于神学学院是否为神学院，而一般法律所规定的案件事实又是否也在宪法的规定范围中。更进一步来看，这并不是将一般法律的构成要件涵摄进宪法法律中，也并非将具体案件事实涵摄进法律的司法涵摄（richterliche Subsumierung）。而我们应该追问的毋宁应该是，该当于一般法律之构成要件的案件事实，是否也该当于宪法法律之规定。对同样的案件事实应该以两种规范来加以涵摄。而宪法法律对于这个案件事实的涵摄，与以一般法律所为的涵摄并无二致。问题只在于，应该要在这两个互相冲突的法律中选择何者来涵摄此时的具体案件事实，但无论如何，只有具体事实——而非一般法律——应该被加以涵摄。因此我们已经清楚地证明，此时的问题及疑义只涉及**宪法法律之内容**、而与以宪法法律对一般法律加以涵摄一事无关。而一般法律之法律构成要件（神学学院）是否落入宪法法律之法律构成要件（神学院）之中的问题，只涉及将较狭义之概念涵摄进广义概念中的可能性，而不涉及将实然的
案件事实涵摄进应然规范的问题。只有从心理层面，我们才能够 45
不精确地说案件事实被加以涵摄（但在两项规范间有明显矛盾的案例中，我们却绝对不能这么说）。但这里所讲的涵摄并不是司法权特殊意义下的涵摄，而只是一般人的判断与意见。最后我们必须说，"审判权"（Justiz）与"规范制定"（Normgebung）两者不能相互混淆。而在决定规范与规范之间是否存在矛盾的疑义与适用争

议案件中，并不是将一个规范适用于另一个规范，而是——因为疑义与适用争议只涉及宪法法律的内容——将此时有疑义的规范内容加以澄清及确证。从本质上来说，这是在排除宪法法律内容中不明确之处，因此是在**确定法律的内容**，从而本质上属于立法权、甚至是**制宪权**，而非司法权。

而这里又出现了一样的选择：**要不然**就是存在着对宪法条文**明显**、**无疑**的抵触，然后由法院以报应的刑事审判程序去确定此时抵触的确存在并加以惩罚；**再不然**就是对规范内容的疑义极高或是规范内容本身就极不明确，以至于在法院与立法者或政府意见相左，而认为(立法部门或政府所制定之)规定与系争宪法法律相抵触时，也不能就说此时对宪法有所侵害。在后者的情况，很明显地法院的判决只具有"有权解释"(authentische Interpretation)的意义。1831年的萨克森宪法在第153条第3项中讲得好，在宪法文件特定争点的解释上，若有无法通过政府与等级会议之协议而排除的疑义产生，那么国事法院所做出的决定"应被视为有权解释，并被加以遵守"。这是事理之必然，也适用于所有以这种方式确定规范内容的机关，不管这里的机关是以法院或是其他的形式出现，也不管此时是否依循司法程序来做出决定。所有有权厘清系争法律内容的机关，都在行使立法者的权力。而如果厘清的是宪法法律的内容，那么所行使的就是制宪者的权力。

而这个不断重复出现的选择，其最终的、法理论上的理由在于：在所有的裁判里，即使是在从事构成要件涵摄、对诉讼做出裁判之法院的判决里，也存在着一项无法从规范内容推导出的、纯粹裁判性的因素(Element reiner Entscheidung)[62]。我将它称为

“决断论”(Dezisionismus)。即使是在附带行使审查权的法院中，46
也仍然可以清楚看出这种决断论式的因素。如果我们辛苦一点，去查阅美国联邦最高法院在沃伦大法官(Warren)担任首席大法官时期的法院历史，可以在所有重要的法院判决中，看到摇摆不定的论证以及有力少数(非主笔法官与不同意见法官)，也就是所谓的“五比四判决”(Fünf gegen Vier-Entscheidung)或“一人判决”(Ein-Mann-Entscheidung)的出现(也可能招致强烈的批评[63])。这里的论述解除了认为这种判决推论之意义只在于“将截至目前仍然可疑的违宪性转换成一种极为昭然之违宪性”的天真信念。这种判决推论的意义并不在于强力的论证，而是在于通过排除疑义的权力来做出判决。而更具有本质决定性的地方在于，对于疑义、不确定性与适用争议具有决定权的这种特殊功能的机关，所做出的决定都具有决断的性格。这种决断的因素在这里不仅仅只是外于规范因素，为了做出司法判决(res judicata)而附加进去的、判决的一部分；而毋宁应该说，这里的(决断)决定正是判决的目的和意义所在，所以它的价值并不在于一个强力的论证，而是在于能从众多相互矛盾的可能论证中对疑义做出有权的排除。因为自古以来，不论我们的批判思维(kritisches Denken)如何发展，都无法跨越这项经验事实：无论(这项争议)在我们敏锐的逻辑之下是如何被轻易地解决，永远都还会再产生新的疑点。因此，这也又解消了在建立这种法院形式时经常出现(或至少不自觉地有所影响)的想法：这样的法院是以顶尖法学专家的特质与身份去排除疑义与适用争议，因此法院是一种最高的法学**鉴定人**(Gutachter)。但这样的思路忽略了鉴定意见的效力主要是奠基于其论证的价值之上，从而这样的鉴定意见也就与纯粹的决断处于遥远的两极。法官不是鉴定人,而夹带着法官行为之鉴定行为的拘束力就变得不清不楚,因为鉴定人的行为,本质上本来就不是法官的行为、不是司法
47 权,而是行政权[64]。若让鉴定的结果具有拘束力,那么它就是法院裁判、而不是鉴定意见了[65]。如果要让所有法官担任鉴定人,那么对于法官在疑义及适用争议之确证及终局排除的要求程度,就会永无止尽地提高。

基于一项特殊的理由,上述的争议对于魏玛宪法这样的宪法还具有直接的现实意义。所有的宪法都充斥着各式各样的“保留”(Vorbehalte),然而魏玛宪法的制定者对于“在宪法中不应加入太多”的古老经验却太过于轻视[66]。与普劳斯最早提出的草案相反,代表政党的政客们在宪法的第二部分加进了许多内容。这样的做法非常合乎当时宪法理论的讨论情况,也并没有引发任何异议。但如果我们从形式上将宪法等同于个别的宪法法律,然后再
48 相同地从形式观点将宪法法律定义成“只是一种比较难修改的法律”,那么人们利用这个机会来把他所关切的对象变得难以修改,也就没什么不对。此外,如同前面所提到的,在(涉及诸多疑义与适用争议的)宪法第二部分中,那些林林总总的原则宣示与个别宪法条文都不具有决定的性质,不是经过妥协折衷后的决定(Kompromissentscheidung),毋宁只是把决定向后推迟、而将各种不同(常常甚至是相互冲突的)观点纳入的模糊用语。教会问题与学校问题中的妥协规定就提供了一个清楚的例子。通过这种“推迟决定的用语妥协”(dilatorische Formelkompromissen)[67],这种对于“疑义与适用争议”的决定终于第一次被规范化了。而如果真有一

个机关，在 1927 年夏季帝国学校法草案被热烈讨论时，对其合宪性做出了决定，那才是真的第一次让帝国宪法第 146 条具有实体内容，并且对学校问题做出决定。如果在这里是由法院来决定的话，那么此时的法院显然就成为具有高度政治功能的制宪者。

4. 德国的国事法院

(a) 宪法概念与宪法审判权在本质上的关联；对德国国事法院之司法权本质界限的肯认；宪法契约与宪法审判权的特殊关联

在宪法内容不明确时，应该赋予一个现有或新增的机关有多大的决定权、从而使它成为一个与立法部门相抗衡的力量，这并不是宪法理论上的问题，而是政治现实上的目的性考量。而是否要让受有身份保障的专业法官来担任此一机关并从而让司法官僚(Beamten-Justiz)接受政治压力的试炼，也仍然是一种政治现实上的权衡。然而这种目的考量的问题，无法在无视宪法理论的情况下获得解决，而且目的考量也绝非意味这个问题的答案可以脱离实体与实质的概念而产生。不论是从理论或从实务的角度来看，我们都不能从“宪法形式”(Verfassungsform)这种想法出发来将宪法争议的概念加以形式化，亦即忽略宪法争议的具体意义及客体，而将所有的问题都视为应由“宪法法院”管辖的宪法争议。

所有国事法院裁判权或宪法审判权的首要条件都是一个明确 49

的“宪法争议”概念，而这个概念至少要从争议的内容原则和结构的观点出发，指出争议与宪法直接的实体关联，从而将宪法争议与其他争议加以清楚划分。如果我们反其道而行，让国事法院或宪法法院通过纯粹的个人成见来决定宪法争议这种完全不明确且漫无边际的概念内容，并自行决定何者属于宪法争议，则是非常有欠考虑的做法。因为这代表国事法院可以自行决定其权限（Kompetenzen）。而这提供了国事法院有自行扩展管辖权（Zuständigkeiten）与职权（Befugnisse）的地位。而一个对自身政治影响力有所认知的机关总是会不断扩张本身权限范围的事实，也是很典型的宪政现象。因此，即使在1871年俾斯麦宪法小心翼翼的规定与权限分配之下，德意志帝国众议院仍然取得了比文义解释范围更大的政治影响力。另一方面，当前的帝国参议院和个别的邦，尤其是普鲁士，也在宪法上取得了再怎么咬文嚼字也无法从帝国宪法文义解释中获得的重要地位。同理，法院也可能逾越宪法所赋予它的管辖范围而变成具有强大政治影响力的权威。而法院这种在德国有权决定宪法争议的机关，却因为欠缺决定宪法争议范围的概念而处于一种不寻常的地位。而这主要是来自于现行帝国宪法之前已经被强调过的性格特征：一是联邦与邦这两个联邦国下的组织，其管辖权与权限划分一团混乱，二是宪法的第二部分（第109条到第165条）在可疑的标题“德国人民的基本权利与基本义务”下，可能成为疑义、适用争议、（在实定法化与现实化的范围内之）法律请求权（Rechtsansprüche）以及（随之而来的）权利争议的无底深渊。从这种宪法的观点来看，让一个宪法法院负责处理宪法争议而又不对宪法争议的概念提供定义——也就是没有对法院的管辖权提供界限——而只提供了一个极为空泛、会使所有与宪法规定有关的争议都成为宪法争议的定义，实际上等于赋予法院有自行决定其职权的权力。再从这种宪法争议的实质意义来看，实际上可能已经形成了一种形式特殊的、与(经过 Haenel 与 Rosin 发展的)战 50
前国家法文献视为主权判准的“决定权限之权限”(Kompetenz-Kompetenz)相去不远的“决定权限之权限”。

然而从当前的情势看来，宪法法院的实务发展结果却与这里的描述大相径庭，而这样的发展也不仅仅是因为帝国宪法第 19 条将国事法院的管辖权限于各邦内部、而非帝国内部之宪法争议。一个由专业法学者组成并对本身法院地位有所自觉的法院，很可能根本无意偏离真正司法权的领域。但法院此时却又面临了本文一直重复提及的两难选择(基于与宪法的关联，这项两难选择会在每一次仔细观察司法权界限时出现)：法院**显然**只能处理对宪法的**明确**抵触，也就是作为**事后发动**的审判权(*post eventum* eintretende Justiz)；**要不然**就是扩及**争议案件**，然后将司法权的空间压缩到零。造成这种结果的理由之一，是因为立法及行政行为的效力受到一般性的**推定**，其次则是因为在国家行为有瑕疵的情况下，如同 W. 耶利内克在他关于国家行为之瑕疵的学说中所指出的[68]，这些行为的无效(Nichtigkeit)、失效(Ungültigkeit)或是不予考虑(Unbeachtlichkeit)，只有在为数很小的案例中才会具有瑕疵的效果、亦即抵触规范的效果。而如果我们认为宪法法院的任务在于阐明澄清宪法规定内容上的疑义，那么法院在行使前述职权时，所行使的就不再是司法权，而是立法权与法律鉴定意见的含混连结。因此，法院在具体实务上一直努力严守司法权的界限，并且极力避免在重大案件中侵越立法者与主管政府部门之职权范围，也就不令人惊讶。因为一旦受规范拘束之司法权踏出司法独立的消极自卫范围之外，对于立法权及行政权的侵越就会使司法权本身成为立法者或行政部门。所以随着每一种新司法权形式的出现，也就有一种深植于事物本质而产生的动力，去创造出新的例外、保留和修正。因此法国的国家委员会（*Conseil d'Etat*）就在行政法院审查权中发展出统治行为（*actes de gouvernement*）的概
51 念，把它排除在审查的范围之外[69]。人们不应该将这些由专业司法官员所组成之法院谨守司法本质范畴的倾向，当成是对政治的戒慎或甚至是卑躬屈膝，而想去“披露”这种倾向背后的心理或社会背景。这毋宁只证明，期望司法权去行使与其本质相悖、超越构成要件涵摄范围之功能——亦即逾越透过内容特定规范之拘束力所划定的界限——终究是不会有结果的。

在1930年2月17日关于普鲁士选举法[70]之合宪性的判决中，德国国事法院拒绝宣告1920/24之普鲁士邦选举法的规定违宪，即使从声望卓著之法学者所代表的普遍见解、甚至是国事法院先前的判决本身来看，都很有理由去质疑系争法规违反了规定于帝国宪法中的选举平等原则。然而我们在这里其实可以不管应如何正确地在实体上解决这项争议。反之，在这项案例中最重要的地方在于，（仔细观察之下）国事法院本身也没有对这项争议做出实体上的决定，虽然还是做出了判决，但法院在某种程度上却宣告了法院不具有管辖权。因为这项重要判决的核心理由，是由以下的思路组成：国事法院所要回答的是该邦选举法是否抵触选举平等原则的问题：“选举平等原则所涉及的并不是一种逻辑数学式的

概念，而是一种法律概念”，然后法院接下来进一步补充道：“因此平等与不平等并不是互斥的对立概念。”这种将逻辑数学概念与法律概念加以对立比较的做法，在方法论上具有极为重要的意义，而且它对于曾一度被用来架空国家法及宪法的空泛规范论的拒斥，也值得注意。但我们在这里也仍然可以将这两种对立概念搁置不论，因为“逻辑数学”与“法律”的对照，对于国事法院的帮助只在于，纵然“帝国宪法第 22 条平等原则极为严格”，也只有在现实上 52
之急迫需要(ein wirklich dringendes Bedürfnis)被证立的时候，对平等原则的偏离也才能被加以证立。而此时就容或有法学者将“现实上的急迫需要”视为一个可以进行涵摄的概念，因为这里的情形让他们想起不确定法律概念：不确定法律概念系出现在民法及行政实务上，并在一般交易习惯及社会风俗中相对可预见的观点，以及国家制度中相对稳定的关系(如一般警察法中的公共安全及秩序、行政法中的需求问题或征收问题)，足以取代立法者所制定之规范内容时，可以成为法院在司法程序中加以适用的概念。不过，虽然国事法院没有犯下这种对不同法领域做出相同待遇的错误，却也走上了另一条更引人玩味的道路。紧接着上面所引述的句子，国事法院继续阐述：“是否以及在何种限度内，可以为了整体选举制度一致性的利益，以及确保那些通过选举制度所欲追求的国家政治目标，而偏离个别选举原则，**应由立法者加以决定**。……**即令如此**，国事法院也只能在立法者之决定**显然**欠缺内部证立，而且能够**有把握地**宣称该决定与明定于帝国宪法第 22 条中之制宪者意志有所抵触时，才能挑战立法者的决定。”在这样的宣称下，这项判决将所有关于不明确性(Unbestimmtheiten)、不安定性

(Unsicherheiten)、疑义及适用争议(Zweifel und Meinungsverschiedenheiten)都划归成为立法者的职权(或当然,根据管辖权的归属也可能成为行政部门的职权),并且剥夺了国事法院的管辖权。而当我们回想起国事法院正是产生自“应以司法程序去决定宪法法律规定中之疑义与不明确”的需求,那么德国国事法院在这项判决中所表现出来的立场,对于国事法院的根本问题就具有决定性的意义。法院只能在明显违宪、而不能在违宪性尚有疑问的案例中挑战立法者的决定。法院尊重立法者的所有决定,而这些决定,如同国事法院在跳过几句之后的判决理由中所指出的:“不得基于与案件无关的衡量”。从“排除不明确性与疑义”的出发点来说,“显然”与“有把握”的字眼应该被特别强调。这种逾越司法权的、对疑义与不明确性做出决定的特殊决断性格,也一样显露在国事法院对于被迫成为决断者所表现出的反感之中。当国事法院

53 只能在显然无疑、有把握的违宪案例中挑战立法者的决定,那就完全违背了它作为决定疑义与不明确性之机关的任务。因此,国事法院不但以极其审慎的态度将职权限缩于显然违宪之法规的一般性审查上,甚至还在这样的限缩之外加进了“即令如此”的条件,这种行为也就更加引人注目、甚至引起哗然。而究竟“即令如此”应该被视为是另外一条限制、或是特殊形式的保留,还是一种相对于“明显违宪”的职权限缩,并没有清楚的答案。但它的确标示出了更为严格的界限。

“**宪法审判权**”的首要条件是**宪法争议**的清楚概念。而宪法争议的概念取决于与其紧密相连的明确**宪法**概念。只基于表面上的目的考量或情感衡量而扩张宪法争议的概念,或是对于当事人资

格不假思索的肯认(Zulassung der Parteien),将会反过来影响、扭转宪法的本质,并可能引发因为欠缺宪法理论认知而招致反扑的意外后果。"宪法争议"、"宪法裁判权"与"宪法"的概念在本质上的关联如此紧密,以至于不只是宪法概念的变迁会改变宪法争议的概念,反之,宪法诉讼及宪法裁判权的实践也能影响宪法的本质。

如果**宪法是一种契约**(也就是一种双方或多方的法律关系、而非单方的政治决定或法律)、或至少能被当成契约来理解,那么也能产生一种在理论及实务上都能特定的宪法争议形式,以及对宪法争议做出判决的特殊国事法院类型。从契约的本质出发,我们能够回答何谓宪法争议以及谁能成为宪法争议当事人的核心问题。这种在一开始论述国事法院时就会遭遇的问题,不能留给法院决定——不能等到实务运作时才让法院通过裁量去发展宪法争议和当事人资格的概念。否则宪法的守护者将会摇身一变成为宪法的主宰(Herr der Verfassung)。若应由国事法院通过司法程序对宪法争议做出决定,那么就应该在事前阐明何谓宪法争议,而且这个问题不能用"形式"的答案来敷衍搪塞。而如果宪法依其本质是一种契约或协议,那么就可以延伸出一种可行又合理的宪法争
议概念。就像因契约而产生的争议——这种在契约两造之间因契 54
约内容而引发的争议(租赁争议,例如承租人与出租人关于租赁契约内容的争议)——宪法争议可以说是在宪法契约或协议的当事人之间关于协议内容的争议。而因为/只要法院判决能够从契约的内容导引出来、从而使确定的契约内容成为法院行为(richterlicher Tätigkeit)的基础[71],所以出自于这种契约的歧见(Differe-

nzen)及争议，就特别适合交由法院或仲裁解决。因此，在国家契约(Staatsverträge)中，国事法院被认为具有管辖权[72]，而在国际法上，国家之间源于条约的争议，向来被认为“可交付裁判”(justiziabel)或“可交付仲裁”(arbitrabel)[73]。这样的宪法概念在这里就导引出不但结果正确而且实际上也可行的宪法争议、当事人能力(Parteifähigkeit)以及(间接导引出的)裁判权等概念。但反过来说，如果不把宪法理论列入考量而让形形色色的社会团体都具有国事法院的当事人资格，就会导引出对国家的多元理解，把宪法从制宪权主体的政治决定转变为一套因契约而取得之权利的体系(ein System vertraglich erworbener Rechte)，而这些权利的维持必须由具有利害关系的团体或国家组织通过诉讼来施加强制。

(b) 将国事法院视为特殊的联邦机关

宪法是一种真正同盟(Bund)(邦联[Staatenbund]或联邦国[Bundesstaat])的契约，就像美国这个通过联邦契约(Bundesvertrag)成立之联邦所制定的联邦宪法。而在这样的政治组织中，常常设有一个用来解决同盟成员相互之间、或者发生于各邦内部但可能危及同盟内部和平、安定或同质性(Homogenität)之争议的
55 机关[74]。这种机关的前提在于，这种同盟宪法(Bundesverfassung)是以契约为基础，而在契约当事人之间有可能产生如何正确解释及适用(契约内容)的争议、并且这些争议应该被解决。随着这个同盟的发展，契约的基础渐渐消逝而联邦中的组织却仍然只能以统一制宪权主体(einheitlicher Träger)的政治决定为基础时

（魏玛宪法下的德意志联邦国体制就是这样的情形），就可以由其他的联邦机关来承袭（übernehmen）或新设一个特别组成的联邦国事法院，只要现实上还有合宪的联邦国体制存在。

帝国宪法第19条，处于德意志帝国联邦国体制的体系脉络之下，在章节的编排上也被列入“帝国与各邦”这个部分。该条文的规范对象包含帝国与各邦、各邦之间不属于私法的争议，以及各邦内部的宪法争议。经由两种途径，可以让这个被区分为三个并列层次的宪法概念，从契约思维中获得确定的概念内容：通过帝国的联邦国体制以及通过19世纪中叶制宪抗争时期，将宪法视为政府与人民代表间之契约（协议、协议）的后续影响。帝国与各邦、或是各邦之间的争议，在联邦国的体制之下，是产生自联邦契约关系（Bundesvertragsverhältnis）或至少是从某种被宪法所保持下来之国家制度的争议。而各邦内部的宪法争议，从历史的观点来看，则是从国会与政府间契约所产生的、国会与政府间的争议[75]。因为维持普遍的“和平”（Befriedung）是联邦的本质任务（Verfassungslehre, S. 369），因此联邦对于争议的和平斡旋和解决也就有利害关系，从而联邦在各邦内部的争议里也有利害关系。从这样的观点来看，由国事法院来裁决出现于邦内部之宪法争议，也就与联邦国体制紧密连接、不能与之脱离。因此也就不能允许这个对 56
邦内部宪法争议具有管辖权的帝国国事法院，将管辖权直接“扩张”到帝国内部的宪法争议。因为这将对宪法造成只能经由修宪的途径来进行[76]的深层修改；它会从根本上改变这整个制度的结构，并且将两种相互矛盾的功能赋予同一个机关：一种是特殊的联邦法（bundesstaats-rechtlich）上的功能，一种是特殊的内国法（in-

nerstaatlich)上的功能,而这两者应该是相互平行的。将这两个功能同时赋予帝国国事法院,将会使联邦(bundesrechtlich-föderalistisch)与中央集权—单一国(zentralistisch-unitarisch)的制度相互连结,从而让席卷当前德国联邦法学说的纷乱情况更加地含混而难以厘清。管辖邦内部宪法争议的帝国国事法院,与管辖帝国内部之帝国宪法争议的国事法院,是两种在本质上完全不同的制度,因为前者是以联邦国体制为前提与基础,而后者则否。因此,当一个联邦国体制下的帝国机关被额外赋予一种单一国(einheitsstaatlich)概念下的功能,那么这就不仅仅是一种单纯的"扩张",而将会踏进一个完全不同的宪法领域。

裁判作为联邦成员之邦(Mitgliedstaat)内部宪法争议的联邦法院(Bundesgerichtshof),同时也是联邦宪法及邦宪法的守护者。尤其更是对每一个同盟都至关重要之宪法同质性(Verfassungshomogenität)的守护者。在任何一个同盟或联邦国体制中,作为成员之各邦的宪法都不能独立于全国的宪法之外。因此,当德国国事法院在决定各邦内部之宪法争议时,不但不能忽略帝国宪法,毋宁更应该将帝国宪法当成判决的基础。因此,我们可以进一步说,如果在帝国的层次包含了邦宪法所应遵守的宪法组织规定(如帝国宪法第17、30、36、37、38、39条),那么就有可能会在邦内部产生出自于现行帝国宪法规定的宪法争议。但我们不能说,所有从地域或当事人观点来看,发生于邦内部、关于帝国宪法条文之适用与解释的争议,都是邦内部的宪法争议。因为在各邦内部,帝国宪法并不是成为邦宪法的一部分,而是独立(的规范)。各邦的体制,
57 并不是从1.邦宪法和2.由邦宪法所接纳、施行地域有所局限的帝

国宪法这样的基础上建立的。邦宪法所涉及的只是赋予各邦的“残存的国家性”(der Rest der Staatlichkeit);只有在这样的框架内,邦内部的宪法争议才有存在的可能,也才有依据帝国宪法第19条[77]管辖权优先于帝国法院之邦国事法院的制度。根据“邦内部宪法争议”这项用语在宪法史上的发展,出自于帝国宪法的争议不能成为邦内部的争议。这样的见解不会因为帝国宪法第19条而有所改变。因为帝国法务部代表——茨威格特(Zweigert)机要小组(Geheimrat)[78]——在对魏玛宪法之建议中已经清楚表明其立场,而该条文在文义上似乎也“理所当然”地(如1927年4月13日之判决中所指出的,RGZ. 120,Anhang,S. 21)没有采取反对见解。托马(Richard Thoma)说得对:在有关帝国宪法之争议能否被视为邦内部宪法争议的这一点上,“该条文根本从文义上就否决了这个问题”[79]。当时的资料也支持这样的否决立场[80]。而第19条所设下的前提(“无法院具有裁判权限”之邦内部宪法争议)也证实了这样的看法。第19条的目的并不在于将出自**帝国宪法**之宪法争议交由**邦**的国事法院裁判,从而使各邦的国事法院成为施行地域受到限制之帝国宪法的管辖机关。邦国事法院只在调解于各邦内部、出自邦宪法之政治纷争时,维护作为“联邦制度整体”(das Ganzen der bundesstaatlichen Organisation)之帝国的利益。

然而帝国国事法院却大举扩张了它的管辖权范围。“只要具有补充邦宪法或其他具有邦宪法位阶规范”之性质的帝国宪法规定有争议,那么帝国国事法院就会将“源于帝国宪法”的争议视为邦内部之宪法争议来加以处理[81]。藉由这样的做法,“邦内部”的 58
限制就会沦为纯粹的地域限制,或是把当事人两造(或至少是被告这一方)必须为邦机关或组织当成前提要件。因此,当宗教团体基于历史条款(historische Titel)援引帝国宪法之规定而向邦提起请求权时,就应该被当成邦内部宪法争议来处理;在具备当事人能力的前提下,在一个官僚组织(Beamtenorganisation)认为邦的薪资条例抵触帝国宪法第 129 条时,或是地方自治团体(Gemeinde)、教会(Kirchen)、破碎政党(Splitterparteien)、工商业联合公会(Handelskammer)、手工业者同业公会(Handwerkskammer)、律师及医师公会、工会、各式各样的利益团体、大学,甚至是神学院,只要能够援引魏玛宪法第二部分里任何一项条文提出主张,就都应该被视为邦内部的宪法争议。这么一来,"邦内部之宪法争议"的用语就会逸脱出严格的联邦国脉络,而界限也就不复再现。

另一方面,如果我们将所有帝国与邦之间"非私法的争议"都
59 不假思索地交由德国国事法院管辖,那么除非我们把争议的概念作最广义的理解而将所有帝国与邦之间的适用争议(Meinungsverschiedenheit)都涵盖进去,否则帝国与各邦间之争议的概念也仍然会有许多疑点存在。而如果我们采取这种广义的理解,那么具有管辖权的帝国机关就可以轻易让国事法院成为最高的监督机关,而反过来,邦也可以先下手为强,赶在帝国的常规监督程序(normaler Gang der Reichsaufsicht)之前向国事法院起诉;帝国与邦之间的争议就可以同时是邦内部的宪法争议,反之亦然。而那些帝国宪法中为了(处理)帝国与各邦关系而引入的机关和管道,亦即帝国宪法第 48 条第 1 项的帝国强制措施(Reichsexekution)、第 13 条第 2 项对于邦法是否抵触帝国宪法的判决,以及第 15 条帝国监督的法律制度[82],都能比现况更加扩展。通过对帝国宪法

第 19 条管辖权辅助性质(subsidiär)的强调,这种结果是可能避免的。但国事法院迄今的实务并没有从这样的观点来限缩自身的管辖权。而帝国政府似乎也时而会利用国事法院以避免显露出自己的政治立场[83]。原则上,国事法院的裁判绝不能被当成是(附加于民事、刑事、行政、财政及其他裁判可能性之)一般性的补充选 60
择。一个法院的管辖权可以具有辅助性质,但宪法争议的实体(materiell)概念却不能被当成是一种"辅助"(subsidiär)的概念。一个联邦国法律争议是否存在,不应取决于其他机关的**不加**处理,也不应该作为适用争议的附加**补充**。和宪法本身的概念一样,争议的事实也不应该以辅助或补充的方式来确定。国事法院的职权行使永远必须展现出其与宪法本身的直接特殊关联。

(c) 国家审判权及宪法审判权是将宪法转变为宪法契约(协议)这种趋势的表征

除了从联邦国的角度将宪法视为契约,另外还有一个本质不同的、将宪法视为契约并当成国事或宪法法院审判权基础的可能性。亦即当国家并非封闭性(如通过君主或一个统治集团之统治权或通过同一民族之同质性)的统一体时,国家就必须**二元**(dualistisch)或甚至**多元**(pluralistisch)地以多方当事人的**契约**及**协议**为基础。而国家的面貌及形式就由契约和合同[84]来加以确定。 61
因此中世纪的等级国家就是奠基于各式各样的契约、合同、协议(Abmachung)、军事协议(Kapitulation)、协议(Kompromiss)、和解(Rezess)、备忘录(Stabilimenta)、合意(Verständnis),近来则是以一种内含经契约而取得之权利与(现在也包含于此种契约类型之)典型、关键性保留(必要时也包含抵抗权之保留)的双方契约体系为基础。这样的观点也与在19世纪德国风行数十年、将宪法视为一个签订双方为贵族与平民、君主与议会、政府与人民代表的契约、甚至是一个书面契约的看法一致。这样的看法产生了一个非常明确的**宪法争议**概念(这个推论在这里极具实用价值):宪法争议,作为一个承继自历史发展的概念,在1919年之前的德国都没有什么本质上的争议:宪法争议只限于产生自宪法协议(Verfassungspakt)、在政府与国会之间关于其双方权益的争议。而更进一步的、在政治上极为重要的结果在于,**宪法的修改**因此也应该被理解为宪法契约签订者间的契约。针对这个引发我们关切的体系脉络,重点其实在于,所有关于成文宪法内容的适用争议、歧见与争议都应该通过双方的**相互理解**来解决。因此在巴伐利亚就产生了所谓著名的1843年之宪法合意(Verfassungsverständnis),虽然不具有宪法有权解释的地位而只能作为"解释的辅助工具"(Auslegungsmittel),但在尚有争议点存在的情况下,它却可以当作等级会议预算同意权行使的基础[85]。在1831年萨克森宪法第153条中就明白指出:只有在宪法文件之个别点上之解释有疑义
62 产生,而无法通过政府与等级会议之协议而排除时,才由国事法院加以裁判。当宪法契约或宪法协议的想法出现时,这种被卡尔·比尔芬格(Carl Bilfinger)[86]所强调的,某些宪法现象与国际法现象间的相似性就会随处可见,尤其在可疑或有争论之案件正是系争案件之对象、或是法院管辖权以当事人之自愿管辖(Unterwerfung)为前提时更为明显。

现行的帝国宪法紧扣着全体德国人民同质而不可分割之统一

体的民主思维，也就是由人民凭借着制宪的权力，通过主动的政治决定、亦即通过单方的行为来制定这部宪法。因此，所有尝试要从魏玛宪法之中导引出契约、协议或其他类似概念的解释和适用，都因为抵触宪法精神而被严正地加以驳斥。然而，在这部宪法保存联邦国体制之际，一个契约性质的元素就再次进到魏玛宪法之中：因为即使同盟的基础消逝了，我们仍然无法否认一个蕴含联邦主义的、从而也就是契约式的关系是宪法中的构成要素之一。在当前宪政现实中，在宪法上与契约元素相关、甚至就是引发契约这项元素的还有另一个**多元主义**的要素。有些社会团体、政党、利益团体和其他组织都朝着这样的趋势发展：不少本身具有一套官僚、辅助和基层组织系统、组织稳固的复合体，跨越了邦的界限而扩及联邦，并在联邦、邦及自治团体中占据了国家的意志形成、攫取公权力地位。这项在后文还会再提及之多元主义的承载者包含了不同的社会实体（soziale Größe）和权力的复合体（Machtkomplexe）：组织稳固的政党、利益团体（工商联合会[Industriellenverbände]、农业团体[Landbund]、工会）、宗教团体。它们是以一种相对安 63
定、稳固而可预测之社会权力集合（soziale Machtfülle）承载者的地位而存续、而行动。它们的重要性会随着不同的领域（外交政策、经济、文化、世界观）改变，而且只有在体系的脉络下才能正确地理解；但无论如何国家的多元割裂（pluralistische Aufteilung）已经是显而易见的趋势了。这样的趋势首先会在把宪法当成契约的问题上造成重大影响：宪法本身以及在宪法框架内所进行的国家意志形成，看起来就像是国家多元主义中不同承载者之间的**协议**，而这些社会权力组织（soziale Machtorganisation）随着协议领域之不同——外交政策、经济政策、社会政策、文化政策——而变换的结盟，也就会因为其谈判模式的变迁，而将国家改造成一个多元主义式的建构体（Gebilde）。在探讨理论的文献中，已经有人出于对宪法理论的轻忽而提出这样的宣称：究其本质，议会国家本身就是一个协议[87]。也许是因为没有考虑到可能在宪法所造成的后果，这等于是说，现在的国家，连同这个国家的宪法，都是参与协议契约（Kompromissvertrag）之社会势力的协议客体（Kompromissobjekt）。

而魏玛宪法本身也时常被理解及定义为一种协议：如果我们把魏玛宪法当成是“阶级和约”（Klassenfrieden）、“宗教和约”（Religionsfrieden），或甚至只是德国工人阶级（Arbeiterschaft）与资产阶级（Bürgertum）、天主教徒与新教徒、基督教徒与无神论者等等的“停火协定”（Waffenstillstand）[88]，那么整部魏玛宪法都是一个协议；不然协议就是存在于某些重要篇章或规定之中（如教会与学校教育这种“学校教育协议”用语特别盛行且并非毫无所指的情
64 况）。在这种国家及宪法多元分裂的所有情况下，这些作为多元主义承载体的当事人，所要求的是宪法本身，也就是国家的权力和国家权力的行使。而宪法是**他们**的宪法，因为正是他们制定了这部宪法。他们是在**国家权力**的领域里行使**权利**（Rechte an der Staatsgewalt），因为他们可以主张他们是形成宪法、甚至所有国家意志形成之协议的主体，也就是契约的签订者。而他们之间的歧见也就会与国际法上的争议愈趋近似，并因而优先经由双方的谈判（Verhandlung）、调解（Schlichtung），并在最后（如果有双方自愿提交管辖和可受仲裁或裁判的争议存在时）也可以通过法院的裁

判来加以解决。而当前德国国家学与宪法学欠缺对这种情势的体系认知。而对多元主义有兴趣的人多半也并不尝试从体系的观点来解释多元主义的实践。他们没有兴趣去做现实层面的推论，因为出于支持者和选民的考量，他们选择尽可能去回避政治上的风险。因此，为了以所谓的形式主义来掩盖事实，并透过——有助于所有借口及遁词的——模糊不清的“法律性”（rechtlich）与“政治性”（politisch）反题（Antithese）来把事实置于暧昧不清的境地，很多概念被都混淆。

在某些由德国国事法院所处理的法律争议中，我们可以清楚地看见，法律争议的当事人就是这种社会权力建构体（soziale Machtgebilde）或是社会权力体的派系结盟，因此，诉讼也就只不过是国家多元结构的反映。而在帝国与邦的争议里，在实际上常常也就只是一个政治派系结盟与敌对阵营间的诉讼。而**和解**的达成以及双方对达成和解享有极大自主空间的事实，更是大多数人都认为的，政党可以把宪法争议客体当成是可任其取得谅解、达成合意以及处分之对象的明证。因此在帝国与图林根邦因为冻结警察费用津贴而引发、但在最近（1930 年 12 月）获得解决的争议中，就达成了这样的和解[89]。一来，因为这里所涉及的是帝国与邦在 65
联邦国中——这种无法将联邦和契约元素加以排除、而且在具体个案中还透过与宪法并列之众多合约与协议来加以规范——的关系；二来，因为该争议涉及的是当时国事法院已在实务上肯认其特殊性质的**金钱上请求权**（Geldansprüche）[90]，因此在系争案件中对于争议客体的处分总是可以被证立。但普鲁士邦参议院（preußischer Staatsrat）与普鲁士邦内阁（preußischer Staatsmin-

isterium)在 1923 年 10 月 31 日所达成的著名和解情况却完全不同。该和解包含了双方对于普鲁士宪法第 40 条之解释与适用的
66 一致见解，并基于这样的相同见解认为系争案件无理由而加以终结[91]。这个案件显示出，**邦内部**宪法争议的当事人是如何地在国事法院的协助下，将宪法争议之客体当成可经由其合意来加以操纵的对象。而这里的争议客体则不折不扣变成是**宪法职权**(Befugnisse)**与管辖权**(Zuständigkeit)**的行使**。

67 争议的程序终结，向来很容易引发当事人间的协调(Koordinierung)，特别是当**民事诉讼**的思维占上风而被类推到宪法诉讼程序中时更是如此。因此，诉讼案件中当事人间的协调，就会碰上产生自契约概念且体现于争议客体观点下之诉讼及契约当事人平等地位(Gleichordnung)的协调，进而相互支持、相互加强。只有在明显抵触宪法的惩罚(案件)中才有刑事诉讼法的类推适用。而其余的案件中则都无所觉地使用了民事诉讼的观点和论证。所以国事法院在 1927 年 12 月 3 日的判决中这么说："在审查个别争议案件是否构成法律争议之问题时，必须从声请人(Antragsteller)的声请理由(Vorbringen)出发，这一点与民事诉讼中对于法律救济途径可能性之审查必须以原告主张为基础的情况并无二致。[92]"这样的看法在具体个案中完全适用，只是还需要更进一步的区分；特别是国事法院与宪法法院无法依据民事诉讼之模式，将当事人能力和原告当事人适格(Aktivlegitimation)加以区分的特点，必须被加以注意。反之，如果在没有论证或区辨的情况下，就不假思索地将民事诉讼的个别条款做出"不证自明"、"不言可喻"的决定性类推，则既不正确，也容易引起误解。

在国家法的文献中我们也可以看出类似的趋势。君主制的独特（Singularität）、异常（Abnormität）和不合时宜（Unzeitgemäßheit）都体现在君主对官职（Amt）及国家权限（staatlicher Befugnis）具有权利这种在现代国家完全不可想象的事实之上（基于君主地位的独特性，伯尔纳茨克［Bernatzik］对于君主制与共和制之差异也做出了广为人知的法律定义[93]）；而相对于这样的思维，迄今的国家学理论、甚至是公法理论都十分肯定地认为，**对于国家权力的行使并无权利之可言**，而**在国家权力的行使上也不能对官职主张权利**，因此掌有公法上权限或管辖权者，不能像支配其主观权利（subjektives Recht）一样对公法上的权限或管辖权加以支配。但是现在这些参与国家意志形成的、各式各样的机
关，却将宪法的解释和机关权限的行使当成是协议或（在没有国家 68
法学说根据下就将民事诉讼加以类推之）诉讼的客体。如同以往，国家法学说似乎以标记出判决先例（Präzedenzfall）为已足，而将这个本来是被无心引入之全新国家原则的深远影响留给未来决定。特里佩尔不断被援引的文章《帝国与邦之间的争议》（Streitigkeiten zwischen Reich und Ländern）（1923）——截至目前在这个议题上最具重要性的文献——在这样的文章标题之下却只处理了联邦法上的争议，也就是那些可基于帝国宪法中之联邦主义要素去证立双方当事人在契约上之对等地位的案件。但纵使特里佩尔将争议的概念做这么广义的理解，他却仍然坚持，如果不把“与权利的特殊关系”列入考量，邦就不得提起诉讼。在这样的说法之下，诉讼权能（Klagebefugnis）和主观公权利（subjektives öfffentliches Recht）之间的关联就被特别强调出来。但即使是国

事法院也不可能把对现行宪法规定的抵触视为公权利的侵害，并以之作为诉讼权（Klageberechtigung）的基础[94]。不过，在大多数法益受到侵害的案例中，我们却很容易可以构筑出一个主观公权利，并且宣称案件的重点其实只在诉讼的（实体）理由（Klagebegründung）上[95]。而将法律争议之概念奠基于主观权利概念之上的做法，甚至会让邦内部（以及帝国内部）宪法争议的定义更加困难、更有问题。因为主观公权利在这里只会对国家的多元分裂加以放行而已。

遗憾的是，多数人都误解了这一点。耶路撒冷（F. W. Jerusalem）在他有关国事法院审判权的著作中[96]是以这样的方式来定义国事审判权的范围：“所有主体为国家机关，而属于国家意志形成过程”者，也都包含在国事法院审判权的范围内。而它“也会赋予机关首长（Träger einer Organstellung）主观权利”，而“这种主观权利的性格，和民事法院裁判中（！）的情况相同，都可以成为诉讼的客体。”此外，他认为即使是国家机关“也能够成为主观权利的主体，只要法规范赋予它在执行其机关职权时有自主决定的空
69 间。”接下来他推论出极具特征的限缩：“当然，在当前国家法的基础上，机关首长的主观权利不能成为世袭的权限。”我们或许可以想象，法学会将当今的多元主义与中世纪封建国家、等级国家及其既得权利制度的亲近性推向更广泛的程度，以使得它能够尝试将权位（Machtbesitz）当作世袭权利予以保障。但它并未跨出这一步。但对于国家概念分裂的程度而言，这样的句子还是极具代表性并值得特别注意。耶路撒冷以下述的命题来为他的文章作结：“通过让国事法院在宪法上对机关权限（Kompetenz）争议做出裁

判的手段，帝国宪法承认国家机关之职权行使可以是主观权利的客体，而国家机关也有权力（Befugnis），通过相应的请求权在国事法院中与其他机关对抗并捍卫其权限。”对此，安序兹是这么说的（Kommentar S. 154），耶路撒冷认为将国家机关之权限等同于主观权利是“可疑的”，只是因为它走得不够远：毋宁每一个权限（Befugnis）都应该与某种主观权利合而为一（identisch）。而勒文塔尔（M. Löwenthals）的说法也一样值得注意，他是这样区分国事法院审判权与行政法院裁判权的：在国事法院审判权中所行使的是**在国家权力范围中的权利**（Rechte an der Staatsgewalt），而在行政法院裁判权中所行使的则是**对抗国家权力的权利**（Rechte gegen die Staatsgewalt）[97]。相对于这里的理论建构，德国国事法院在实务上的态度却极为审慎，并且避免让自己成为国家多元主义的工具。在国事法院判决中，政党的实体权限（Sachbefugnis）只在选举权争议获得肯认[98]，而政党党团也不具有一般性的实体权限，毋宁更受到严格的限制[99]。此外，因为帝国内部的宪法争议 70
不在国事法院管辖权之内，因此这种潜藏于宪法争议概念扩张之中的多元主义倾向，也就没有引发最危险后果的可能。

但这种主观权利之建构所能产生的最深远影响，在理论上依然值得注意：（根据上述的想法）如果系争案件事实所涉及的是成为一体之全体人民（das in sich einheitliche，ganze Volk）的政治决定，那么宪法就应该止步；而掌有国家权力中某部分权限（Machtbefugnis）的所谓国家机关，因为是以社会团体之受托人地位而成为“国家机关”、从而也就是为了社会团体而行使其权限与管辖权，所以也就能把权限和管辖权视为主观权利，用以对抗与之敌对的团体，必要时也能通过诉讼的途径提起诉讼。而且不论从整体或是从所有重要的个别部分来看，国家的意志形成都会变成一个协议，而其当事人——这些建造出多元国家的社会权力承载体——依据案件的情况，时而可以透过代表这些社会势力之国家机关而行使掌控国家权力(staatlicher Machtbesitz)的主观权利；时而(在规避政治风险的情况下)却又意识到他们在“形式上”和“国家法上”根本就不存在。

在我的宪法学里，我以民主宪政国家和实证的宪法概念(positiver Verfassungsbegriff)来反对这样的趋势。如果我们坚持，魏玛宪法是以作为制宪权主体、成为一体之德国人民的政治决定这种意义而存在，并藉助着这样的决定使德意志帝国成为一个宪政民主体制，那么宪法的守护者这个问题的答案就不会是通过虚构的司法形式、而会以其他方式出现。

注　释

[1] 关于“以帝国法院为宪法守护者”，请参见：Frestgabe der jurisitschen Fakultäten zum 50jährigen Besetehen des Reichesgerichts 中之论文，Berlin 1929，S. 154－178。

[2] 会议记录，第485页；先前的反对意见请参见：H. Preuß，a. a. O. S. 483/4。

[3] “其法院在世界史上，于政治经济的最高权威性功能中占有独一无二的地位”：John R. Commons，*Legal Foundations of Capitalism*，New York 1924，S. 7。

[4] Charles Warren，*The Supreme Court in United States History*，Boston 1924，Bd. I S. 52，108 f.；Charles Evens Hughes，*The Supreme Court of*

the United States, New York 1928, S. 31(Muskrat v. United States, 1911, 219 U. S. 346);关于司法权的严格自制(具有司法性质的案件), S. 22。

[5] 请参见:Hughes, a. a. O. S. 32。

[6] 迄今唯一的鉴定意见(advisory opinion)出现在门罗(Monroe)总统时期,请参见:Warren a. a. O. Ii S. 56;Hughes 对此的评注, a. a. O. S. 31:"这种情况在今日不可能再次发生。"司法部长 James M. Beck 建议当法律案的合宪性具有疑义时,国会应在总统的参赞下享有声请最高法院做出鉴定意见之权利,但这项建议截至目前并未得到实现。另见:Ogg-Ray, *Introduction to American Government*, 2 Aufl. 1926, S. 422 注 3。

[7] Warren III S. 22f. (Dred Scott 案), S. 244(Legal Tender 案);进一步文献请参照 Income Tax 案(1895)。

[8] 这里也包括了如合理性(reasonableness)与权宜(expediency)等概念。关于"宪法"(constitution)、"基本权利"(fundamental rights)、"自然衡平"(natural equity)及"人民意志"(will of the people)等概念的定性及关联,请参见:John Dickionson, *Administrative justice and the Supremacy of Law in the United States*, Cambridge, Harvard University Press, 1927, 第 97 页及第 101 页中极有意思的注释。

[9] Gutachten a. a. O. S. 23。参见本书第 154 页注 3(即第三章之注释[36]——译者)中的详细引言。

[10] 1791 年(以联邦为规范对象)的第 5 增补条款:"未经正当法律程序,不得剥夺人民之生命、自由及财产;未经公正补偿亦不得征收私人财产。"1868 年(以各州为规范对象)的第 14 增补条款:"未经正当法律程序,各州不得剥夺人民之生命、自由及财产;亦不得于其审判权中否定法律之平等保障。"夸张却具有特色的是以这种方式表达的批评:"正当法律程序只是最高法院说它是什么就是什么的东西。"

[11] RGZ. 111 S. 322;相关讨论请参见:*Festgabe der jurisitschen Fakultäten zum 50jährigen Bestehen des Reichsgerichts*, Bd. I S. 171 ff. 中的详细讨论。

[12] 与之相对的是美国最高法院在 1803 年所做出的奠基性判决 Marbury v. Madison(1 Cranch, 137)。首席大法官马歇尔(Marshall)法官指出:

"立法权应被定义并限制……这是为了争论究竟应由宪法去控制与之抵触的立法行为还是让立法者能通过一般途径修改宪法而过度简化的命题。在这两个选项之间不存在着中间地带。宪法只能是无法经由一般途径修改的最高法规范,或是与一般立法行为立于相同位阶,从而与其他立法行为相同、可因立法者之意愿而被修改。如果第一个选项为真,那与宪法相悖的立法行为即非法律,而若第二个选项为真,则成文宪法便会成为人民意图限制一个本质上无法受限之权力的荒谬尝试。"帝国法院回避了这种宪法上的权衡;虽然欠缺推论,但帝国法院的论证却更加谨慎、更不具原则性,而且只以这样的句子表示立场:"帝国宪法之条文只能经由依合法程序所制定之修宪法律废弃之。"

[13] 此处请参见:Carl Schmitt,*Verfassungslehre*,S. 102,Jur. Woch. 1929,S. 2314; Carl Bilfinger,*Der Reichssparkommissar*,1928,S. 17;进一步的文献请参考 AöR,XI(1926),S. 194 及 Zeitschrift für Politik 第 20 册,1930 年,第 81 页以下;托马(R. Thoma)于 Nipperdey 所编的 *Grundrechten und Grundfplichten der Reichsverfassung*,1929,Bd. I S. 38 f. ,以及在由安序兹与托马所编的 *Handbuch des deutschen Staatsrechts* I S. 143 与 W. Jellinek eod. II S. 154(至少对宪法破弃有所限制),最后也最重要的是:E. Jacobi,Reichsverfassungsänderung,收于 *Festgabe der juristischen Fakultäten zum 50jährigen Bestehen des Reichsgerichts*,1929,Bd. I S. 233 f. 。

[14] 帝国法院第三庭在 1924 年 1 月 25 日所做出的决议中指出(RG. 107,319):"第 105 条准用第 103 条之规定,课予法院在对该案件具有审判权时,有监督司法救济途径进行之义务。"这似乎表示了帝国法院有意将这种被动的审查权包括在内;但根据 1924 年 2 月 22 日的院会决议(Plenarbeschluss)a. a. O. S. 323,帝国法院并不认为第 103 条与第 105 条有涉及法院所应行使的职权范围。与此处相反,关于立法机关用以对抗司法权干预之自我防卫的案例,请参见前文第 9/10 页之注 5(即导论之注释[26]——译者)。

[15] *Deutsche Juristen-Zeitung*,1924,S. 243.

[16] *Wesen und Entwicklung der Staatsgerichtsbarkeit*,*Veröffentlichungen*

der Vereinigung der deutschen Staatsrechtslehrer, Heft 5 S. 26.

[17] “分散”(diffus)之用语系对照于另一种由单一审级**集中**(konzentriert)行使的审查权。

[18] M. Grünhut, *Die Unabhängigkeit der richterlichen Entscheidung*, *Monatsschrift für Kriminalpsychologie 1930*, Beiheft 3, S. 3; Carl Schmitt, *Verfassungslehre* S. 274/6.

[19] 然而自由法运动却因为拉德布鲁赫(Radbruch)的说法(ArchSozW., N. F. 4〔1906〕)而对独立性与拘束的宪法脉络多所误解。考夫曼(E. Kaufmann)在1926年国家法学者年会上所发表的论述(Veröffentlichungen Heft 3 S. 19)十分中肯:“法官必须严守特定法官的职权范围,不得抵触划分司法及立法间界限的规范,也不得侵夺立法者的权限;司法者只能对涉及司法权最外围的侵害加以指责。”虽然法官具有“造法”的“自由”及广泛的裁量权,虽然实际上存在着许多不确定法律概念,但只要市民法治国仍然受到肯认,法官就仍然必须受到“来自法律的拘束”。请进一步参考 W. Jellinek, Verwaltungsrecht 1928 S. 10:“司法不得干预立法”或 H. Triepel, Streitigkeiten zwischen Reich und Ländern 1923 S. 52:“通过利益权衡来进行的法律漏洞填补,首先必须从法律本身以可见之方式所呈现出的利益评价出发。”关于新法制定后法官的裁量权界限,Juncker 在 Steinscher Grundriss des Zivilprozessrechtes, 1928, S. 23/24 中有非常精辟的论述。关于并无“义务性之裁量”,而仅有“合法裁量”的论述,请参见:Schnuner, Nachprüfung des Ermessens durch die Gerichte, VerwArch. 33(1928)S. 77(对司法者而言毫无疑问是正确的;但在其他情况下,对于“自由”行为的“授权”和有涵摄可能性、内容具有拘束力的规范仍然难以区分,除非通过其他规范如“诚信原则”或“交易习惯”的进一步指示)。

[20] 关于“司法者的困境”请参见拉德布鲁赫, Arch. Soz. W. N. F. 4(1906), S. 355。在该篇论文中,司法者之困境与权力分立之宪法问题的关联被加以肯认(援引 Hatschek 所著 *Englisches Staatsrecht* I, S. 1065),但在自由法运动的批评与战前的宪法理论真空期所带给人们的印象中,却再度遭到误解。权力分立被认为是一种“理性主义”(Rationalismus)而

遭到驳斥（另请参照：E. Kaufmann，*Auswärtige Gewalt und Kolonialgewalt in den Vereinigten Staaten von Amerika*，Leipzig 1908，第 34 页）。拉德布鲁赫认为这是“孟德斯鸠缠绕不散的阴魂”（“immer noch spukenden Geist Montesquieus”）（第 365 页），但这个久久不散的阴魂本身也正是魏玛宪法所采纳的、市民法治国的精神，而且也只随着市民法治国的消逝而退散。关于孟德斯鸠对司法权的观点，也请参见第 136 页的注释（即第三章之注释[13]——译者）。

[21] 例如 1791 年的法国宪法（最末句），以及 1830 年及 1848 年的法国宪法（关于想从中导引出实际推论的失败尝试，请参见 *Verfassungslehre*，S. 116）。近来但泽自由市（die Freie Stadt Danzig）在 1920 年 11 月 15 日/17 日及 1922 年 6 月 14 日所公布的宪法第 87 条中规定：“捍卫宪法不受违法侵害，乃所有公民之义务（Es ist Pflicht jedes Staatsbürgers，die Verfassung gegen gesetzwidrige Angriffe zu schützen.）。”1927 年 6 月 2 日公布之希腊宪法第 127 条：“宪法之维护，托付予希腊人民”（La garde de la constitution est confiée au patriotisme des Hellènes）（Dareste-Delpech，S. 656）。

[22] R. Gneist，Gutachten zum 4. Deutschen Juristentag：“法官应否对法律之制定是否合宪的问题做出判断？”柏林，1863，S. 31。

[23] 例如：R. Mohl，*Die Verantwortlichkeit der Minister*，1837，S. 18，575；Dahlmann，*Politik*（3. Aufg. 1847）S. 197 f.；Bluntschli，*Allg. Staasrecht*，2. Bd. 4. Aufl.，1868，S. 552 f.；Gény，收于 Eisenmann，*La justice constitutionelle et la Haute Cour Constitutionnelle d'Autriche*，Paris 1928，S. 44 f.。

[24] 帝国与各邦间之争议，Berliner Festgabe für W. Kahl，Tübingen 1923，S. 19 f.。

[25] 在魏玛国民会议宪法委员会（Verfassungsausschuss der Weimarer Nationalversammlung），Protokolle S. 483/4：“诸位现在（与一般法院审查权的提案相反）想要通过剥夺法院之审查权、另外建立一个可经一百名帝国众议员之声请而发动审查的特别法院（！）来另寻出路。这种规范——请诸位恕我冒犯——在某种程度上跟命令山羊去看守花园一样

失当。……剥夺普通法院最重要职权之一的行为,并不能补强人民权利的保障。"接下来的论述也非常有趣:"而在没有除名规定(Ausschließung-sbestimmung)的情况下,诸位是否就要让一小部分之帝国众议员有决定这种议题(法律之实体合宪性)的机会,也还是另一个问题。而这样的做法,只能从这种合宪性审查之类型在现实上很少出现的观点来正当化。"普劳斯的错误可以从他并不希望、也未预见到所谓基本权的剧烈扩展中得到解释。反对所谓奥地利方案(die österreichische Lösung)(本书前文第 6 页)及表现于现行草案中的帝国法院监护(die Bevormundung des Reichsgerichts)特别有力者:F. Morstein Marx a. a. O. S. 116 f. ,139 f. 。

[26] Iherings Jahrbücher 76,S. 200,201,Jur. Wochenschrift 1926,S. 1429(关于帝国法院 1925 年 11 月 4 日判决的注解);然而在此处 Stoll 支持"奥地利典范"(das "österreichische Vorbild"),进一步的讨论请参见 Nipperdey 的论文集,*Grundrechte und Grundpflichten der Deutschen*,Bd. III. ,柏林,1930,S. 187。相同见解,Morstein Marx a. a. O. S. 151/52:"通过无限制的司法审查管辖权,来使立法活动的司法形式性(Justizförmigkeit)在普通诉讼途径中获得实现,这件事的重要性并不亚于立法活动的合法性。唯有如此,法治国才是完整的。"F. Adler, Verfassung und Richteramt,Z. f. ö. Recht,Bd. X(1930),S. 120 认为普遍而统一的审查权是常态,而集中于一个特殊的机关则是一种"矫揉造作的解答"。

[27] *Der Rechtsstaat*,Berlin 1872,S. 175.

[28] Schulze,*Preußisches Staatsrecht*,2. Aufl. Berlin 1888/90Bd. II,S. 905;赞成该见解者,Pistorius,*Der Staatsgerichtshof und die Ministerverantwortlichkeit nach heutigem Deutschem Staatsrecht*,Tübingen 1891,S. 209。莫耳在 *Verantwortlichkeit der Minister*(1837)的前言中指出:"对多数人而言,规范部长责任的法律是宪政国家体制的基础。"

[29] J. St. Mill,*Considerations on Representative Government*(1. Auflage 1861 erschienen),Kap. 7:Of true and false Democracy:"假性的民主只代表多数人,而真正的民主则是全体人民——包括少数人——的代

表。""真正的"民主自然是"真正的"。实际上它是一种如同 L. v. Ottlik 在 Diktatur und Demokratie, Arch. f. Geschichte der Philosophie und Soziologie XXXIX(1930)S. 223 中所曾正确指出的,是一种防卫自身免受民主侵害的自由主义。这种基于正确与错误(Wahr und Falsch)、真实与虚假(Echt und Unecht)之区别而做成的定义,并不是德国浪漫主义者或 Othmar Spann 所独有的创见,而是真正政治划分的反映,而所谓的"正确"或"错误"、"真实或虚假",则是对当前敌友之分(Unterscheidung von Freund und Feind)的反映。关于奥地利社会民主主义者(Sozaildemokraten)与穆勒之自由主义式国家架构在思路上的结构一致性,请参照拙著中讨论普劳斯之的注 26 及 27(Heft 72 der Sammlung Recht und Staat, Tübingen 1930, S. 34)。此外并请参见本书第 142 页以下。

[30] Kelsen, *Bericht vom Staatsrechtslehrertag* 1928, Veröffentlichungen der Vereinigung deutscher Staatsrechtslehrer, Heft 5, S. 81。也许在君主主义者的"形式"概念之外(由 A. Hensel 在 AöR., N. F. Bd. XV, S. 415 中所特别指出的:"所谓的君主主义者就是,所有跟维也纳学派意见相左的人"),也还有类似的对民主主义者的形式定义。Hensel 的说法不只是"诙谐"而已,在诙谐的表相之下他更触及了问题的核心:亦即公法中的形式主义(Formalismus)是可能含有特殊政治意涵的。另请参见本书第 75 页及第 128 页。

[31] 相关论述请参见 *Verfassungslehre*, S. 134;进一步的文献请参见:H. Triepel, *Bericht vom Staatsrechtslehrertag* 1928, a. a. O. S. 9 f.。

[32] *De la responsabilité des ministres*, Paris 1815, S. 36, 44, 52. 关于贡斯当在市民法治国之宪法学说与议会体制之宪法理论上的重大意义,请参见本书第 134 页。

[33] *Verfassungslehre*, S. 331.

[34] Pistorius, a. a. O. S. 209;另请参见本书第 2 页所援引梅耶的注释(即导论之注释[5]——译者)。此外,我们都知道,司法形式的责任在普鲁士和帝国中都没有获得实现。就算这种司法形式的责任是以可能实现的方式被加以规定(如同许多中部诸邦的规定方式),联邦(Bund)挟其凌

驾性地位，也能轻而易举地让这些规定毫无用武之地。“这些明定了如何有效使部长负起责任的宪法，例如黑森公国（Kur-hessisch）宪法，都在1850年联邦众议院的大笔一挥下冰消瓦解。”F. Thudichum，*Die Minister-Anklage nach geltendem deutshcem Recht und ihre Unräthlichkeit in Reichssachen*，*Annalen des Deutschen Reiches*，1885，S. 668。

[35] 对于第59条的批判主要见于Binding，*Die staatlichrechtliche Verantwortlichkeit*（*Zum Leben und Werden der Staaten*，München und Leipzig 1920，S. 408）：“显然，部长诉讼之制度并没有受到它因君主与国民间公约（Paktum）的共同作者身份而所取得之本质的影响。”而宾丁（Binding）身上这种可以一直让人不断赞叹的，实质法学思维的力量，也显现在国家法的论述中，并且直指核心：宪法先前是契约，但今天已不再是。

[36] 参见本书第5页注1（即导论之注释[13]——译者）。

[37] Verhandlungen des Deutschen Juristentages 1926，Berlin 1927，S. 13.

[38] Meyer-Anschütz，*Lehrbuch des Deutschen Staatsrechts*，München und Leipzig，1919，7. Auflage，S. 906.

[39] R. Mohl，*Die Verantwortlichkeit der Minister*，1837，S. 185.

[40] Smend，a. a. O. S. 135；特里佩尔于*Veröffentlichung der Vereinigung deutscher Staatsrechtslehre*，Heft 5，1929，S. 8中指出：“**在某种程度上，**宪法的本质与宪法审判权的本质是互相冲突的。”（黑体字为原文所加）

[41] 关于魏玛宪法第19条之下国事法院在德意志帝国中之权宜处置权的合宪性问题，请参见：Fr. Giese，DJZ. 1929，S. 132；Giese认为将高权行为（Hoheitsakten）的禁止或诫命都纳入暂时性处分权，其合宪性也是“毫无疑义”。Heinsheimer，*Jur. Woch*. 1926，S. 379；Lammers，eod. 第376页；W. Simons，Lammers-Simons合著第二册的导论，第11页，都表示赞成的立场。反之，帝国财政法院院长Jahn在Darf der Staatsgerichtshof einstweiligen Verfügungen erlassen?，*Jur. Woch*. 1930，S. 1160，bes. S. 1162一文中指出：“此处所涉及的乃是政府应负起责任的这项任务。”第1163页（反对民事诉讼法第944条在紧急情况下得由庭长代替法院做成暂时性处分之类推）：“这将会形成一种独夫的权利，让个人得

以超越帝国总统、部长、帝国众议院与邦众议院的地位专横独断。在我看来,这与内含民主概念的魏玛宪法并不兼容。"而德国国事法院的实务见解,可参照 1928 年 11 月 17 日的判决(RGZ. 122,Anh. S. 18 f.;Lammers-Simons I,S. 156 f.):"国事法院行使该项职权,然而必须注意,此处仅涉及金钱上之请求权。"在 1925 年 10 月 10 日的判决(RGZ. 111 Anh. S. 21 f.;Lammers-Simons I,S. 212)中,暂时性处分权原则上似乎是被肯定的:"为顾及执行的可能性(与确保)",而且法院的论证也十分有趣:"并无主张应排除暂时性处分权之见解。"(但我们可以进一步追问:"为什么没有这样的见解?")另一方面,也有许多判决拒斥这项暂时性处分权的建议:1929 年 10 月 23 日的判决(RGZ. 126 Anh. S. 1 f.;Lammers-Simons II,S. 71)对暂时性处分权施以原则性的限缩:"仅限于例外情况,并必须严格自制";而 1929 年 7 月 13 日的这项决议(Beschluss)(Lammers-Simons II,S. 98)更具有特殊的重要性:"法院不得通过暂时性处分权而影响已决议通过之法律的公布。"1930 年 7 月 17、18 日的判决(RGZ. Bd. 129 Anhang S. 31)也宣称:"如同行使暂时性处分(vorläufige Anordnungen)一样,法院在将来也必须**极其谨慎及自制**。"此外,在该判决中法院也明白指出,暂时性处分权所涉及的乃是**利益衡量**(Interessenausgleich),而非裁判(Rechtsprechung)。

[42] 请参照本书第 26 页。

[43] 依据 1926 年的德国草案,帝国众议院、帝国参议院或帝国政府有权声请国事法院做出裁判。进一步的案例介绍请参见:Verfassungslehre,S. 137。关于声请权之限制与值得注意的批判,请参见:Morstein Marx,a. a. O. S. 116 ff.。

[44] 1926 年 4 月 20 日公布之《帝国、邦及地方自治团体财政收支划分法》第 6 条规定(RGBl. I S. 203):"若帝国财政部长与邦政府对于邦税捐法规**是否抵触帝国法**之问题上有所争议,基于帝国财政部长或邦政府之声请,由帝国财政法院加以决定。并由《帝国税捐条例》第 46 条第 2 项第一句所规定之方式所组成之大法庭(der Große Senat)予以管辖。具体规定保留予特别法律规定之。"另一方面,邦税与地方税**是否**有损于帝国之税捐收入,以及是否**抵触**帝国在税捐课征上之**优先利益**的问题,基

于帝国财政部长或邦政府之声请，由帝国参议院加以决定。此外，帝国财政部长得声请帝国财政法院对税法之解释提供**建议**(Beachtung)。

[45] 1924 年 8 月 30 日所公布关于德意志帝国铁路公司之帝国法(《帝国铁路法》)第 44 条第 3 项规定(RGBl. II S. 272)："若帝国政府或帝国铁路公司认为法院裁判之执行，会危及对赔款国债券之利息支付与清偿时，任何一造得于判决公布后一个月之期限内声请仲裁(第 45 条)。依据 1930 年 3 月 13 日公布之帝国法(Youngplan)，该项规定与第 45 条皆被删除(RGBl. 1930，II S. 364)。

[46] André Blondel a. a. O. S. 174 f. 亦加以肯认。

[47] 关于此一部分，请参见：Ed. His，*Geschichte des nereren Schweizerischen Staatsrechts*，Bd. I，Basel 1921，S. 196/202。

[48] 请参见本书第 27 页。

[49] *Des conspirations et de la justice politique*，Brüssel 1846，S. 101。在帝国法院院长西蒙斯博士与帝国政府之间的冲突上，这句话也在人的层面上获得了证实。

[50] 请参见本书第 77 页及第 154 页注 3(即第三章中之注释[36]——译者)。

[51] R. Mohl，*Verantwortlichkeit der Minister*，1837，在前言中指出："对大多数人而言，部长责任的法律是一个宪政国家架构的础石。"

[52] 例如：R. Mohl，*Verantwortlichkeit der Minister*，第 15 页(批评萨克森将国事法院当成仲裁者及诠释者的方案)、第 187 页(论及紧急状态下的免责)等；进一步可参见对 1848 年法国宪法的评论，*Staatsrecht*，*Völkerrecht und Politik*，Monographien I S. 561－564(Tübingen 1860)，在第 562 页中提到："即使设立了国事法院而也确立了责任，在个案中也只能说，法律只是在叛乱攻击已经被弭平之后，对于稳定得当之处置的确保。"Bluntschli，a. a. O. II，S. 550 f.；另请参照本书第 77 页格内斯特鉴定意见的引文："对于宪法一般原则之抵触并无事后的审查"；格内斯特易遭误解的句子"对宪法条文而言，审判权是以解释的方式出现"(Der Rechtsstaat，1867，S. 175)系针对行政法院之裁判权；此外，格内斯特对于由专业官僚所组成的国事法院及宪法法院并不信任；请参照他

在1866年2月9日普鲁士众议院院会(die Sitzung des Preußischen Abgeordnetenhauses)中的发言(Sten. Ber. 130页):“根据我对历史的了解,当人们要将具有全权之政府的合宪性问题交由数名代理人决定时,官僚体系没有一次能够通过考验!即使是在司法人员拥有部长等级之崇高地位、且周围环绕着崇高、独立而法律素质甚高之同僚的英国,却也仍然如同我们在德国所习见的,无法通过这种较量的考验。而在我们这么恶劣的公务关系中,这样的七个人有可能对部长及控诉部长之原告间的问题,严肃地做出中立的司法判决吗!?真的要我说的话,我并不讳言,最高法院(Ober-Tribunals)在它六或七个庭的全体成员中,还不够强到能以他的固定成员去组成国事法院。”而Thudichum对部长诉讼之“无用性”(Unräthlichkeit)所表示的见解(a. a. O. S. 637 f.),则是产生自另一种想法。A. Haenel, Deutsches Staatsrecht I. Bd. (1892),S. 562 f.则是在“国家看护”(Staatenpflege)(而非“司法裁判”[Rechtspflege])的体系脉络下处理联邦法院对各邦内部宪法争议的裁判权问题。

[53] *Untersuchungsausschuss und Staatsgerichtshof*,Berlin 1920,S. 83 f.,关于司法诉讼的概念。

[54] Revue politique etw parlementaire 126 (1926),S. 186.

[55] *Verfassungslehre*,S. 127.

[56] *Verfassungslehre*, S. 152. *Unabhängigkeit der Richter, Gleichheit vor dem Gesetz und Gewährleistung des Privateigentums nach der Weimarer Verfassung*,Berlin 1926,S. 17/18,JW. 1926,S. 2271(格劳〔R. Grau〕的误解,Der Vorrang der Bundeskompetenz, *Festschrift für Heinitz*, 1926,S. 403)。

[57] 如同Kelsen所说的“透过宪法形式这项概念的转介”(Bericht S. 38)。

[58] 这个名词来自于叔本华所嘲笑的三段论法:“人有两条腿,因此所有有两条腿的都是人,因此鸭子是人。”Gerichtssaal XCIV,S. 213 f. Arch. f. Soz. Wissenschaft XXI,S. 18 f. (Die Erneuerung des Rechtsbetriebs), Reichsverwaltungsblatt 1930 S. 34. 关于这种逻辑在法律概念之学说上所造成的危害,请参见*Verfassungslehre*,S. 143 f.。对一般法理论问题

而言，仍应注意以下的论述："就其本质而言，只有受法律拘束的司法权，而没有其他可能性。"因此应该坚持立法权与司法权的本质差异，而从宪法到司法裁判之间并不存在着如同 Kelsen 所说的，"可通行无阻的阶层序列"(durchgängige Stufenfolge)(Bericht S. 31－32，42)。法官依据法律所行使的权力，就其内容而言系由法律所规范，从而有别于"依据(宪法)法律"(auf Grund des [Verfassungs] Gesetzes)而来的立法。若"依据法律"的用法不以内容、而是以其他方式作为连接点，并且再不断加以"延伸"(durchgängig)，那么"依据法律"这句话也就丧失了它在法治国中的特定意义。在语言使用不精确的情况下，人们可以说立法者是"根据"使其成为立法者的宪法规定来制定法律，而比方说，帝国众议院则是依据帝国宪法第 68 条、帝国总理"根据"帝国宪法第 56 条决定方针，而帝国总统则"根据"帝国宪法第 48 条之规定采取独裁措施。从这种管辖权的规定及"授权"中，并不能导出如同法院在适用法律及"根据"法律做出判决中所指出的、具体国家行为在内容上的来源。在法官根据刑法规定判决被告应受监禁时，这项做出监禁宣判的判决，是借着将一个可涵摄且在一定框架下(自由刑，Gefängnisstrafe)事先确定判决内容之规范的构成要件涵摄进系争案件中，来从法律里导引出判决的内容。假设帝国总理"根据"帝国宪法第 56 条与俄罗斯缔结同盟，或帝国总统"根据"帝国宪法第 48 条提出了"援东计划"(Osthilfe)，那么这个俄罗斯结盟与援东计划，在内容上并不是透过构成要件的涵摄从第 56 条或第 48 条的宪法规定导引而来，而与所有自由刑必须出于刑法规定的情况不同。将管辖权规定与内容规范混同、将形式各异的法律条项、指令(Befehle)、规制(Regelungen)、授权与决定都用一个"规范"的字眼一笔带过，以及在涉及司法权时，不再区分可交由司法裁判(justiziable)与无法交由司法裁判(nichtjustiziable)的"规范"，都是对规范概念的滥用。司法裁判的本质在于从作为裁判基础的规范中导出判决的内容，以及法院真的以可衡量及可预测的方式，受具有拘束力之规范的拘束、而非仅仅只是受到规范的授权。对于不确定法律概念的自由形成空间仍然存在；但如果"规范"已经广泛或内容空泛到使构成要件涵摄成为不可能的程度，或是只剩下管辖权的规定，那么在这种程度上，也就丧失了形成司法程序之基础的机会。如果以帝国法院取代帝国总理，在司法独立的保护伞下去决定政治方针，那么此处所行使的也就不再是司法权，相同地，当法院只能援引正确方针的“严格”“规范”存在、并从而“根据”此“规范”或“根据”言词辩论后两造与律师之请求来做出裁判时，认为民事或刑事诉讼规则的全部规定都可以“同理适用”，简单来说，就是在人们设计了一个模仿诉讼程序、但还在具体化其细部化之程序时，其实都不是司法权。

如同其他的宪法理论问题，“宪法审判权”的问题也可以藉由“形式”概念来轻松解决。但当我们注意到立法权与司法权之区分与可交由司法裁判及无法交由司法裁判之规范的差异时，我们却又可以发现，这些看来清楚的情况其实都只是文字游戏的结果而已。例如 Kelsen 在谈到一个延伸的法规范“层级”(Stufenbau der Rechtsordnung)，并且在这样的基础上开展他整个的思维架构时，因为他无法区分“宪法”的多重意义(就像无法区分不同形式之“规范”一样)——作为基本规范(Grundnorm)、政治上的整体决定(politische Gesamtentscheidung)、偶然被成文宪法条文所制订之内容(R. 斯麦特)、宪法的管辖权规定或宪法个别的实体性规定——所以只能继续将这些不同的意义加以混用。A. Caspary 在一篇文章 Versuch über den Begriff des Staatszweckrechts, Zeitschrf. f. d. ges. Staatswissenschaft, Bd. 83(1927), S. 238 中很适切地指出:“如果宪法是实证法的话，那么宪法就‘不多不少’跟民法典是一样的法(Recht)，那么民法典也就不是‘根据’宪法而生效了”。那么这种“层级之间能够互通有无”(durchgängig)的“法层级理论”也就只具有抽象法理论的趣味，而不具有“宪法理论”上的实益了。因为以一个“法规范”的空洞法理架构以及“规范”上下层级混淆的“层级架构”(Stufenbau)或“阶层”(Hierarchie)来取代宪法理论的基础，所以 Kelsen 就偏离了原先的问题点。只有这样才能解释这些独特的概念：宪法审判权是凌驾于规范之上的规范审判权，而在“法律理论及法律技术上”，法律的合(宪)法性要求与司法及行政之合法性毫无二致(Bericht, S. 53)，以及法律并非诉讼裁判之基础、而系诉讼之**客体**。因为法律的效力有强有弱，宪法条文只能通过帝国宪法第 76 条所规定较为困难的程序才能修改,而一般法律(ein einfaches Gesetz)则能通过新制定的一般法律加以修改或废弃,因此我们在某种意义上可以说规范有强有弱、有“高”有“低”。如果这种程度之分只用来指涉规范的修改可能性(Abänderbarkeit)及废弃可能性(Aufhebbarkeit),那么这样的说法是可行的,而且也不致遭受误解。但如果我们要进一步将它说成是一般性的“规范阶层”(eine allgemeine “Hierarchie der Normen”),并且将三种或四种不同的具体上位及下位规范——高于整体国家生活(das ganze staatliche Leben)的宪法“上位规范”(Überordnung)、高于较弱法律的较强法律“上位规范”、高于司法裁判与法律适用行为的法律“上位规范”,以及高于下属(Untergegebene)的上级(Vorgesetzte)“上位规范”——都囊括进来,那么这就会变成一种充满了人工想象的隐喻。正确地来说,现实上只存在一种具体的阶层,也就是具体审级的上下级。“规范阶层”是一种以欠缺鉴别力也欠缺方法论的方式去对“规范”进行“物种演化”,也是一种兴之所至的比喻创作。规范的修改程序有难有易的情况,不论是从哪种可能的观点——逻辑学、法学、社会学等等——来看,都与阶层有别;宪法在管辖权之规定中将特定行为交由该管辖机关行使,这与上级机关无涉(因为规范化并非机关),而认为一般法律并不低于修改程序较为困难的法律,这种见解才是正确的。

[59] *Verwaltungsrecht* I,3. Aufl. S. 84 Anm.

[60] 请参见本书第16页。一项规范与他项规范“冲突”(Widerspruch),也与在法院“有罪”判决中所确定的、与一项规范“冲突”的情况不同。当一项规范明定:“你不应该杀人”,而法官确定了:“X杀了人”,那么这种与规范的冲突,就与两个相互矛盾之规范(如“你不应杀人”和“你应该杀人”)间的冲突不同。在前一个例子里我们审查的是:“X在这里所做的,是杀人的行为”,而在后一个例子所看到的,却是:“当一项规范所规定的内容与他项规范相反,而且从逻辑或法律都无法兼容于一个共同而通用的判准之中。”在这里也可以运用一种规范论的观察方式,也就是虚构的双重意义。这种方法是规范论者的特征,因为规范论本来就不论及实体、而只谈论形式主义的残影。就像规范论把具体契约的效力转化为“有效契约具有效力”之一般原则的效力(请参照*Verfas-*

sungslehre,S. 69 f.),所有法律的效力也就可以再加上"有效之法律具有效力"之一般原则的效力,而所有禁止规范(Verbot)也可以再补上"不得遵守有效禁止规范"之禁止。相同的推理还可以说上许多。藉由这种毫无意义的加添,我们可以说,在宪法法律与一般法律之外,还有一项宪法法律的规定,而这项宪法法律禁止通过所有抵触宪法法律的一般法律;如果一般法律的立法者侵犯了这项禁止规定,那么此时的宪法侵害将由法院加以审查。然而即使如此,这里所谈到的仍然不是规范的阶层与宪法审判权。在法院做出立法者抵触该项禁止规范的判决时,根据这项判决的本质,它应该是惩罚性的刑事审判权,而非宪法审判权。此外,即使加进了这种宪法禁止规范,我们也不能得出什么特别的结论;因为在指令(Befehl)与相反指令(gegenteiliger Befehl)之间有矛盾存在的情况,并不能导引出司法者适用法律之意义下的构成要件涵摄。

[61] *Verfassungslehre*,S. 31 f.

[62] Carl Schmitt,*Gesetz und Urteil*,Berlin 1912; *Politische Theologie*,München und Leipzig 1922;请进一步参见:H. Isay,*Rechtsnorm und Entscheidung*,Berlin 1929。

[63] 相关论述请参见,如 Ogg-Ray,*Introduction to American Government*,2. Aufl.,New York 1926,S. 428。

[64] 从而帝国法院根据 § 4 des Einf.-Gesetzes zum GVG. 所做出之鉴定意见及卡特尔法院于 1923 年 11 月 2 日根据《反经济地位滥用规则》第 20 条所做出的鉴定意见(RGBl. I S. 1067)亦属之。关于帝国财政法院根据《帝国税捐规则》第 43 条所做出之鉴定意见:J. Popitz,in Steuer und Wirtschaft,VIII(Oktober 1928),Sp. 985 及 A. Nenseil,eod. Sp. 1130("一个对国家制度功能变迁的有趣例证")。而《劳工法院法》第 106 条中包含了一个值得特别注意的连结:"只要契约当事人根据第 91 条能够在劳工争议中协议仲裁(Schiedsvertrag),那么他们也就能在不排除劳工法院裁判权的情况下协议,得以**仲裁见解**(Schiedsgutachten)去决定**对法律争议之裁判具有重要性之事实问题**(仲裁鉴定契约,Schiedsgutachtenvertrag)。"关于寻求一个中立专家国(Sachverständigen-,Ex-

perten-Staat)之鉴定意见的尝试,请参见本书后文第 103 页。

[65] A. Bertram, Zeitschrift für Zivilprozess, Bd. 53, 1928, S. 428:“行使这种具备准有权解释(quasi-authentische Interpretation)性质之鉴定,会让帝国法院表面上成为一个可做出具有拘束力之法律解释(bindende Gesetzesauslegung)的法院;而所有对这种法院之计划提出反对的见解(参见 Reichel, *Gesetz und Richterspruch* S. 111,及其所援引之文献),也同时反对法院去实现这种鉴定义务。一个修补法律疑义及漏洞的法院,将会逾越界限而进入立法者的领域,并同时丧失法院行为所必需的中立性(Unbefangenheit)。”“鉴定不是法院行为的构成要素,而是行政权的行为,因此(sc. wegen § 4 des Einführungsgesetzes zum Gerichtsverfassungsgesetz)必须限缩在法院的职权范围内,也就是司法行政事务之中。”

[66] 关于保留的问题,请参见:C. Bilfinger, Zeitschr. f. ausl. öff. Recht u. Völkerrecht I, S. 63。关于“国事法院裁判权”, F. W. Jerusalem, *Die Staatsgerichtsbarkeit*, Tübingen, 1930, S. 70 f.。此外请参照, Benjamin Constant, *Réflexions sur les Constitutions*, Paris 1814, Kap. 9: De la nécessité, de ne pas étendra les constitutions à trop d'objets。

[67] *Verfassungslehre*, S. 31 f.;另请参见本书前文第 44 页。

[68] W. Jellinek, *Der fehlerhafte Staatsakt und seine Wirkungen*, Tübingen 1908; *Gesetz, Gesetzesanwendung und Zweckmäßigkeitserwägung*, Tübingen 1913, S. 209; *Verwaltungsrecht*, 2. Aufl., Berlin 1929, S. 253—4.

[69] 关于这个概念可参见:*Rapports des Institut International de Droit Public*, 1930,以及 R. Smend, R. Laun 的报告,而 P. Duez 则特别涉及法国发展的部分。

[70] RGZ. 128, Anhang, S. 1 f.; 帝国法院院长 Dr. Bumke 编著, *Ausgewählte Entscheidungen des Staatsgerichtshofs für das Deutsche Reich*, Heft 2, Berlin 1930,特别是 15/16 页。

[71] 但我们也不能马上得到一个毫无限制的绝对“可裁判性”(Justiziabilität),只是提供一种确定谁是契约当事人及何谓契约争议的

机会。

[72] 例如:1920 年 3 月 23/31 日,德意志帝国与巴伐利亚共和国(Freistaat)所签订关于巴伐利亚邮政与电报行政如何传送到德意志帝国的国家契约第 13 条(RGBl. S. 640);而签订契约的双方政府若对于契约的解释有争议时,应由国事法院决定之。另参见该 1920 年 3 月 31 日国家契约第 43 条,关于国家铁路到德意志帝国的连结(RGRl. S. 787)。

[73] 例如 1907 年海牙仲裁法院条约(Haager Schiedsgerichtsabkommen)第 38 条、国际联盟规章(Völkerbundsatzung)第 13 条第 2 项、常设国际法院条约(Statut des Ständigen Internationalen Gerichtshofes)第 36 条、1921 年 12 月 3 日的德国一瑞士仲裁法院与和解条约第 2 条(Strupp, Documents, V, S. 591)等。

[74] *Verfassungslehre*, S. 113 f. 。但这并不表示所有同盟间的关系都可能、或应该无条件地交由司法机关解决;关于这一点,比尔芬格(Carl Bilfinger)有非常贴切的论述,请参见 *Der Einfluss der Einzelstaaten auf die Bildung des Reichswillens*, Tübingen 1923, S. 9 f. ;以及 A. Haenel 在本书前面第 36 页注释中(即本章注释[52])所表示的见解。这里所涉及的只是宪法**条约**与司法争议解决途径(Justiziabilität)的一般关联。和其他的宪法一样,联邦宪法也无法简单化约成由个别权利义务组成的体系(R. Smend, *Verfassung und Verfassungsrecht*, S. 172)。

[75] *Verfassungslehre*, S. 115.

[76] 因此也就需要一项修宪的法律(verfassungsänderndes Gesetz),因为在本质上已经产生了一个行使立法功能的新机关;但 Löwenthal 在 DJZ. 1927, Sp. 1234 f. 及 1930 年 11 月 22 日的 Reichsverwaltungsblatt 却对此判断错误。而正确地提出应有修宪法律的人有:Hofacker, *Gerichtssaal* 1927, S. 213; R. Grau, a. a. O. S. 287; Bredt, *Zeitschrift f. d. ges. Staatsw.*, Bd. 82(1927),第 437 页;尤其是 v. Imhoff, a. a. O. S. 244 f. 。

[77] 相关论述请参见:*Verfassungslehre*, S. 114。

[78] Prot. S. 411(反对 Kahl 将所有以宪法为对象的争议都视为宪法争议的见解);请进一步参见普劳斯在 1919 年 4 月 2 日的发言,载 handschriftliche Sitzungsprotokollen des Verfassungsausschusses, Bd. I Nr.

6,Nebenakten 3。

[79] *Die Staatsgerichtsbarkeit im Deutschen Reich im Reichsgerichtsfestschrift* 1929,I S. 181. 但托马在最后也说,这里的文义也可以被视为是对问题的肯认。

[80] 因此托马是正确的,a. a. O. S. 181。

[81] 1921 年 7 月 12 日的判决(RGZ. 102,S. 15 与 AöR 42,S. 79;Lammers-Simons I,S. 357);1920 年 10 月 15 日的中间判决(Zwischen-Entscheidung)(RGZ. 118,Anhang S. 4 及 Lammers-Simons I,S. 292);1927 年 12 月 17 日的三个判决(Lammers-Simons I,S. 330,341 f. 与 398 f.);1928 年 5 月 12 日的中间判决(RGZ. 120,Anhang S. 19,Lammers-Simons I,S. 352);而且迄今的实务也清楚地证实了这样的立场:1930 年 6 月 24 日的判决,RGZ. 129,Anhang S. 1 f.;在第 6 页也提出前文所援引的说法;同样在 Poetzsch-Heffter,*Handkommentar*,3. Aufl. ,S. 157(援引在我看来其实并不重要的帝国宪法第 17、37、39 条),H. H. Lammers,JW. 1928,S. 3255 的注释,依据国事法院先前的判决认为出于帝国宪法之争议"理所当然"属于邦内部之宪法争议。但就我看来,G. Leibholz 在 Gleichheit vor dem Gesetz 第 126 页注释中的立论才是正确的。根据 Leibholz 的看法,第 19 条将宪法争议误认为是"关于单一国基本法(einzel-staatliches Gesetz)适用、执行或解释的争议"。"而这样的看法显然是出自于国事法院补充性质的管辖权;因为如果不这样解释的话,那么邦就有可能设立一个法院来解决这种类型的争议,而避开帝国法院或国事法院的管辖权、以邦法院的判决来取代。"而以下这些论述也是正确的:E. R. Huber,AöR. XIX(1930),第 456 页对于 Fr. Kühn 所著 *Formen des verfassungsgerichtlichen Rechtsschutzes im deutschen Reichs-und Landesstaatsrecht*,Leipzig 1929 的讨论。Anschütz,*Kommentar*,3. Bearbeitung,S. 154(Nr. 2 zu Art. 19)扬弃了之前的见解而改采国事法院的见解;Giese,*Kommentar*,8. Aufl. S. 82 强调邦内部源于帝国宪法之宪法争议的例外性格。

[82] 对于第 15 条与第 19 条间关联的基本见解,国事法院已经在 1929 年 12 月 9 日的判决中(RGZ. 127,Anhang S. 125,Lammers-Simons I,S. 25)

中明白指出:“第19条意义下的非私法形式争议从而是一种在帝国与邦之间,关于邦对于帝国法律之解释方式是否抵触该帝国法律之意义,亦即其解释方式是否具有瑕疵的争议。”从第15条第3项的明白规定里“不能推导出,在帝国法律解释方式之争议尚未通过某种异议形式而特别显现出来时,这种非私法形式的争议就不能交由国事法院决定。最近来的案例中,第19条毋宁是作为**补充性**的规范。它揭示了一种一般性的原则。”批判的见解请参照在我看来十分贴切的论述,von. Jan's, Bayr. VerwBl. 1930, S. 68 f.。在图林根校内祷告(thüringische Schulgebete)的争议事实中(1930年7月11日之判决,RGZ. 129, Anhang, S. 18),对于根据帝国宪法第15条第3项在向国事法院起诉之前,是否有一项所谓异议存在的问题,国事法院认为“在本案中并无深究之必要”,一来是因为这里所要求的异议确已存在,二来是因为19条意义下的非私法争议无论如何都存在,因此也就“理所当然”能导引出德国国事法院的管辖权。值得注意的是,国事法院**并未**采纳帝国所提出“图林根邦已经**承认**了国事法院之管辖权”的主张(S. 14)。

[83] H. H. Lammers的评语独具一格,JW. 1928, 3255页之注释:“帝国政府并未与教会站在同一立场,从而引发帝国宪法第15条第3项中的‘适用争议’或第19条意义下的‘争议’(Streitigkeit)的情况,显然会让这个处于邦法领域中的问题陷入判断的困境,因为此时帝国政府欠缺依凭,甚至是政治形式权衡上的依凭。因此我们也就可以理解,何以帝国特别强调一个公法争议——在帝国宪法第19条框架下就是‘帝国与邦之间的非私法争议’或是‘邦内部之宪法争议’——能够交由国事法院来决定,并且尽可能地以‘邦内部之宪法争议’的方式来获得解决。帝国政府显然认为,教会将争议交由国事法院解决、尤其是当教会争取应有之权利或要求阐明源自于萨克森邦国家法(Landesstaatsrecht)之事实地位与争议地位(Sach- und Streitstand)时,教会的地位都优于帝国政府。”

[84] 契约与合同(Vereinbarung)的区别在这里可以不予讨论,但至少应该被点出,因为在今天的德国,这种由宾丁和特里佩尔为了国际关系(国际法与联邦法)而发展、近来Kopowin又在*Das Völkerrecht und*

Bundesrecht, Berlin-Grunewald 1929, S. 25 中认为"毫无争议"的区分，已经被适用到内国关系与协议(Abmachung)上，例如：H. Liermann, Über die rechtliche Natur der Vereinbarungen politischer Parteien untereinander, AöR, N. F. XI(1926), S. 411；至于这种"协议"在劳工法文献中与薪资契约理论的关系，请参见：E. Jacobi, *Grundlehre des Arbeitsrechts*, Leipzig 1927, S. 260 f.；此外，Hueck-Nipperdey, *Lehrbuch des Arbeitsrechts*, II 1930, S. 116，认为这种区分在劳工法上毫无实益，并请参照此处所援引之文献。

[85] Seydel, *Bayerisches Staatsrecht*, 2. Aufl. II Bd. (1896), S. 565 f.。Seydel 认为，因为君主和议会的主张都包含在内，所以宪法合意具有政治上的重要性，从而在宪法解释上是极具价值的辅助工具(第 571 页)。这项宪法合意被刊登在 Stoerk-Rauchhaupt, *Handbuch der deutschen Verfassungen* S. 109。对宪法概念及宪法解释间关联特别清楚的关述：R. Mohl, *Verantwortlichkeit der Minister*, 1837, S. 173 f.："如果系争的法律无法经由上述途径获得确定，则应适用以下原则：1. 宪法文件(Verfassungsurkunde)是在贵族和平民之间、用来在共同体协议(gemeinschaftliche Übereinstimmung)中确立统治原则的契约工具"等等。

[86] *Betrachtung über politisches Rech*, *Zeitschrift für ausländisches öffentliches Recht und Völkerrecht*, Bd. I, Berlin 1930, S. 63；及 F. W. Jerusalem, *Die Staatsgerichtsbarkeit*, S. 97 f.。提出"国际法争议之类推"的有，R. Thudichum a. a. O. S. 681 及 R. Mohl, *Verantwortlichkeit der Minister*, 1837, S. 209；另请参见本书第 47 页注 2(即本章之注释[66]——译者)；至于劳动法的类推则见于本书第 144 页的注释(即第三章之注释[23]——译者)。

[87] H. Kelsen, *Allgemeine Staatslehre*, Berlin, 1925, S. 324(对自由主义和民主做出典型自由主义式的混用)；*Wesen und Wert der Demokratie*, 2. Auflage, Tübingen 1929, S. 57；而关于国事法院裁判权之本质与发展的报告则非常特殊，Veröffentlichung der Vereinigung der deutschen Staatsrechtslehrer, Heft 5 S. 81，它把现代民主国家的协议性格和联邦国中的宪法法院裁判权相互连结。因此这整份报告是从这样的出发点出发

的：宪法（Verfassung）等于宪法法律（Verfassungsgesetz），而宪法法律等于规范。而规范概念的多义性在这里显然又推动了概念的漂移：因为所有可能被称为规范的东西，都可能将这些在理论及实际上居于宪法论述核心地位之宪法概念的基本差异——宪法是否为内部具有同质性之同一体（homogene Einheit）的政治决定？宪法是否为法律（而立法者又是谁）？宪法是否为契约或协议（而契约当事人又是谁）？——加以抹煞，而将这些概念——决定、法律及契约——都用一个字“规范”来涵盖。

[88] 如：Carl Schmitt，*Hugo Preuß; sein Staatsbegriff und seine Stellung in der deutschen Staatslehre*，Tübingen (Recht und Staat Heft 72)1930，S. 31/32。

[89] 这项由国事法院主席提交双方并受其采纳的和解提案，根据 1930 年 12 月 23 日之公告，其内容如下：

双方当事人皆同意，德意志国家社会劳工党是否以及在何种程度上追求颠覆或可罚目的之问题，无法、也不应在系争程序的框架中加以解决。在此项和解及双方在和解中所提出之陈述中并不涉及双方在此项问题上所持之立场。双方的出发点在于，这项基础的问题应该在另一个由帝国法院裁判之程序中加以阐述。

帝国废弃了对警察津贴的冻结；而迄今扣留不发之金额应予补发。而图林根邦应撤回对国事法院之声请。

图林根邦再次肯认了应尽力使制服警察（Schutzpolizei）的非政治性格和个别公务员执勤时之非政治行为相同，都应受无条件保障的义务。因此，图林根邦政府在警政官员之任用、升迁、调任上不得依据党派及政治立场，而只能以适任与否及公务上之利益为标准。双方当事人都同意，原则上拒绝任用社民党员的做法，就与将竞争者名单转送政党组织以确定其党籍一样不可接受。

该义务之履行，由图林根邦部会全体（das thüringische Staatsministerium in seiner Gesamtheit）（！）予以担保。

作为应支付各邦警察费用津贴之基础的原则与合意，是否构成了法律上之支付义务，**或只是帝国的政治拘束**（politische Bindung des

Reiches)的问题,并不在本和解中预先处理。

[90] 请参见 1928 年 11 月 17 日之判决,RGZ. Bd. 122 S. 18 f.;Lammers-Simons I S. 175(金额的继续支付);反之,如 1929 年 10 月 13 日之决议,Lammers-Simons II S. 99:"因此,国事法院也就尤其不得通过暂时处分(einstweilige Verfügung)拦阻已决议之法律的公布";其中 1930 年 7 月 17/18 日之决议(RGZ. 129 Anhang S. 28)在这里具有特别的实益,因为要求帝国对图林根之警察费用津贴(亦即金钱)做成暂时性支付(vorläufige Zahlung)的声请,是以本书前文(第 32 页注 1,即本章注释[41]——译者)所提及的原则性说明:"国事法院在将来,也会像以前一样,以极为审慎和自制的态度去运用暂时性命令(vorläufige Anordnung)来加以拒绝。"

[91] 该和解刊载于:Ludwig Waldecker, *Die Verfassung des Freistaates Preußen*, 2. Aufl. 1928(Stilkes Rechtsbibliothek Nr. 4 S. 110 ff.)。其文义极为独特,因此为了强调对此处引人兴味之脉络极为重要的用词,我们就应该详尽地援引:I. 争议双方**一致同意**,普鲁士宪法第 40 条第 1 项赋予[普鲁士]邦参议院一种**独立于**该条第 2 至第 4 项之任务范围以外、要求[普鲁士]邦内阁**提供资讯的自主性权利**,而不是如同邦参议院在 1922 年 10 月 20 日之诉状上(LT.-Drucks. 1761)所明白强调的,该宪法所赋予的是一种特殊的鉴定权(Begutachtungsrecht)、制衡权(Kontrollrecht),或参与权(Mitwirkungsrecht)。此外,争议双方也希望将该原则在个案中的**实现**(Durchführung),**留待双方在当时以合意决定**(der jeweiligen Verständigung überlassen),而关于此点,邦内阁也已经清楚表明,在所有重要议题或对帝国参议院中之普鲁士邦代表给予指示的一般性准则(allgemeine Richtlinien)上,必须尽可能让国家参议院随时掌握最新动态。

II. 关于在提交时应经邦参议院进行鉴定性听证、并经邦众议院决议通过之法律,邦内阁是否有予以公布之义务的问题,**争议双方亦一致认为**,无法在邦众议院未曾参与的情况下做出决定。但与邦参议院相左的是,邦内阁毫无保留地承认,根据普鲁士宪法第 40 条第 2 项之规定,邦内阁受到**绝对性的拘束**,所有法律草案,在邦众议院提出之前,都必须以交付鉴定为目的，及时告知邦参议院。

III. 对于普鲁士宪法第40条第4项之解释，是否应区分行政命令(Verwaltungsverordnungen)与该法第51条之适用意义下的法规命令(Rechtsverordnungen)，从而仅有行政命令负有交由国家参议院或该管委员会听证的问题，**与邦参议院相反，邦内阁未有定论**。但在涉及行政命令与法规命令相互混杂或该命令之性格尚值商榷的情况下，应做有利于邦参议院之听证权的判断。

相对于邦内阁，**邦参议院也让前述问题悬而不决**。只是另外为急迫或重大的执行命令(可能是行政或法规命令)建立一套顾及国家需求的简化听证程序。

IV. 前述之合意由和解磋商之代表——机要司法部 D. Dr. Kahl 教授(代表邦参议院)，国务秘书 Dr. Freund 与 Fritze(代表邦内阁)——呈交争议双方追认。邦内阁之追认已于7月、而邦参议院之追认亦于1923年10月公布之。邦参议院之代表应将本项和解告知国事法院之院长。**系争程序应以无理由予以终结**。

[92] 1927年12月3日的判决，RGZ. 120，Anhang，S. 1 f.；Lammers-Simons I，S. 147。

[93] *Republik und Monarchie*，2. Auflage，Tübingen 1919 (1. Auflage 1892).

[94] 1928年11月17日之判决，RGZ. Bd. 122，Anhang S. 18 f.；Lammers-Simons I S. 169："即使承认各邦平等之原则是帝国宪法的不成文内容，仍然不能认为普鲁士具有让它有权(befugt)对抗一个除此之外(!)都依循宪法规定而制定之帝国法律内容的**主观公权利**。"

[95] 1927年12月3日之判决，RGZ. 120，Anhang S. 1 f.；Lammers-Simons I S. 147(法院的立场已引述于本书第67页)。

[96] *Die Staatsgerichtsbarkeit*，Tübingen 1930，S. 51/53.

[97] Reichsverwaltungsblatt 1929，S. 526. 而更值得注意的是 Löwenthal 在讨论 Jerusalem 著作时(Reichsverwaltungsblatt 1930，S. 748)非常坚定而合宜地对国家机关之主观权利的建构表示反对的意见。

[98] 1927年12月17日之判决；Lammers-Simons I S. 334 und 345；参见本书第84—85页。

[99] 党团只能在以下争议案件中作为当事人：邦众议院选举之有效性；邦议会（Landesversammlung）之任期（Wahldauer）；调查委员会的设立；党团曾参与或有权参与（制定）之法律的有效性；紧急命令（Notverordnung）之合宪性；此外，“只有在个案情况特殊时，党团才具有实体权限”，另请参照 1930 年 6 月 24 日判决中的列举与原则性的阐释，RGZ. 129，Anhang S. 8。除此之外，这里不再对国事法院中的当事人能力多做深究；关于这个迄今未有体系性阐释之问题的处理，可以期待 E. Freisenhahn（Bonn）。

第二章　当代的具体宪政状态

1. 多元主义、多角势力与联邦主义

71　当前德国的具体宪政状态，在这里可以通过三个概念以简要地标举其特征：多元主义、多角势力（Polykratie）与联邦主义。这里涉及的是三个彼此不同的、在国家生活的不同领域中以不同形式出现的，也是我们国家法上关系的发展现象。乍看之下，这三个现象由于具有一个共同的反对对象而有所关联，亦即，它们都对抗着一种封闭的、通行无阻的国家**统一性**，但是在其他方面，三者则具有不同本质。**联邦主义**（Föderalismus）这个字眼，在这里只是用来表示多数国家彼此并立、共存的状态，这种状态存立于一联邦国家的组织形式中。在这种**国家性**（staatlich）的基础上，存在着多数**国家性**建构体的多元状态。相对于此，多元主义所表示的，则是多数具有固定组织形式的**社会性**权力复合体（*soziale* Machtkomplexe）的存在状况，这些社会性的权力复合体穿透了国家（亦即国家生活的不同领域），以及各邦的地域界线和自治的区域法人团体。它们一方面试图攫取国家的意志建构过程，另一方面却也不会失去单纯作为一种社会性（而非国家性）建构体的性质。最后，**多角势力**系用以表示多数在法律上具有自主性的、公共**经济**

(öffentliche *Wirtschaft*)的承载者的存在状况，国家的意志则在该自主性上找到其界线。在下述的对照中，我们可以为这三个现象做初步的、暂时性的区分：多元主义所表彰的，是多数社会性实体**对于国家意志建构过程**所发挥之**权力**；多角势力则只有在从国家**抽离出来**(Herausnahme)、并且**相对于**(gegenüber)国家意志而具有独立性的基础上，才有其可能。在联邦主义中，上述两个现象则以比尔芬格所提出的反题方式，交织在一起：一方面对于联邦(Reich)的意志建构过程发挥影响，另一方面则在其固有的独立性与自主性领域内，享有不受联邦干预的自由。这些简要的区辨，并非穷尽式的定义(erschöpfende Definitionen)，它们只适合在对我们当前的宪政状态做概观时，被当作出发点。 72

上述三个现象当中的任何一个，都可以独立出来加以观察与探究。不过，在国家生活的现实状态中，其中一个现象大多会和另外一个或两个现象同时出现，无论是与它们相互结合，或者与它们相抗衡或发挥反作用。其中一个总是可以以另一个作为掩护，但是却同时也在该另一个现象被滥用的时候，为自己找到证立理由。例如，那些超越各邦界线、具有稳定组织型态、并且承载着多元主义的社会性权力复合体，就可以藉由其遍布整个联邦领域的政治性党派，而宣称自己可以对抗联邦主义一地方主义(föderalistisch-partikularistisch)势力对于联邦所进行的分裂活动，使联邦免受其危害；反过来说，当这些政党在某个邦中占据了(该邦的)国家性权力时，它却又可以援引帝国宪法中的联邦主义要素，以对抗与之敌对的、在联邦层级具有主导势力的政党。公共经济领域的多角势力，一旦被自主的区域法人团体，尤其是地方自治团体所承载，或者是被某一政党或该政党所从属的社会性权力复合体所承载的话，那么它也可以被用来当作抗衡其他政党的支柱与辅助地位，即便它所作用的范围未必同于联邦主义式的自主性领域；但是如此一来，传统上对于地方自治的热切追求（Pathos），实际上却成了让德意志国家体制多元化的催化剂。联邦主义则可以宣称自己是**多个国家**（Staaten）所构成的组织，并且藉由这种方式使那些多元主义下的社会性、（并且因此）不具有国家层次的责任感而行动着的权力承载者中立化，并超越之。联邦主义也由此获得证立。因而，随着不同的策略运用，其中一个现象总是可以被用来对抗或利用其他现象、支持或掏空另一现象的基础，与另一现象斗争或为其创造有利条件。当前的德意志国家，就是处在这种错综复杂的离心力量交织状态，以及具有向心力的对立运动所形成的系统的基础上。

多元主义的倾向，尤其不会是偶然的与个别的现象。这点已经显示于特定的、前面已讨论过的关于国事法院裁判权（Staatsgerichtsbarkeit）的观点。如果我们对于某些势力完全不予考虑，那么许多当前德国宪政关系的现象，便无法获得解释。多元主义即属于这些势力的其中之一。我们至少必须用简短的篇幅阐释之，以勾勒其梗概，如此才能清楚认识到现行帝国宪法的具体情况，以及关于宪法守护者的具体问题。每一种制度，甚至每一项规范——作为其定在或其效力之内在的前提要件——都在其自身内包含了与此种情况的关联。而只要法律上所设置的制度（Einrichtung）愈是靠近国家层次意志建构过程的政治性核心领域，那么这种关联在同样的范围内也会变得更为紧密与直接。在德国，人们自好长一段时间以来，都在缺乏关于宪法与宪法争议（Verfassungsstreitigkeit）之实质概念的情况下，尝试设置一个宪法的守护者，这点已经相当奇怪。更令人震惊的是，这样的设置倘若缺少了静态性或恒常性，便无法为人理解，但是人们却想要将其置放在这样一种情况中：人们原则上拒绝对此情况进行进一步之观察，甚至可说不屑一顾。 73

(a) 议会成为多元主义系统表现场所之发展趋势

我们首先可以透过下列事实，发现当代宪政状况的特征：许多19世纪的法律设置与规范状态，都一成不变地被保存下来，但是当下的情况相对于之前的情况而言，却彻底改变了。19世纪各部德国宪法所处的是这样的一个时代，当时的重要国家学说将此时代的基本结构，以一个清楚而可操作的基本公式表达了出来：关于**国家**与**社会**的区分。至于人们如何评价国家、如何评价社会、其中一者是否优位于另一者，以及其中一者是否（或者如何）与另一者相互依存等等，这些都是次要的、不会引起太多兴趣的问题。所有这些问题都不会使此一区分遭到扬弃。我们还需进一步观察到，“社会”就其本质而言其实是个有争议的概念，从社会的角度看来，具体的、当时一直存续着的、君主体制的军事国家与官僚国家，被看做是其对立的想象（Gegenvorstellung）。相对于这样的国家而言，所有**不**属于国家的事物，都被称作社会。在当时，国家是可以与社会区分开来的。它具有充分的强度，能够持续地与其他的社会力量处于独立的对立地位，并且藉此由自身出发，来界定其群聚现象（Gruppierung）。如此一来，存在于那“不受国家干预的”

(staatsfrei)社会内部的所有众多分歧现象——信仰上、文化上与经济上的对立现象——就从国家自身出发,并且在必要情况中也会通过其对于国家之共同对抗,而被相对化,并且它们也不会阻碍“社会”的聚合。另一方面,国家对于宗教与经济在广泛程度内采取中立与不干预的态度,并且也在极大程度上尊重这些生活领域与事物领域的自主性;它并未使所有非国家性的事物成为无意义的,换言之,它并不是在这个意义下显现其绝对性强固性。藉由这种方式,平衡状态与二元状态便有其可能。尤其是,人们可以认为,一个不具有宗教观与特定世界观的、甚至完全采取不可知论的(agnostisch)国家,是有可能的,并且也可以建构出一不受国家影响的经济领域,以及一不受经济影响的国家。然而,具有决定性的关系聚合点(Beziehungspunkt),仍然是国家,因为国家是以具体的清晰性与可区辨性状态呈现在我们眼前。一直到今天,“社会”这个具有多义性的字眼——如果它能够在这里引起我们兴趣的话——主要指的是**非**国家的事物,但除此之外它偶尔也被用来称呼
74 那些非教会的事物[1]。在19世纪德国历史过程中,所发展出来所有这些公法上的重要法律设置与规范状态(它们也构成我们当前公法的一大部分),都是以此种区分前提为基础。当人们一般性地以封建领主与人民、王室与议院、政府与人民代表之相互对置状态,来解释德国立宪君主体制国家的“二元性”时,这也不过是在表示着国家与社会这个更一般性的、根本性的二元状态。人民代表机关、议会、立法组织团体等,都被设想为一个表现场所,使社会展现其上,并且与国家相对立。在这里,社会应将其自身整合到国家当中(或者国家应将其自身整合到社会当中)[2]。

在所有重要的概念构造中，都显现出这种二元论的基本结构。**宪法**被认为是君主与人民之间的契约。国家**制定法**的本质性内涵则在于，它"对公民的自由与财产进行干预"。**法规命令**（Rechts-verordnung）是针对所有国家公民的，其与行政规则（Verwal- 75
tungsverordnung）的区别，在于后者只适用于官署与公务员。**预算法**（Budgetrecht）则建立在下述观念之基础上：在两造之间通常会形成一**预算协定**（Budgetvereinbarung），并且，依照迈尔-安序兹最新版教科书之见解（1919，S. 890，897），预算法就被称作"预算协定"。而当人们要求估订国家财政预算的行政行为（Verwal-tungsakt），应该具有**形式制定法**（formelles Gesetz）的性质时，在这种**形式化**的现象中，所显现的正好就是概念的**政治化**：议会的政治性权力，已经大到一方面足以贯彻其主张，使得唯有那些议会曾经参与决策的规范现象，才能被视为制定法，另一方面议会同时也取得了关于形式制定法概念的主导地位，亦即一种忽视制订过程之实质内涵的制定法概念。此一形式化现象只是展现了人民代表机关相对于政府、社会相对于君主制官僚国家所取得的政治上胜利。同样地，**自治行政**（Selbstverwaltung）在其所有的设置（Ein-richtung）中，也预设了国家与社会的区分；自治行政属于那与国家及其官僚阶层相对的社会的一部分；在这个基本预设上，自治行政在19世纪发展并表述出其概念与设置。

这样的"二元论"国家，其实是在两种不同的国家种类之间求取平衡：它同时是统治国（Regierungsstaat）与立法国（Gesetzge-bungsstaat）。倘若议会（作为一立法的团体）愈是能够取得优越于统治部门的地位，亦即，当时的社会能够表现出优越于当时存续着的国家的话，那么国家就会愈来愈往**立法国**的方向发展。各种国家的活动都有其核心领域，而我们即可依此对国家进行分类。据此我们可区分出司法国（Justizstaaten），或者更适合称之为裁判国（Jurisdiktionsstaaten），此外还有那些以统治活动与执行活动为本质的国家，以及立法国。中世纪的国家的出发点，乃是将国家强制力的核心放在**裁判权**（Gerichtsbarkeit）上，而这也在广泛程度上一直影响着英美法系国家。在这里，国家强制力与裁判权被画上等号，而这其实正好符合今天《天主教法典》（*Codex Juris Canonici*）（z. B. can. 196，218）的表达方式。不过应注意的是，对于罗马天主教会的权威及其最高职位的标准界定方式，却不是展现为类似法官的图像，而是显现出类似牧羊人与其羊群的关系。从16世纪开始获得其形式的绝对国家（der absolute Staat），则正好是形成于中世纪的、多元主义式的、封建等级法治国及其裁判权的崩溃，并且以军队及官僚阶层为其支柱。因而，它本质上是一个**执行与统治**的国家。其理性（*ratio*），或者国家理性（*ratio status*）（亦即在德文中经常引起误解的 Staatsräson）基础，并不在于内容丰富

76 的诸多规范，而是在于实效性（Effektivität）。这种国家藉此而创造出一情境（Situation），规范唯有在其中才能够被适用，因为国家终结了导致无秩序与内战状态的原因，也终结了在追求规范正确事物上的争斗。这个国家"创造了公共秩序与安全"。唯有当此一状态形成，市民阶级法治国宪政制度下的立法国才能根植于其中。在所谓的**例外状态**（Ausnahmezustand）中，每一种国家的核心领域就会明显浮现。就此而言，司法国系运用**戒严法**（更精确地说：戒严裁判权），也就是一种概括性的司法活动；作为执行部门的国

家，主要是运用**执行性强制力的过渡**（Übergang der vollziehenden Gewalt），并且必要时会与基本权的暂时失效结合运用；立法国则运用紧急命令或例外状态命令，也就是一种概括性的立法程序[3]。

在对于各种国家做分类与类型化工作的同时，应该要时时注意到，鲜少会存在一个纯粹的立法国，同样地，纯粹的裁判国，或者一个除了统治与行政以外，别无其他活动的国家，也不太可能存在。在此范围内，每个国家都是这些不同类型国家的结合或混合，也就是一种**混合国家**（*status mixtus*）。但是配合着前述保留条件，我们仍然能依照国家活动的核心领域，而获得关于各个国家的可操作的特征分类。因而，将19世纪中逐渐发展成形的市民法治国与宪政国家（Verfassungsstaat）归类为**立法国**，是一项正当的做法，并且在关于宪法守护者的问题上，也能获致丰硕成果。正如同托马所正确指出的，“现代国家具有一些属于具种属特性的发展倾向”，而将决断“委诸立法者，并使其脱离司法部门（至于该决断是否合乎理性与正义，则有争论空间）”即属其一[4]。裁判国则要在下述条件形成时，才有可能出现：即便在缺乏一具组织性的集中权力（Zentralgewalt），来有意识地及成文地为规范设定之行动时，我们仍然可以预设存在着在内涵上具确定性的规范，并且该规范毫无争议地获得承认。相对于此，在一个立法国中，没有任何宪法裁判或国事法院裁判权，可以作为真正的宪法守护者而存在。在这样的国家中，司法部门不能凭借其自身当然地对具争议性的宪法与立法问题做出决定，其最根本原因即在于此。在这样的脉络下，布伦奇利的一段话很值得被详细引用，因为他基于实质层面的清 77

晰性，以及对具体层面之认知所展现之睿智，而可被认为是19世纪国家学的经典论述。布伦奇利承认，宪法当然也适用在立法部门，而且立法部门绝对没有权利去做宪法所明文禁止之行为。他也很清楚地认识到美国宪政实务所采取之司法性质的法律违宪审查（richterliche Gesetzesprüfung），究竟有何基础与优点，并做出正确评价。接着他进一步指出："但是，当人们考虑到，立法者通常确信其制定法具有合宪性，并且也意欲其具备合宪性，然而即便如此，对合宪性问题仍然很容易形成许多不同意见，乃至于如果我们将立法者之宣称当作争讼标的时，法院就同一问题也许会抱持不同于立法者之见解；当人们考虑到，在这样的情况中，立法者所具有之较高位阶的权威，虽然原则上不会，但在结果上却需要让位给法院所具有之较低位阶的权威，而且整个国族（Nation）所选出的代表，在与国家实体（Staatskörper）中某个特定机关发生冲突时，却必须退让后者；如果人们能够对产生于此种方式，并且会被带进国家生活的统一性进程中的纷扰与分歧现象进行思考，而同时想起，就现今法院之特征而言，其比较偏好进行关于私法上规范与法律关系的认识活动，并且也比较倾向将其重心放在形式—逻辑的要素上，但我们在此处所要处理的问题，经常涉及重要的国家法上的利益以及公共福祉，而认识并促进这些利益与公共福祉，乃立法者之任务的话：那么，综合上述考量，我们还是应该偏好欧洲的体系，虽然这种体系无法保障我们免于所有弊端，并且也分受了人性状态所具有之不完整性。同时，对于最高法院的不正当判决，我们并不具有任何外部的救济手段。**立法部门就其构造而言，已经蕴含了最重要的保障，使它不会以违宪的精神（**verfassungswidriger

Geist)**来行使其权限**。”[5]最后一句话是具有决定意义的。它指出了,对于19世纪的想法而言,**议会**依照其本质与本体,**在自身中**(in sich selbst)已经蕴含了真正的**对于宪法的保障**(Garantie der Verfassung)。这种想法属于对议会的信仰,并且构成下述命题之基础:立法的团体乃是国家的承载者,而国家本身即是立法国。

然而,立法团体的这种地位,只有在特定情况中才是可能的。换言之,在这里总是预设了,议会——立法的会议——作为人民或者社会的代表者(人民与社会这两者,只要还是与政府和国家处于 78
一对置的地位,那么在此范围内两者可以被等同),将一个独立于它之外的、强大的君主制官僚国家当作宪法公约(Verfassungspakt)的对造。只要议会是一个人民代表机关,那么它在这里就会被视为真正的宪法守护者与保证人,因为契约的对造,也就是政府,只是在违反其意愿的情况下缔结契约。政府也因此不受信任;它要求财政支出与税收;它被认为是不断追求财政支出的,而人民代表机关则被认为是节约与不乐意支出的。整体而言,这其实就是,也可以说是实际的情况。因为19世纪的自由主义倾向,导致了尽可能将国家限缩在**最小程度**上的做法,尤其要尽量防止国家对经济领域进行介入与干预。根本说来,就是要尽可能使国家相对于社会及其利益对立状态,采取**中立化**态度,以便使社会与经济领域,依照其内在原理对于其领域取得必要的决定权限:在自由营利的基础上,形成了诸多意见的自由竞逐,也形成了各个政党。这些政党彼此间的讨论与意见斗争,产生了公共舆论,并且也通过这种方式决定了国家意志的内容;在社会与经济领域诸多力量的自由竞逐状态中,契约自由与经济自由原则具有主导地位,通过它们,最高程度的经济景气似乎也获得确保，因为自由经济与自由市场的自动调节机制，是依照经济法则（也就是国民经济领域中的供给与需求、给付交易、价格塑造、收入之构成等）来进行自我调节与规制。市民阶级的基本权与自由权，尤其是人身自由、意见表达自由、契约、经济与营业自由、私有财产（也就是前面探讨的美国联邦最高法院实务，真正所奉行的基准点），其实就预设了这种原则上不进行干预的（最多是为了重建受干扰的自由竞争条件之目的，而进行干预）、中立的国家。

这个在自由主义、非干涉主义意义下，相对于社会与经济领域，而原则上采取中立态度的国家，当我们在社会政策与文化政策领域允许例外状态的时候，仍然保持其作为各种宪政体制前提的地位。但是当国家与社会、政府与人民的二元架构失去其张力，而立法国也宣告完结的时候，在同样程度内，前述国家也会发生根本性的变化。因为在这个时候，国家成了“社会的自我组织”。如此一来，正如前面所提到的，前此一向被预设的关于国家与社会、政府与人民的区分，就会被取消。藉由这样的方式，所有建立在这个前提基础上的概念与设置（制定法、预算、自治行政）也都会成为新的问题。但是在这里还会产生更进一步与更深入的问题。倘若社会将自身组织成国家，倘若国家与社会原则上应该具有同一性，那
79 么所有的社会问题与经济问题就将直接成为**国家的**问题，而人们也不再能够在国家性—政治性，与社会性—非政治性的事物领域之间做出区分。所有到目前为止通用的、在中立性国家的预设下存在的对置状态，也就是那些随着国家与社会之区分而形成的、并且只是此一区分之运用实例或同义改写的对置状态，都将停止适

用。一些反题式的分离概念，例如：国家与经济、国家与文化、国家与教育，进一步如：政治与经济、政治与学校、政治与宗教、国家与法律、政治与法律等，这些分离概念，当其在对象层面上，能够对应于分离的、具体的实体或者事物领域时，则它们是有意义的。但是到了这个阶段，它们却丧失其意义并且成为无对象性的。那成为国家的社会，会变成一个经济国、文化国、照护国、福利国、供养国；那成为社会之自我组织的、并且因此而在实质上无法与社会分离的国家，则掌握了所有的社会性事物，亦即所有涉及人类共同生活的事物。在这样的国家中，没有任何一个领域，是国家能够对其遵守在非干涉措施意义下的、无条件的中立性的。原本在各政党当中，不同的社会利益与发展倾向会进行自我组织。这些政党现在成为那已经发展成政党国（Parteienstaat）的社会自身。而且正因为存在着一些受到经济、宗教、文化等因素所决定的政党，因此国家不再有可能继续对经济、宗教与文化领域采取中立态度。在那成为社会之自我组织的国家当中，没有任何事物是不具有潜在的国家性与政治性的。正如同被法国法学家与士兵所发明的、关于国家之**潜在性战备**（potenzielle Rüstung）的概念，涵括了**所有事物**（Alles），不仅是严格技术意义下的军事事务，也包括对于战争所做的工业上与经济上的准备，甚至包含了对于国家公民所做的智识上与道德上的教育与准备；同样地，这种新的国家也涵括了所有领域。荣格尔（Ernst Jünger）是一位杰出的德国前线士兵的代表人物，他为这个令人惊艳的发展过程引入了一个饶富意味的标语：**总体动员**（totale Mobilmachung）。姑且不论这些关于潜在性战备或者总体动员的标语，在具体细节事物上所具有之内涵与正确性，我们还是必须要注意到蕴含于其中的、具有非常重大意义的认识，并妥善运用之。因为它们明确地表达了某种广泛性的状态，并且体现了一项重大而深刻的转变：那在国家当中进行自我组织的社会正在走向一条道路，从自由主义当道之 19 世纪的中立性国家，过渡到一个潜在性的**总体国家**（totaler Staat）。这个剧烈的转折可以被解释成一个辩证性发展过程中的部分，该辩证性发展则历经了三个阶段：从 17 与 18 世纪的**绝对**国家，经过自由的 19 世纪的**中立性**国家，到国家与社会具有同一性的**总体**国家。

80 在经济领域上，这样的转向获得最明显的呈现。在这里，可以看到一项广为人知并且无可争议的事实，那就是，公共的财政经济（Finanzwirtschaft）不仅在早先、战前的经济面向的关系上，也在当今自由与私有（也就是非公共性的）经济的关系上，都获得长足的进展，以至于在这里不仅出现了量上的增加，更出现了质上的转变，也就是“结构变迁”，而公共生活的所有领域，不仅仅是直接的金融与经济事务，都受此影响。至于这样的转变要用什么数字来表现，或者这样的统计结果是否正确——例如，很多地方都引用了 1928 年的统计结果指出，德国国民所得中的 53％都掌握在公共领域的手中[6]——这些问题都不需要在这里回答，因为整体的现象已无从争辩，亦无人争辩。一位极具权威的专业人士、国务秘书波比滋（J. Popitz）教授，在一篇概要性的演说中，从财税分配状态[7]出发而谈到，对于德国国民所得中一大部分的分配而言，事实上自由经济与自由市场的那种自我管理机制已经被排除，取而代之的是“一种就其自身而言，原则上是外于经济的意志，亦即国家的意志，所具有之决定性的影响”。另一位具有最高位阶的专业人士，帝国特使、国务部长萨米许(Saemisch)则说，公共的财政经济才是对德国的政治情势施以最具决定性之影响者[8]。从经济学的面向出发，在我看来，可以提出下面这项切合实际情况的陈述，以表明在此之前的系统与当前的系统之间所产生的对立：**从参与系统**(Anteilsystem)(在这样的系统中，国家只能获得国民所得的一部分，可说是一种由纯粹收益产生的利息)**到控制系统**(Kontrollsystem)(在这样的系统中，由于财政经济和国民经济之间的密切关系，以及国家需求与国家收入之急剧增长，使得国家成为国民所得的部分共同持有者以及重新分配者，也作为生产者、消费者与雇主，而对国民经济发挥极为重大的共同决定权)。这项公式是由弗 81
里兹·卡尔·曼(Fritz Karl Mann)在其饶富意味，亦具有重要影响力的论文《当代国家经济》(„Die Staatswirtschaft unserer Zeit“, Jena 1930)当中所提出。在这里它也只是被当作一项公式来使用，否则的话我们恐怕还需对其做国民经济学上的批判。对于国家理论与宪法理论上的观察而言，具有决定性的事情是，国家与经济之关系，在今天已经成为内政问题上的真正探讨对象，而之前那些建立在国家与社会分离前提上的国家，所流传下来的各种公式，只会使我们受到蒙蔽而无法看清事实情况。

在每一个现代国家中，国家与经济之关系都构成了直接的、实际的内政问题所要处理的真正对象。这些问题不再能够用旧时的自由原则，也就是无条件的不介入，或者绝对的**不干涉**(Nicht-Intervention)原则来加以回答。除了少数的例外，这一点基本上是获得普遍承认的。在今天的国家，经济问题构成了内政上困难的最主要内涵，而且，有很大部分的对内或对外政策，其实就是经济政策，而这里所指的并不只是关税政策、贸易政策或者社会政策。只要一个国家愈是工业国家，这样的情况就愈是明显。当国家的某项制定法是“针对经济上权力地位之滥用”而被制订时（例如1923年11月2日的德国卡特尔行政规则[Kartellverordnung]），那么我们在这样的陈述中其实已经可以看到，“经济权力”的概念及其定在，已经因为国家与制定法的缘故获得承认了。当今的国家具有内容广泛的劳动法、关税制度以及对于工资争议的国家调解权，透过该手段，国家对于工资具有决定性的影响力；国家对不同的经济部门给予巨额的补助；它是福利国与照护国，并且因此而在相当大的范围内同时成为租税国与税捐国（Steuer- und Abgabenstaat）。在德国，国家还具有一特殊性质，亦即它是赔款国（Reparationsstaat），它必须为其他国家缴纳数十亿的贡赋。在这样的情况中，不干涉政策的主张就成了一种乌托邦，的确，它也可以被称做一项自我矛盾的主张。因为在这里，不干涉政策似乎意味着，我们在社会与经济的对立状态与冲突状态中——这些对立与冲突绝对无法藉由纯粹经济手段而被克服——应该让各种不同的权力团体自由发展。在这样的情势下，不干涉政策其实就是在图利那些现实中的优势者与不顾他人者的情况下，来施以干涉，且再次显现出下面这个被 Talleyrand 就对外政策所提出的，看似吊诡的命题，所具有之简单的真实性：“不干涉”其实是一个相当困难的概念，它的意义大约等于干涉。

在迈向经济国的转变过程中，出现了相对于19世纪国家观的最显著转变。在其他领域上同样可以观察到此项转变，即便它当
82 前由于经济上的困境与难题所造成的窒息性压力，而在那些领域

上被认为是较不具实际性的转变。下述现象一点都不足为奇：抵抗国家之扩张现象，首先是显现为抵抗在关键时刻界定着国家种类的国家活动，因此，这其实就是在抵抗制定法国家（Gesetzesstaat）。因而这首先其实就是要针对立法者而号召采取保障措施。如此一来，第一种不明确的救济尝试就可以获得解释，这其实也就是在本书第一部分中讨论的救济手段，亦即要紧扣着司法部门，以便能够在对抗那不断强化与管辖范围愈来愈大的立法部门时，获得一种平衡性的力量。这样的救济尝试，只能看到空洞的问题表面，因为它们并非产生自对于宪法整体状况的具体认识，而是单纯产生自一种反射动作式的反应。它们的真正错误在于，它们在面对现代立法者的权力时，只能使司法部门与之对置，然而司法部门在内涵上，却受立法者所制定的特定规范所拘束，或者它只能够采取一些不特定以及有争议的原则，来对抗立法者。藉由这样的辅助手段，根本无法为一种优于立法者的权威奠定基础。转向经济国与福利国的过程，虽然意味着先前流传下来的立法国所面临的危机时刻，但是这不一定、也不必然代表我们能够毫无疑问地为法院注入新的力量与政治上的能量。在这样一种转变的情况中，并且鉴于国家任务与国家问题之扩展，也许统治部门（Regierung）才能够创造充分的救济，绝对不是司法部门。的确，今天大部分欧陆国家，也都可说完全没有为司法部门制定任何内涵性的规范，使之有能力基于这些规范而由自身出发，掌握这完全崭新的情势。

议会这个立法的团体、立法国的承载者与中心，当它看似完全取得胜利的时候，它也在同一时刻成了一个在其自身中具有矛盾的建构体，一个否定其自身之前提以及其胜利之前提的建构体。

它在此之前的地位与优越性，它相对于统治部门而取得之大幅扩张，以及它以人民之名义行使职权等等，所有这些现象都预设着国家与社会的区分，而当议会取得胜利之后，该项区分无论如何不能继续存续于这种形式中。它的统一性，甚至它与自身之同一性，在此之前都是通过其在内政领域上的对手，也就是早期君主制的军队与官僚国家，而获得界定。如此说来，当后者垮台的时候，议会也会跟着在自身内崩溃。如同人们所说的，国家现在乃是社会的自我组织，不过这里产生一个问题，那就是，那进行着自我组织的社会，如何达成**统一性**，而这样的统一性是否真的是作为“自我组织”的结果而出现？因为“自我组织”首先意味着一项设准（Postulat）以及一项程序，该程序是通过与早先的国家意志建构与统一性建构方法（这样的方法现在已不存在）之对立而表现其特征，也
83 就是只具有否定性与抗争性（polemisch）的特征。蕴含于“自我”这个字眼，并且在语言层次上附着于“组织”这个字眼上的同一性，在其自身中既不需要作为社会的统一性，也不需要作为国家的统一性，而在各种情况中必然无条件地出现。不成功的组织以及无结果的组织也是存在着的，正如同我们经常感受到的一样。

政党即首先被设想为自我组织的承载者。不过我们很明显地可以看出，它们自己在相当大的部分中也历经变迁。在自由宪政国家意义下的政党，可说是一个建立在自由宣传（freie Werbung）基础上的建构体，也就是说，这样的建构体并**不是**固定的，也**没有**发展成等级式的、永久的以及全然组织化的社会性复合体（sozialer Komplex）。无论是“自由”或者“宣传”，就其理念而言，都禁止任何形式的社会性或经济性压力，而只允许自由地说服那些在社

会层面与经济层面上自由的、思想上与知识上独立的、具有独立判断能力的人们，来当作其动机。这就是市民法治国宪政体制一直到当前国家中，对于政党所预设的想象，而它也构成了现行帝国宪法整体规范之基础。经常有些人强调，在帝国宪法中并没有“政党”概念，而这个字眼唯一出现的地方，是宪法第130条第2项，但是该项规定却是消极的规定，也蕴含了抗拒的态度。另外也经常有人指出，该项规定与我们当前内政上情势之实际情形，实在大有出入。对此或许还可以再补充一点，那就是，当我们说帝国宪法忽略了政党的时候，它之所以这样做，也可以这样做的原因，是因为它是以下列观点作为出发点：政党是一个在社会学层次上如此不稳定的、如此不具清楚形式的、如此具有流动性或者甚至可说是如同空气一般的建构体，这样的建构体甚至可以被视为不存在。因为从根本上而言，正如同普劳斯所一贯强调的一样，政党所应该存在的唯一领域是**公共舆论**(öffentliche Meinung)的领域。他将这个领域视为一个非组织性的、“无法界定的流动体”，这个观点跟此概念的整个传统是一致的。然而，今天的大多数大型政党，或者有部分是本身具有固定性的、全然组织性的建构体，或者有部分是处于一具有全然组织性的社会复合结构中，并且具有发挥着影响力的官僚阶层、一支稳定而有收入的政党干部大队，以及一个由援助组织与支持组织所构成的整体系统，这些组织联系着一些因为思想、社会与经济因素而凝聚在一起的幕僚(Klientel)。向人类定在之所有领域扩张、扬弃由不同领域(例如宗教、经济、教育等)所形成的自由的分离现象与中立化现象等，一言以蔽之：所有之前被称为向“总体性”转向的状态，对于国家公民当中的一部分而言，已经

在相当程度上被一些社会性的组织复合体实现了。在这样的情况
84 下，我们虽然尚未拥有一总体国家，但却已经有一些追求总体性的、由青年以上年龄层吸收其成员的、社会性的党派建构体。一如爱德华·斯普朗格(Eduard Spranger)所言，这些党派建构体每一个都有“一完整的文化纲领”，而它们并立共存的现象，也建构着并承载着多元主义国家。这样的复合体构成了一种彼此竞争的，以及在某种界线内针对着彼此而采取行动的**多数状态**，也就是一个**多元主义的政党国家**。这个实际现存的状态，妨碍了总体国家以其自身能量，而使自己获得实际效力的可能。而在诸如苏联、意大利等所谓的**一党国家**(Ein-Parteienstaat)中，总体国家则已经达到上述状态。然而，迈向总体性的转向过程，却并未由于多元化的现象而被扬弃，而是可以说被“切割”了，在这个过程中，每个组织化的社会性权力复合体都尽其可能地(从合唱团与运动俱乐部，一直到武装的自我防卫等)在其自身中，或者为其自身而尝试实现总体性。“一党国家”这个字眼，究其实际，已经有可能被用来称呼前述的其他国家建构体，并且也毫无疑问地已经被接纳为一般的语言使用方式。我们从这个现象已经可以极为明显地证明，“政党”这个词已经在何等程度上不能再被用来称呼一非组织性的、建立于自由宣传基础上的建构体。波恩(M. J. Bonn)可说是由自由主义立场，而对此一现象抱持清楚而毫不含糊的批判态度者，他将这样的变迁过程定性为迈向一个新的封建国家与等级国家的过渡阶段。特里佩尔这位权威性的国家法学者，也指明了具有稳固组织性的政党体系，与宪法整体规范及其前提相扞格之处。关于德国政党体制的型态与结构变迁，也已经有极为广泛的文献，这些文献

显示出，此一转向过程——它是隐藏在“通过政党而达成社会的自我组织”这个标语背后——已经从相当长一段时间开始，作为新的问题而进入到学术研究的意识中。

即便如此，在宪法中所预设的政党概念，却仿佛具有未被意识到的不证自明的性质，而被省略掉了。当像韦伯（Max Weber）这样一位学者坚决地将政党定义为一个在本质上“建立于自由宣传基础上的建构体”时，我实在看不出来，这样的定义除了在学术性的专业文献以及可悲的控诉的界线之外，还能带给我们什么深刻的印象。相较于此，德国国事法院为政党所提出的定义，却正好由于其不具问题意识的自明性，而让我们非常清楚地认识到政党概念的深刻变迁。国事法院在其 1928 年 7 月 7 日的判决中提到：“对于国事法院的诉讼程序而言，只有下述这种人合团体（Personenvereinigung）才能被认定为政党：这些团体的活动，有可能对选举结果造成重大影响。那些很明显无法进入到人民代表机关中的群体，亦即，那些与选举法制之运作毫无关系的团体，并不是议会体制意义下的政党。”如果我们只承认有希望达到效果的（也就是
只能通过早先的选举结果而被证明为具有效果的）宣传，作为平等 85
的权利，那么，我们就需要放弃早先关于无条件自由宣传以及为所有政治意见与政党提供无条件的平等宣传机会的标准原则[9]。国事法院提出了一系列的要求，以作为议会体制意义下的政党判准。首先，它不应该只具有极小的党员数量；萨克森邦的独立社会民主党就不被视为政党，其理由为：它在 1928 年 5 月 20 日的帝国议会选举中，在萨克森邦的三个选区总共只为自己赢得2953张选票。因此可以说，在萨克森邦议会的选举中，它只有极小的机会能够赢

得一席位。国事法院又提出进一步的理由：我们只应该允许具有稳固组织的政党存在，而不是一些“松散的群体”，否则根本就不可能实施比例选举制。下列特征则使我们能够认识到政党具有稳固的组织：具有**纲领**；具有在相对程度上广泛的**组织性基础**；具有政党可支配的**报纸**。简言之，这里所涉及的是这样一些建构体，它们“不能不具备相当程度的**稳固性**”，并且“在它们身上也可看出充分的**持续状态**”。“政党预设了一群颇大数量的国家公民的**稳固性**共同结合状态，并且以达成政治上的目标为其目的”[10]。政党、结合、集团成了同义词。

进一步观察，则国事法院对于政党所下的定义，不仅显示出政党概念，也显示出**选举**概念已经从根本上改变了。在国事法院的判决论理中，对于贯彻比例选举制的考量，可说扮演着关键性的角色，不过这还需要做进一步讨论。这不仅是因为新的政党概念乃是随着比例选举制的必要性，而获得基础。甚至一些偏离选举平等原则的做法，都会因为下述理由而获得证立：比例选举制会使得这些对于选举平等的限制措施成为必要，因为选举平等不是逻辑—数学上的概念，而是法律概念，而且除此之外，对抗政党的切割倾向也已经成为广被承认的政治上的目标。国事法院默示地忽略了下述事实：它所否定的两件事情——“数学性质”以及政党的
86 切割倾向——正好就是通过比例选举制，而在根本上以一定的强度进入到我们的政党状态中，而且，它所提出的两个观点，也都因此比较可用来证立对于比例选举制的限制措施，而不是用来证立对于选举平等与选举直接性的措施。但是，比例选举法制与具有稳固组织的政党，在现实状态中，正好是最紧密地彼此结合在一

起。同时，如果我们暂时抛开选举法制，那么可以说，当前的宪政状态也是通过**稳固的**政党组织而获得其特征。广为流传的、而且经常是尖锐的对于比例选举法制的批判，也不应该忽略上述现象，尤其当它们提出下列问题的时候：改革在何种程度上是可能的，以及比例选举制之“废除”会带来什么结果？在这个脉络下能够被确认的最重要的一件事，并且也最醒目地反映了传统概念的完全改变的，是下面这件事：在今天选举实务的实际状况中，不仅选举的平等性与选举的直接性，因为比例选举制的优势地位而遭到限缩，甚至就某些部分而言已经被取消了；另一方面，被称为“选举”的过程，本身就已经获得一个全新的内涵。早先立宪君主制底下的国会之所以具有优先性，乃是基于其成员系**被选举**这件事实。作为一个由全体人民所选举出来的团体，议会以人民之名与君王及其统治部门相抗衡。选举很明显地展现出选民与代表之间的直接关联。由此推论，被选票所压倒的少数势力无法藉由自身取得组织性的代表地位，这一点是符合民主的。因为，如果我们背弃了下面这项设准的话，那么我们也就摧毁了各种民主体制的基本预设：被选票所压倒的少数势力，只能接纳选举结果（而不是其特殊的意志），并且也只能赞同多数意志，以作为其自身之意志。如果我们现在为了使得以票数压倒少数的现象成为不可能，而试图通过比例选举制来组织少数势力的代表权，那么我们也就必定要容许众多小党的存在。如果我们要对抗政党割裂的倾向，那么我们也就是在对抗这样的一个体系，此一体系不再能够理解关于**所有**国家公民之意志同一性（Identität）这项民主体制的基本设准。在这种情况下，如果我们为了比例选举制的缘故而去限缩选举的平等性与直接性，那么这样的做法就会凸显出下述现象：一种被比例选举制所支配的选举程序，虽然与民主选举权之平等性与直接性这两项基本特质有所冲突，但是却仍然优位于该二项基本特质，并且被认为是更为重要的，也就是比民主体制下的选举本身更为重要。因为到了最后，比例选举法制及其候选人名单制度所带来的后果是，选举人大众根本就无法再对个别的代表做选择。呈现在我们眼前的毋宁是这样的过程：那些不受监督的委员会，经由秘密的谘商，而在模糊的态势中将为数众多的政党提名人选名单，连同其一长串的姓名，提交给选民大众。然后，这些选民大众在选举时，即
87 依照政党提名名单来做分配。这时候我们再也不能说，个别的选民是直接来决定个别的代表。这时候所存在的只是**选民大众依照众多政党提名名单，而呈现出的一种统计学上的群体化与分配现象**。倘若这里所涉及的，只是多数固定政党组织，以及那些将其串连在一起的社会性权力群体之具有社会制约性的成员，那么在此范围内，前述过程只不过是现存政党大军所提出之号召。然而一旦那些没有被前述组织所掌握的国民群众，也来参与前述过程时，那么他们就会在这些固定的组织间来回摆荡（一般将他们轻蔑地称为所谓“浮木”或“流沙”），也会因此而在大多数情况中发挥关键作用。不过，这样的情况不再能够被称为选举，虽然其与民主体制理念所形成之矛盾，并未像多元主义与具有固定组织之复合体之间所具有之矛盾一样严重。它也不再符合传统上对于选举的想象，亦即选举是关于议员与代表的选举。它毋宁已经是一个类似**公民投票**（Plebiszit）的过程。在今天帝国众议院或邦众议院选举中被称为“选举”的这个过程，可以区分为两个层面：一方面，国家

以多元主义的方式被划分为若干具有固定组织的社会复合体，这样的现象也获得单纯统计学上的固定地位；另一方面，它也在相当程度上蕴含了公民投票。

民主国家经常被称为**政党国家**，甚至也常常被如此定义。不过，议会民主制的国家在某个意义上来说，不只是政党国家。也许在很多情况中，人们有可能将各种国家都称为政党国家，但是这只不过点明了，这样的符号是空洞而多余的，如果我们没有进一步就政党之种类、组织、结构与数量做补充说明的话。为了能使议会民主制的立法国，以及一个在此特殊意义下而为政党国的国家，能够依照宪法的预设，来承担以合宪性方式而被规制的诸多功能，因此政党必须要符应于在宪法中被预设的政党概念，也就是一般所说的自由主义政党概念，这样的概念只将政党理解为一个自由的建构体。因为，议会民主体制之所有合宪性的制度与方法，其真义即在于，要在一个持续不断的过程中，将私我的利益与意见，通过政党意志之途径而过渡并提升为统一的国家意志。这样的说法应特别适用在魏玛宪法的议会主义体系上。换言之，政党的固定性不应该过于强烈，否则它就会在转化与融合的过程中，施展过多的阻力。政党是被设想为国家意志建构过程的工具，并且，对于政党之许可与承认，其意义自然不会在于，它应该将其对于国家意志建构过程之参与，利用为与其他政党妥协交涉的客体，或者甚至将其用做勒索工具。议会毋宁应该是一个转换过程的展现场域，通过该 88
过程，各种社会上、经济上、文化上与信仰上的对立、利益与意见，才得以转变为政治性意志的统一状态。较古老的信念认为，议会主义的方法，正好最适合将政党当作转化者而加以利用，并且，议会正好提供了一个场合，在其中，借助理念的狡狯或者制度的狡狯，政党的利己主义倾向也会被导向成为建构一个超越利己倾向的、超越党派的国家政治性意志的工具。这样的信念比较是自由主义式的，而非民主式的。特别是当一个政党取得执政地位的时候，它也会基于上述信念而被迫使采取更宽广与更高层次的观点，不能囿于其自身狭隘的政党动机。由于政党的种类、组成与数量，由于前面述及的发展倾向——政党转变为具有固定组织的实体，并且具有稳定的行政机制与固定的幕僚——此外，也由于形成多数势力需要为数甚多的政党与派系，这些因素都使得从利己主义的政党意志转变为负责任的国家意志的提升过程，一再遭到阻挠。在违反合宪性规则前提的情况下，只会出现这样的执政者：它们一方面基于其派系的妥协拘束而过于脆弱并且左支右绌，也因此无法独立执政，另一方面却又掌控许多权力机制与财产事业，而可以阻挡他人来执政。前述的理念或制度的“狡狯”根本无法继续发挥作用，而取代国家意志的，则是一种从任何层面看来都是偏颇的、由各种短暂利益与特殊利益所构成的累加现象(Addierung)。德国议会体制的当前状况，其特征就在于，国家的意志建构过程系依存于脆弱的、由数目众多但是在各种观点下看来都是异质性的各个政党所构成的，在不同情况中不断变换的议会多数势力。多数势力一向只是联盟的多数势力，而在政治斗争的不同领域中——对外政策、经济政策、社会政策、文化政策——它们彼此间则是完全不同的。一言以蔽之，这样的议会民主体制的政党国家，其实是一个**脆弱的政党联盟国家**(ein labiler Koalitions-Parteien-Staat)。这种状态所造成的缺陷与弊端，经常被人提出并予以批判：无可计算的多数势力;无执政能力,或者基于其妥协的约束而无法担负责任的执政者;从不间断的、以第三者或者国家整体为代价而形成的政党妥协或派系妥协,在这个过程中,每个参与的政党都会由于其所发挥之共同作用而获得报酬;依照派系力量的强弱或者策略运用的情况作为关键要素,而在党员间分配国家的、地方的或者其他公共的职位与肥缺。即使是那些抱持着正直的国家信念,而欲将整体的利益置于政党目标之上的政党,也会部分地由于考虑到其幕僚及其选民,或者由于此种体制中的多元主义内涵,而被迫参与 89
推动持续性的妥协交易,或者徒劳无功地试图排除这样的交易,并且到最后发现自己处在类似拉封丹(Lafontaine)寓言中那条有名的狗的境遇中。那条狗原本非常尽心地看管主人的烤肉,但是当它后来看到其他狗肆无忌惮地分食烤肉时,自己到最后也跟着参与抢食。

实行议会体制的政党国家及其自由的、也就是不具有固定组织的政党,和实行多元主义的政党国家及其具有固定组织的建构体(作为国家意志建构的承载者),这两者之间的区别,可说比君主政体与共和政体之间的,或者与任何一种国家形式之间的区别还要大。具有固定性的社会结合组织,已经成为今天多元主义国家的承载者,它们在议会中形成了一个单纯反映了国家之多元主义划分倾向的摹写图像,议会的成员则是以派系的型态出现。在这样的实际情况中,统一性要如何形成,使得僵硬的政党连结与利益连结能够在其中被扬弃与融合?关于这一点已经不再有相关的讨论。我唯一能指出的议会主义观念原则,是滥觞于托马,在这里我们所能谈论的只是一种“完全腐坏”的基础。某些跨越了各个政治性党派的所谓“横向连结”(Querverbindungen)(农业经济上的利益、劳工阶级的利益、官僚阶层或者在某些个别案例中的妇女议题),也许可以在特定实质问题领域上形成多数。然而由于在多元主义体系中,不仅牵涉到议会体系中的政党与派系,除此之外,前述的横向连结本身也有可能成为多元主义体系中群体聚合(Gruppierung)之因素,因而,这些横向连结的状态可说是使此一情势更加复杂化,甚至也证实并强化了该情势,而非扬弃或排除之。“议会之团结”(solidarité parlamentaire)这项著名的号召,亦即,议会代表(尤其是固有意义下的职业政治家)之跨越政党界线的、共同的利己主义式的私利,也许可以是一项有效的动机或者是有用的促进统一性的因素,但是我们很容易可以理解到,在一种困难的情况,例如今天德国所处的情况中,以及当各种组织已经具有强烈的稳固化倾向时,这样的号召不再是充分的。如此一来,议会就从一个由自由的人民代表所组成的、建构统一性的以及自由集会的展现场域,由一个将政党利益转变为超政党意志的转化者,而变成组织性社会力量所形成之多元主义式划分倾向的展现场域。其结果有可能是,议会由于其内在的多元主义而无法形成多数或不具行动力;另一种可能的结果则是,在各个不同情况中形成的多数力量,会把所有法律上的可能途径当成其把持权力状态的工具与确保手段,并且机关算尽地利用其掌握国家权力的期间,也试图限制最强大与最危险的对手寻求同样可能性的机会。也许,单纯
90 从人性之恶,或者单纯从今天才成为可能的、个别的卑劣手段来做解释,是有点过分素朴。不过,在过去几个世纪的德国国家与宪政史当中,类似的情况屡见不鲜,甚至具有规律性。在旧德意志民族

神圣罗马帝国(Das Römischen Reiches Deutscher Nation)解散时,皇帝与诸侯为确保其世袭统治权所采取的做法,在今天也可以找到众多平行现象。

在这样的观点下,相对于19世纪情势所发生的转变,也具有根本性意义。在这里,此种转变也透过未被改变而保存下来的文字与公式、透过旧的思考与言谈方式,以及透过那为了服务于这种残留现象,而继续存在着的形式主义所形成的掩蔽,而隐没不彰。但是我们切不可因此而产生错觉:实际上,其对于国家信念与宪法信念,以及其直接对于国家与宪法所发挥的作用,都是极其重大的。该项作用主要显现于下列领域:由于国家本身在相当程度上已转变为一个多元主义的建构体,因而在相同范围内,对于国家及其宪法所表现之忠诚,也会被对于社会性组织,以及对于那承载着国家多元主义的建构体所表现之忠诚所取代。特别是如同前面所提及的,社会性的复合体经常具有成为总体性复合体的倾向,也就是说,要在经济层面与世界观的层面上,将那些被其所吸纳的国家公民牢牢地束缚住。如此一来,到最后也就形成了一种具有道德上约束与**忠诚义务**(Treueverpflichtungen)的多元主义,也就是一种"忠诚态度的多元性"(plurality of loyalties),藉由这种现象,多元主义式的分割现象愈来愈强地固定了下来,而国家统一性之建构也就愈来愈岌岌可危。照这样发展下去的必然结果,则是使得一个对于国家具有义务感的官僚阶层(Beamtentum)成为不可能,因为这种官僚阶层需要以一种与组织性的社会复合体有所区分的国家,作为其前提。除此之外,也会形成**合法性概念的多元主义**(Pluralismus der Legalitätsbegriffe),这种态度摧毁了对于宪法的尊重，也使得宪法的坚实基础变成一块不确定的、从不同面向遭到攻讦的领域。而每一种宪法的意义其实是在于，要去做出一项政治性的决定，使得国家统一性之共同的、随着宪法而被给定的基础，能够获得免受质疑的地位。在各个时期取得支配地位的群体或联盟，当其滥用所有法律上的可能手段，并且试图确保其各个时候的权力地位，或者利用所有在立法、行政、人事政策、惩戒法、自治行政等领域上的国家性或合宪性的权限时，他们都可以非常理直气壮地宣称其合法性，并且由此而得出一结论，认为各种认真的批判或者对其优势情况可能产生危害的活动，都是非法的，也就是颠覆或违反宪法精神的行为。与此同时，那些由于统治部门所采取之手段，而受到影响的对立组织，则同样可以主张，对于宪法上平等机会的侵害，即意味着对于民主国家宪法之精神与基础所为之最严重的违反行为，而他们也可因此而理直气壮地对这些非法与违宪行为提出指控。这两股彼此对立的否定性力量，在国家性
91 的多元主义情势中可说几乎会自动地发挥作用，而它们也会使宪法本身遭致耗损。

对于具体宪政状态所做的此种观察，可以使我们清楚意识到一现实情况。许多人会基于各种不同的动机，甚至有时候找寻借口，而倾向不去讨论对于这种现实情况的觉察。然而即便如此，对于该现实情况之清楚认知，对于那些以处理现行帝国宪法之维护与确保问题为职志的宪法学研究而言，却是无可回避的。单纯一般性地去谈论所谓的“危机”，或者将前面所提出的观察丢进所谓“危机文献”(Kriseliteratur)领域中，这样的处理方式绝对是不充分的。倘若当代的国家应该是一个立法国；倘若除此之外还形成

了国家生活与国家活动领域的大幅扩张，使得人们已经可以谈论迈向总体国家的转向；倘若于此同时，立法的团体却已经变成多元主义分割现象——将国家统一性分解为由具有固定组织性的社会复合体所构成的多数状态——的展现场所与中心点；那么这个时候，运用19世纪时为立宪君主体制情势量身打造的各种诉求与对反诉求，或者还谈论着“议会主权”，而想要对当代宪法的困难问题提出回答，这样的做法实在无甚助益。

(b) 公共经济领域中的多角势力

多元主义倾向之发展，乃是汇集于立法团体中，也是在其中获得表现，同时其亦与迈向经济国家（Wirtschaftsstaat）的转变倾向互相重叠。其实在公共经济的领域上，也必须凸显出整体领导所构成的较强的统一状态、统一的准则以及由此而生之统一的财政与经济纲领的可能性，才能与其大规模的扩张现象取得发展结果上的正确协调状态。正如同每一个经济单位（即便是最小的经济单位）一样，规模如同今天德国的公共经济领域一般的经济复合体，至少也需要一定的计划，即便我们想要与社会主义式的计划经济保持明显距离。然而如前所述，议会只是多元主义的、脆弱的政党联盟国家的表现场所与反映，它几乎没有能力来承担这样的计划，因为这样的计划需要具有一贯性与持久性，而这两项性质则需要跨越一段较长的时间与不断变化着的情势。我们根本无法将这样的性质寄托在当今的政党与议会多数关系上。由于欠缺这样的统一性与一贯性，使得在公共经济的领域中发展出众多在广泛程度上具有自立性，并且彼此间具有独立性、自主的公共经济的承载者，这些承载者比邻而立，也交互渗透。这样的状态被波比滋称为**多角势力**，藉由这个词汇，一个具有特别性质的现象获得了极其中肯的称谓。该现象虽然与我们国家体制之多元主义具有极为紧密的关联，但是却全然非与其等同。在当前德国的公共经济领域中
92 具有支配性的现象，“是一些具有非常杂多之种类与性质的、彼此间并不具有充分联系的意志承载者，所形成的几乎无法概观的多元现象”。波比滋列举出了：联邦、17 个邦、65 000个地方行政单位与地方行政团体、社会保险的承载者（7 427个医疗保险机构、106 个职业互助机构、35 个残障保险机构、联邦受雇人员保险机构、矿工退休金保险、劳力中介与失业保险机构）。除此之外他也把下列机构算在内：在公共经济领域中本身具有自主管理权（Hausmacht）的大型机构，主要是像帝国银行、帝国邮政、帝国铁路等机构；另外则还有其他或多或少具有自立性的公营造物与公营事业[11]。也许这样的概观与列举方式，还需要做进一步的细分，我们也还可想象对其提出某些补充与新观点。但是，指明这个对我们当前国家状态具有重要性的现象，这种做法为我们带来的学术上效益，并不会因此而降低，而确认该现象所带来的认知价值，及其对于我们所处宪政状态之具体图像所具有的重大意义，亦不会因此而减损。

这种多角势力所造成的结果是展现在：欠缺统一性的准则、去组织化与无计划性的现象，甚至是反计划性的现象（Planwidrigkeit）。由于国家自长久以来就已经采取了转向经济国之途径，因而上述现象的作用范围也就变得特别之大。国家在经济层面产生的影响获得显著提升，以至于国家活动的扩展（正如同波比滋所

言)“自长期以来,就已经在迈向行政国以及与其对应之租税国的道路上,超越了福利国的阶段,并且有全面采取供养国家(Versorgungsstaat)发展取向之虞”。公共经济领域之承载者所构成的多角势力,就法律层面而言,主要是建立在自主性与自治行政,尤其是地方自治团体的自治行政基础上。“作用范围之普遍性”(Universalität des Wirkungskreises)这项受到承认的原则,使得地方行政单位经济领域之近乎无限制的扩张,成为可能;地方性企业集团(Gesellschaftsbetriebe)采用的私法形式,使其有可能规避国家的管制(国家监督、联邦财政部的地方性咨询单位),而把自己塑造成一种私法上的免除采邑义务的地产(Allod)。其具有类似于中世纪时分封给家臣的免除采邑义务地产,这样的地产即因此而不受奠基于采邑制度的国家结合体的管辖。从各个层面看来,自治行政制度所历经的功能变迁,很容易能够被认识到,并获得解释。前已述及,自治行政之设置——正如同其在德国所流传下来
的情形,以及在继续适用的、未更动的19世纪制定法文本中所规 93
范的那样——已经随着其对国家与社会之区分,而对本世纪的具体情势做了预设。与此同时,自治行政在本质上系显现为其与国家有所区分的社会的一部分。倘若国家现在已经成为社会的自我组织,而自治行政的职位也是由同样的国家多元主义的承载者所把持的话,那么自治行政这个法律制度的结构,尤其是国家监督与自治行政之间的关系,就会大有疑问。每一种想要建立起广泛的、具有公共经济领导下之统一性准则的财政与经济纲领的尝试,都会遭遇到前述具有多重型态的多角势力的阻挠与障碍。此种多重型态的多角势力,则仿佛被放在由制定法与宪法法律上之保障所

构筑的铜墙铁壁之后，而在法治国的层面上获得确保。然而，它的反作用力（Widerstand）并不是因为其自身之力量而无法被超越，而是因为多角势力和多元主义彼此紧密地相互结合（同时也还有多角势力与以下即将探讨的联邦主义之相互结合）。

针对多角势力之问题，我们有必要对其做进一步之研究与探讨。最主要地，在我看来，对于当前的宪法研究而言，有必要在我们所描绘出的整体复杂情况当中，做出下述之区辨。多角势力所具有之力量，有部分是得力于其与国家多元主义之承载者的互相结合，而获取了政治上的重要意义与发挥反作用的能力。对这些承载者而言，多角势力同时有可能可以为其所属之组织提供权力位置，在此范围内，它们即在多角势力中具有一定的利益。与此相反，另一部分力量，却是透过某种意义下的对立倾向，而能够获得证立，（广泛地来说）也才得以形成：相对于国家之多元主义切割倾向，有某些特定的、对于整体经济领域而言具有特殊保护需求的复合体与设施，应该抽离政党政治的（parteipolitisch）影响，并且在政党政治层面被中立化。在此范围内，帝国银行与帝国铁路尤其属于上述范畴。这种中立化的过程，以下（第100页）将会进一步做讨论。该过程之所以必须在此处被提及，是因为我们的确可以在多角势力的整体现象内，基于一观点而做出区辨，而这样做也是有必要的：有些多角势力的承载者，只不过是为多元主义提供助力，或者与其结合；而其他的承载者，则需要将其定在归功于针对此种多元主义而产生的反向运动（Gegenbewegung）。

以“多角势力”这个字眼而被标举出的事实与整体现象，绝对不会因为上述之发展而遭到否定或驳斥。这样的发展只会更明确地凸显出，我们必须要注意到许多不同的、彼此竞逐的走向，这样才有可能精确描绘出当前具体的宪政状态，也才能清楚看到众多否定与危害着人民之政治上统一性的现象，而人民之政治上统一性乃是民主体制之前提。公共经济领域的多角势力，是通过下述
方式获得其固有之重要意义：它**在国家更密集地向经济国家的方** 94
向发展时，同时与议会主义立法国所具有之多元主义式的裂解倾向，相互交叠。在这里，我们只用了短短几个字勾勒出整体的难题，而在其核心领域则存在着一个问题，我们可以初步地提出该问题如下：究竟在何种范围内，议会主义与采取计划经济行动的国家彼此间可以互相调和？在一份今天仍具有非常实际意义的文献——哥伯特（H. Göppert）的《国家与经济》(„Staat und Wirtschaft“, Tübingen 1924)——当中，作者坚决地提出了否定的答案。不过，这个问题还可以依照议会主义的各种具体种类，而进一步予以细分。某些国家的议会，已经成为社会性权力复合体所构成之多元主义体系的单纯反映，某些国家则可藉由正常运作的两党体系，来建构其国家意志。在前者的情况中，上述问题显得更为迫切与危险。此外，当伴随着迈向多元主义体系发展的同时，国家不仅经营个别的经济性事业，而是已经发展成一个经济国的话（此一经济国正好站在迈向福利国、补助国与供养国的过渡点上），那么该问题还会再获得更高的强度。当这种经济国，伴随着这种被多元主义体系所决定的议会，却处在重大的经济上困难与不正常的经济情势中，而为了其根本的存续问题被迫要做成统一性的准则，并且执行广泛的（无论就实质事物范围或时间上的延展而言）经济与财政计划时，那么此一问题的提出，就达到了其最外显、

最具关键性的程度。以这种方式而获得具体精确化的问题——亦即，多元主义的议会主义与现代的经济国，彼此之间是否可互相调和——在今天我们必须给予其否定的答案。

(c) 联邦主义

议会主义系统是否与特定种类的国家组织相容？关于这个问题，在早先的德国国家学当中，只有在联邦国家组织的层面上才被提出，并且一直到 1918 年为止，多数人都还持否定见解。在俾斯麦帝国宪法所形成的德意志国家法当中，适用着一项公理：议会主义和联邦国家的组织，甚至可被认定为相互排斥的对立项。考夫曼在其战时(1917)论及“帝国宪法中的俾斯麦遗产”的著作中，即主张此一命题，并且宣称“联邦主义与议会主义的不可能性之间，具有密切而且在事物本质上获得奠基的关联”。他是一般性地，而非仅针对 1871 年成立的君主制联邦国家做此宣称。普劳斯的思想，则是以一项类似的命题为基础，该命题至少是针对君主制联邦

95 国家而发，但是却采用完全相反的评价。正因如此，其提出之第一次宪法草案才会以下述立场为出发点：联邦国家必须要通过广泛之去集中化(Dezentralisation)与自治行政，而被取代。我在拙著《宪法学说》(*Verfassungslehre*, 1928)当中则主张，此种不相容性——在这里我们毫无疑问能觉察之——的真正原因，主要并不是在于议会主义与联邦主义之对立，而是在于民主体制与联邦主义之间所能够被寻得的、具有特殊性质的关系：正由于无论是国族的民主体制(nationale Demokratie)或者各种具有联邦性质的(bundesmäßig)组织，都预设了某种实质的同种性(Gleichar-

tigkeit),因此要去证立那由自主的、在具有国族同质性的统一体中存续着的、民主的诸多国家所形成的多数状态,是很困难的。在一个国族的民主体制中,唯有当人们使其他宪政状态中流传下来的联邦主义所形成的固定框架继续存在,联邦国家才在此范围内有其可能性。但即便如此,它在本质上也具有不同功能。在魏玛制宪国民会议中,关于联邦国家建构原则的困难问题,根本就未获注意;人们毋宁保留了联邦国家的组织,并且在国族民主体制的框架下,不仅在联邦的层次导入了议会主义,更为了国家宪政体制的缘故(Art. 17 RV.),而在各个邦也纳入议会主义。从 12 年前开始,在联邦与各邦,联邦国家的组织就与议会主义并立共存,以至于它们两者的相容性仿佛也可基于此一事实(*ipso facto*)而获得证明。但是,我们绝对不可以忽视,此一事实为何种结构与功能变迁提供了可能条件。实际上,联邦国家组织与议会主义之相容性,只能由下述事实获得说明:在联邦议会(Parlament des Reiches)(亦即德意志帝国众议院)的面向上,甚至通常在作为帝国政府建构基础的政党联盟中,都会有一些颇具影响力的、联邦主义式的政党取得代表地位,在这样的政党中,则通常都会有一个完完全全以特定邦为依归、并且也清楚察觉到其联邦主义式利益的政党,即巴伐利亚人民党(Bayrische Volkspartei);同时,反过来说,各个不同的、建构着多元主义式国家的社会权力复合体,也藉由其组织而渗透到联邦的每个角落、跨越各邦的界线,并且在各种情况中汲汲于捍卫其在个别邦所攫取之国家性的权力位置,因为藉由此种方式,它们能够对抗在联邦或其他邦取得支配地位的、与其敌对的政党或政党联盟,以获得最佳之保障。如此一来,联邦国家之设置及其职位，即有可能与多元主义体系相互配合，并且成为其支撑点。不过，藉由此种方式而形成的议会主义与联邦主义之间的“相容性”，只能够以下列手段达成：从这两个面向使国家统一性所具有之封闭性与稳固性的性质，逐渐瓦解。

如果我们暂不考虑多元主义与联邦主义彼此结合的可能性，那么联邦国家的组织，即仍有可能被当作与到处可见的多元主义
96 权力建构体，及其政党政策之方法相互抗衡之特别强大的力量。在今天的多元主义政党国家中，要达成有效的**领土上的**（territorial）去集中化现象，唯有在联邦国家组织的基础上，才有可能。地方自治行政之设置，是从 19 世纪德国所流传下来，并且预设了国家与社会之对立。在一个已经成为社会之自我组织的国家中，当多元主义的势力已经毫无差别地占据了在国家与社会中、在国家监督与自治行政领域中的所有权力位置时，那么该项设置也就不再有能力针对多元主义势力提出有效反制。与此相反，一个邦所具有之国家性质的自立性（staatliche Selbständigkeit），则提供了此种可能。如果我们仔细观察美国联邦与瑞士的誓约同盟（Eidgenossenschaft）所形成的典范，便可以得知，民主体制与联邦主义在某些具体的前提下，彼此间是可以相容的；而联邦主义，亦即联邦国家的组织，在这样的民主体制中提供了领土性去集中化现象之最稳妥的手段。而在一个同时以联邦国家型态来组织，又受议会主义体制所支配的国家共同体当中（例如今天的德意志国家），联邦主义也会因此而获得两种新的证立方式：第一，它是真正的领土性去集中化现象的辅助手段；第二，它能够被认为是对抗政党政治的多元主义方法之对立手段，就好比前面已经提到的从国家公

共经济领域自主地分裂出来的现象，以及以下还会讨论到的关于“中立化”的尝试。

2. 救济手段与反向运动

(a) 经济宪法之尝试

国家对于经济领域在相当广泛的程度上发挥着支配与影响。鉴于此一紧迫的事实，人们在关于诸如多元主义与多角势力等问题上，很容易联想到的解决方案，就是要去倡导现行帝国宪法之改革。因为，虽然今天的国家被称为经济国，但是国家的宪法——如同多数现代国家以及德国的情况一般——却完全不是“经济宪法”，而是(以不甚精确的用语来说，即所谓)“政治性”宪法，这样的宪法忽略了经济领域的实体与势力，也仿佛对于经济领域采取“中立的”态度。当然，所有的经济领域与所有的社会，就如同所有的人类共同生活现象一样，都在其自身中蕴含了某种“宪制”(Verfassung)，亦即某种秩序，以至于人们可以在另一种完全不同的意义下，以不精确、甚至有点误导性的方式去谈论社会宪法与经济宪法。他们之所以能够如此谈论，是因为他们使国家与社会、政治与经济彼此分离，并将之视为不同的事物领域，而这是19世纪流传下来的观点。不过这样的“经济”“宪法”或者“社会”“宪法”，并不 97
是国家宪法(Staatsverfassung)。对于国家的组织与政治性架构而言，经济性的建构体与实体并不会以其现有的型态而被运用(例如企业、工会、经济协会、经济议会[Wirtschaftskammern])或其他利益代表团体)，个别的国家公民也不是在其作为经济主体(例如作为雇主或劳工、生产者或纳税人，或者任何基于经济上的性质或贡献而产生之地位)之特质中，享有政治上的地位与国家公民权。对于国家宪法而言，国家公民一向只能是**公民**(*citoyen*)，而不是**生产者**(*producteur*)。现行帝国宪法其中一项根本的、实证性的决定就是，它拒绝了经济宪法的体系，尤其是“政治性”的委员会体制(Rätesystem)。即使是帝国宪法第165条当中关于“委员会体制之确立”的规定，也只具有经济上的意义，而不具任何国家性—组织性的意义，就如同人们所反复强调的那样。如果我们以其他方式来理解该条款，那么现行帝国宪法就会变成一个奇幻的畸形建构体，因为它在自身中蕴含了彼此相异而又互相矛盾的宪制，而且其最后一条规定也可说附带地又建立了第二阶层的附随宪法(Nebenverfassung)，这样的附随宪法则使先前所建立的组织性架构遭到质疑。因此，利用帝国宪法第165条之规定，以尝试从现行宪法中建构一套经济宪法，并且再从第165条之规定来建立德国
98 的国家宪政体制，这样的做法是不应允许的[12]。此外，帝国经济委员会(Reichswirtschaftsrat)也**绝非一个具有决定性的**国家机关，即便它在执行依据第165条所做出之委员会纲领的过程中，是有其确定的宪法上依据。帝国宪法的第一个主要部分，亦即组织性的部分，仍然是政治性的、决定性的部分。它蕴含了一项在完全的意识状态中所做出的决定，也就是要**抗拒**在经济宪制的领域中建立国家的政治性架构。

如此一来，就产生了很明显的落差：一个经济国家诞生了，但是却没有经济宪法。人们很容易联想到的解决方式，是要采取两

种已被给定的走向当中的一种，以试图达致和谐，亦即，我们也许
可以从国家中，将所有赋予其经济国性格的所有要素，予以排除，
也就是使国家去经济化；或者，我们也许可以反过来，用一部经济
宪法来取现行的非经济宪法（Nicht-Wirtschaftsverfassung），也就
是坚决地使国家完全经济化。第一项主张会导致的后果是：当今 99
的各政党——它们大部分已经成了具有稳固组织的利益代表机
构，并且或多或少已经受到“封建等级式的”拘束——应该要转变
成以自由意见为取向、立基于自由宣传基础上的建构体，而且，个
别的代表也应该再度成为独立的代表，就如同现行宪法（第 21 条）
所规定的那样。人们尤其可能以下列方式试图建立独立性：他们
会导入各种严格的“兼任禁止原则”（Unvereinbarkeiten），而且不
仅限于传统的兼任禁止原则，例如议会职位之委托与公务员职位
之间的“兼任禁止原则”（Inkompatibilität），而是同时包括了所谓
经济上的兼任禁止原则，也就是议会之委托与特定经济性职业或
职位的兼任禁止，例如企业集团法律顾问（Syndikus）、协会或政党
的秘书长、监督委员会成员、银行家与国家给付官（Staatsliefer-
ant）等等。在个别情况中，这样的兼任禁止原则也许非常具有价
值，亦有其必要，而且可能也对应于某些国家生活领域的道德性洁
癖要求[13]。但是整体而言，那建立在国家与经济之紧密结合基础
上的体系，并不会因为这些原则之提出而遭排除。今天的选民大
众，恐怕早就依照经济上的利益而形成各个群体，而这样的现象无
法通过法律来明令禁止；在当前夹缠不清的经济关系中，就特定经
济性职业与职位而导入兼任禁止原则，其实就意味着，这样的职业
或职位，相对于其他同样具有经济决定性的职位或职业而言，具有

不平等或不符正义的地位。由于还有许多社会性与经济性势力的间接作用可能性，对于立法者而言是无法完全掌握的，因此，采取上述方式只会形成一个由重重障蔽所构成的新体系，而根本无法改变国家生活的整体结构。

另一项刚好相反的主张，也就是要给予那现在已经成为经济国的国家一部真正的经济宪法，无论它是一部等级国家的、工会国家（Gewerkschaftsstaat）的或者委员会国家（Rätestaat）的宪法。乍看之下，这项主张具有诚实并且可适应实际情势之优点。但它只有在抽象层面上才是优点，而在实际上则是具有误导性而且危险的。在此姑且不论该主张在执行时会碰到的实际困难：要对个别职业分支领域与团体做出评价与区分，以及要基于经济上的重要性，来进行选票的计算与政治权力的分配等等。我们只从根本的思考方式来驳斥这项看起来很合理的主张。该项主张之实现，并不会强化国家意志之统一性，反而会危及之；经济上与社会上的对立，非但不会被解决或解消，反而会更趋白热化与肆无忌惮，因
100 为那些斗争的团体不再有必要迂回地透过全民普选与人民代表机关，以遂行其目的。有一件事实颇值得注意，那就是，今天只有两个大国拥有这种经济宪法：俄国所采取之苏维埃体制，以及法西斯意大利所采取之工团国家（stato corporativo）体制。这两个国家大致上而言，都还算是农业国家，它们绝对不是站在经济发展与工业进步的前端。而且每个人都知道，这两个国家的经济宪法，都是处在严格中央集权式的政党组织以及所谓一党国家（Ein-Parteien-Staat）的阴影下。经济宪法体系之意义，在这里绝对不是要使经济领域成为自由与自主的，而是正好相反，要使其落入国

家手中并受其掌控。一党体制则产生自下述必要性情况：抑制由多数政党来支配国家的情形，也就是抑制国家的多元主义式切割现象。

(b) 多元主义政党国家中关于内政上中立性之问题

针对政党国家意志建构过程的多元主义方法，而主张建立中立的、也就是独立于这种政党国家诸势力之外的机制与程序，这样的做法是很自然，也毫无疑问可被理解的。由于这边只试图对当代宪政状况提出简短阐释，因而不拟讨论众多的改革计划。不过，我们至少还是要提及“国家革新联盟”(Bund zur Erneuerung des Reiches)就“帝国参议院问题”(Berlin 1930)所发表之纲领、立法草案以及其他资料，因其具有特殊之意义。但是，撇开所有的建议与主张不谈，当前早就已经出现一些设置或组织，而它们所固有之意义即在于，它们系展现为对抗多元主义政党国家运作方法的反向作用势力。它们在其所处之脉络中，大多很少被人所意识到，因为它们彼此之间差异甚大，而且只是借着与脆弱的政党联盟国家处于对立状态此一共同点，而彼此有所关联；因为它们当中的某些组织或设置，会以神秘的标语作为掩护或者不具能见度，而其他的组织或设置却公然地获得凸显；也因为它们当中的某些组织或设置，基于事物之本质，会比较少引起注意，而脆弱的政党联盟国家的运作方式，却很明显地纠缠、霸占着我们政治生活的主要重心。即便如此，这些中立性的对立力量，也属于当今之国家，而且，倘若缺少了它们，则国家根本就无法被设想，因为在事实上，并不存在任何仅具多元主义政党国家性质的国家。除了纯粹政党性质的势

力外，也必须一直存在着其他非政党性的、与超越政党的势力，倘
101 若我们不想使国家统一性解消于由社会权力复合体所构成的多元主义式并立状态之中的话。另外，倘若宪法上所规定的职位与机制尚无能力形成统一性的政治意志的话，那么，政治性的实体就会无可避免地往社会或政治系统中的任何一个点偏离。另一些势力，无论是合法的或者非编制内的(apokryph)势力，都会基于自由意愿或者被迫、有意识或半意识地承担起国家的角色，也就是从幕后来进行统治。在议会中，全体人民的意志统一性原本应该是藉由“理念的狡猾”而形成，不过这种“理念的狡猾”之出现，根本就无法倚赖政党联盟或者党派办公室；议会无法完完全全独占作为“理念之狡猾”的展现场所的地位，换言之，它很容易就转换活动的领域。因而，这些不同种类的反向势力与救济措施，必然地属于我们当今国家情势现实状态整体图像的一部分。由于它们借着与当前脆弱的政党联盟国家处于共同的对立地位，而彼此凝聚在一起，因而它们在此范围内可以被称作建立**在政党政治层面上中立的国家**(*ein parteipolitisch neutraler Staat*)的尝试，以概括其整体性质。与此同时，我们也很容易理解到，“中立性”这个本身具有多重意义，并且如同所有政治性概念一样，可透过其具体的对立事物而获得界定的字眼，在此一脉络下，只不过意味着与脆弱的政党联盟国家势力以及运作方法相对立的事物。这些势力与运作方法所发挥之力量相当强大，也具有充分的集中性，使得我们可以将多数彼此具有差异性的对立力量，藉由其所处之对立状态而归纳在一起。前面曾经提过，多元主义、多角势力与联邦主义式的群体化现象，其彼此间的关系，有时候是相互结合，有时则是相互对立。依此观

点，我们也可清楚理解到，这些对立的势力也会依照策略上的情况而偶然地形成结盟。这样的可能性绝对不能被排除。

在这里，我们首先会想到**官僚国家**（Beamtenstaat）之设置与运作方法，并且在其中寻找真正具有抗衡性的力量，以对抗脆弱的政党国家所具有之解消性作用。这样的做法也符合德意志国家的历史传统。藉由这种方式，官僚阶层同时获得了一项新的任务与功能，并且能够适应已经改变了的国家情势。这样的任务与功能，无法用君主体制下的国家法概念予以理解或证立。现行的帝国宪法则迎合这样的想法，而通过合宪性、制度性的保障，来保护德国的官僚阶层，使其不受议会主义剥削政策运作方法之侵害（帝国宪法第129/130条）。帝国宪法甚至明文禁止公务员成为“政党之公仆”（Diener einer Partei），并且也为其独立地位设置某些保障措施（终身职位原则、既得权利[wohlerworbene Rechte]之不可侵犯性、针对财产法上请求权而设之正式法律途径等等）。人们早已认识到，即便宪法针对公务于职位设立某些禁止规定，至少在许多国家中，这些职位仍被公然地用作执政党的战利品或妥协客体。今
天，多数人对于德意志官僚国家抵抗政党联盟国家之力量，都抱持 102
怀疑或消极的想法。不过我们仍应注意到，在联邦的层级上，**帝国总统**乃独立于政党联盟之外，而对公务员以及政务官行使任命权，因此在这里并非当然地在政党联盟成员之间为公务员职位之分配。这与邦层级的情况不同。在邦的层级，根本就不存在前述迂回做法所形成的限制，也因此，政党联盟所提出的部长人选，是作为政党代理人而行使其职权。另外，人们也许可以基于某种乐观态度而希望，藉由公务员之终身职位以及其他合宪性的保障，那些

被任命为公务员的特定政党支持者可以脱离各该政党，而抱持德国官僚阶层所应具有之国家信念，并且通过职业官僚制度之建立，而从政党的仆人转变为国家公务员。今天人们在德国仍然可以预设官僚国家要素之存在，而在这种情况下，这些要素也可能在政党政治层面具中立性之国家体系中，被用来建立值得注意的推动因素，并且挽救非政党性实质状态（unparteiische Sachlichkeit）所具有之意义。然而即便这些要素毫无疑问地甚具价值，也无可替代，它们仍然无法针对脆弱的政党联盟国家所具有之固有的谬误状态（亦即欠缺一个有执政能力而且具有稳定性的政府），而提供救济手段。基于事物本质，职业官僚阶层仅见于司法部门与行政部门。因而，它需要从立法部门或者从统治部门获取其决定性的规范与指令。它没有能力从自身出发，而做出政治性的决定，也无法藉助那些与其专业性相关的规范与标准，而决定政策的准则。它可以阻挠或抑制某些事情，并且在此框架下操作其具有中立性作用的影响力，但是它无法做决定，也无法进行固有意义下之统治。

想要在司法部门基础上建立中立的国家，或者想要藉由任何一种司法形式的掩蔽，而将做成政治性决定的任务，托付给由职业法官所掌理的法庭或国事法院，这样的尝试恐怕更不可能实现。关于各种想要在司法形式的表象下，通过法院来为我们今天宪政状态中的困难问题做成决定的主张与计划，已经在本书的第一部分予以探讨。也许这样的解决尝试，不仅对于从事司法工作的法律人（这些人的思想习惯，大抵受到民事与刑事诉讼法制的框限），并且也对于某些德国人的性格倾向（尤其是经常被人引用的、德国人的“合法性需求”）而言，看起来是有其道理的。今天，人们的确可以凭借更多的意识，来对于这些将政治“法律化”(Verrechtlichung)的计划做出评断，也能更清楚认识到司法形式性(Justizförmigkeit)的狭隘界线。我们需要保障司法形式性免于受到政党——政治化现象(Partei-Politisierung)的侵害，而且这么做就是为了独立的司法以及法治国的利益。独立的德国职业法官阶层，作为内政上中立的实体，属于之前所指明的官僚国家所形成的 103
复合体。如果人们想要利用职业法官阶层，而导入一种秘密政治式的(kryptopolitisch)司法国的话，那么无论该阶层，或者建立非政党式客观性的目的，都会遭到危及。

另一项主张所追求的，则是建立某种**中立的、专业人士与鉴定人(专家)的国家**，这项主张是在从事司法工作的法律人圈子之外广为流传，也更值得认真看待。在这种国家中，政治性的决定是被托付给个别领域的专业人士，特别是行政部门、财政技术部门与经济部门的专业鉴定人[14]。在大多数现代国家里，都可以找到众多这种专业鉴定人的雏形。对于德国而言，一个特别具有探讨价值的例证，首推**帝国储蓄专员**(Reichssparkommissar)之设置。“因为基本上，该项制度还能意味着什么呢？它正好就是下述见解的印证：对于政府及其成员而言，他们作为政治人物，在提及或者推动许多事情的时候，总是无法排除造成某些危害之可能。然而这些事情却必须被提及与推动，并且因此而应该托付给另外的、只服从于其专业义务的人士手中。这些人士的中立性则似乎是通过其地位及其人格，而获得确保。在所有的国家形式中，政治(此处指的是**政党政治与政党联盟政治意义下的**政治，并非——或者只在极有限的范围内——意指整体**国家政治意义下的**政治)与严格的专业客观性之间，是存在着某些对立状态的，而这样的情况也许在特别的范围内，更能见诸一种同时具有联邦主义与民主性质的国家形式中。这样的认知，即为该项如此值得注意的制度得以形成之决定性原因。而帝国储蓄专员即属于这样的制度”[15]。根据1922年11月27日的内阁决议，德意志国家审计部(Rechnung-
104 shof)审计长、国务部长萨米许(Saemisch)博士，被指派储蓄专员之任务。这项决议不是基于法律上的规定，而是以这样的形式做成：各个部长基于其所具有之特殊信任(也因此，这样的信任在每一次内阁更迭时，都必须重新表示)，而使储蓄专员取得一可能性，亦即使其能够自己取得其专业资讯与鉴定所需之资料。储蓄专员不具备独立与固有之命令权。在将该项职务与审计部审计长之职位相扣连的时候，其实已经显示出，该职位亦适用**兼任禁止原则**(兼任禁止原则乃是大多数追求政党政治层面上中立性的尝试，所会提出之原则)，因为根据联邦预算法(1930年4月14日版本，参见RGBl. II S. 693)第123条规定，审计部之成员不得同时为帝国众议院成员。储蓄专员作为一位在政党政治层面上中立的专业人士与鉴定人，其活动具有无比重要之意义，也远远超越了个别专业鉴定报告加总起来所具有之意义——这些鉴定报告可以关于Thürigen、Wütemberg、Hessen、Mecklenburg-Schwerin与Lippe等邦行政机关所做之鉴定报告为代表，它们可算是行政专业知识与客观性领域中最杰出的文件。

关于经济上专业人士的例子，还可以举十二位帝国经济委员会(Reichswirtschaftsrat)成员为例，该委员会系由帝国政府依其自由裁量权而提名。“这些委员通过其特殊贡献，而在相当显著的范围内促进了德意志人民的经济，他们也很适合承担此一工作”。在某种意义下，这种由经济专家与利益代表所共同组成的、借着提出专业鉴定而共同参与立法工作的**帝国经济委员会**（法国的国家经济咨议会[Conseil National Economique]、英国的经济咨询委员会[Economical Advisory Council]以及其他相似的制度），所形成的整体制度，可以被称作专家国家之雏形，如果人们不是试图在这里寻找迈向真正经济宪法的过渡环节的话。然而初步来说，该项设置之特性在于，它是通过具有分量之专业鉴定而获得影响力，而这并不涉及政治性的权利。这种影响力尤其对各种**专门委员会**（Aussc-hüsse）而言，具有特别重要的实践意义。在议会主义体制的框架中，这种现象在今天偶尔会显现于某些议会专门委员会所发挥之特别重要的影响力。在这些专门委员会中，首应提及的当属各个预算委员会（Haushaltsausschüsse）[16]。然而很明显的，议会的专门委员会虽然具有这样的雏形，却会由于其政党政治的组成性质，而无法在一般情况中维持必要的中立性，即便在理论上我们必须确立一点：它们（包括调查委员会在内）应该是非政党性的，并且“应该体现对于所有意见之公平而具全面性之代表”。前已述及，议会在相当广泛的程度上，已经成为多元主义体系的展现场 105
所。我们在此也可清楚发现该事实所发挥之作用，乃至于有必要设立特殊的调查委员会（这其实是参考英国的先例，也就是在议会的“特案委员会”[Select Committee]之外，还有由国王所指定的“皇家委员会”[Royal Committee]）[17]，尤其是在政党政治层面上独立的经济调查委员会（Wirtschaftliche Enqueteausschüsse），这些经济调查委员会应该要使得一种独立于议会的、客观的事实调查成为可能。这种在政党政治层面上中立的调查委员会，可以德国的“德国经济领域中之生产与销售条件调查委员会”(1925 年 4 月 15 日之帝国法律，RGBl. I S. 195)为例。此一委员会之成员，系由帝国政府予以召集，而且是通过不须对议会负责(Verantwortungsfreiheit)之方式，来广泛地保障其独立性。诸如咨询办公室(Kammern)(例如工业与贸易咨询办公室、各种不同性质的职业咨询办公室等)，以及进一步还有在不同行政部门分支所设之咨询委员会，也以另外的方式而可被归属于此一脉络。

在**裁判权**(Gerichtsbarkeit)[18]的领域，撇开**劳工法院**的组成不谈，我们还可以提一下**帝国经济法院**的专业人士成员(Sachverstän-digenmitglieder)。这些鉴定专家成员是编列在那些法律专业成员之旁，并且是由法院院长由帝国经济委员会之建议名单中征召。该名单之提出，应该“考虑到不同之职业团体、利益代表以及各邦之因素”。在此种情况下，除非有其他规定，否则帝国经济法院之合议庭(Senat)应该由一位主席与四位专业人士组成，并做出判决(1920 年 5 月 21 日关于帝国经济法院之命令)。在帝国经济法院中设立的卡特尔法庭(Kartellgericht)，其组成方式特别有趣，根据所谓的卡特尔行政命令(Kartellverordnung)(1923 年 11 月 2 日防止滥用经济权力地位之行政命令[VO.]第 11 条)规定，其中两名参审员之任命，应考虑双方所争执之经济利益观点，而另一名参审员则应任命一位专业人士，“我们可期待该名专业人士代表公共福祉之观点，也就是独立于系争经济利益之观点”。这项规定是非常具有启发性的，因为它区分了具有专业知识的利益代表，与独立于利益的、也就是某程度上绝对中立的专业人士，并且也将具有利益取向的专业鉴定人（Interessenten-Sachverständigen）（在战时与过渡时期的强制经济制度〔Zwang- 106
swirtschaft〕中，我们可以充分体验到这些人的影响）与非利益取向的专业鉴定人（nichtinteressierte Sachverständigen）予以对置，而这样的对置做法，揭露了整个问题的困难所在。在国家性的调解制度（Schlichtungswesen）中，亦可看到与此类似的运作情形，不过我们在以下（第 143 页）还需要对其所特有之结构进行进一步观察。调解委员会与调解办公室（Schlichtungskammer）的组成方式，是由一位不具政党色彩的主席，与具有相同数目的资方参审员以及劳工参审员处于相对地位，而共同组成（关于调解制度之命令第 1 条第 5 项，1923 年 10 月 30 日，RGBl. I S. 1043）；根据帝国总统 1931 年 1 月 9 日颁布之“为公共利益所设置之争端调解运作程序命令”（RGBl. I S. 1），还可以再召集两位“不具政党色彩的参审员”。

除此之外，基于**赔款国家**（Reparationsstaat）之现状，在德国还出现了两个建构体，而其意义正好就在于，它们系与政党联盟国家处于对立状态，而作为独立的、中立的实体：帝国银行与帝国铁路公司。它们是自主的、与其他的国家统治部门和行政部门分离的复合体，并且为对抗政党政治的影响，而被赋予许多广泛的保障措施。议会主义下的兼任禁止原则，正好就是用来保障此种独立性的手段，而这也指出了此种机构之自主化现象所采取之途径，具有何种确定之特征。晚近提出的杨氏计划法案（Youngplangesetze）之规范，也谨守了上述原则。就**帝国银行**而言，独立于议会的帝国总统为其媒介了与德国政府的关联，因为是由他来确认下列人事案：总务委员会(Generalrat)所选出之帝国银行总裁、总裁经总务委员会同意而任命之董事会(Direktorium)成员，以及总裁或董事会成员之免职(帝国银行法第6条，根据该法1930年5月13日版本)；帝国银行总务委员会之成员，不得由直属于国家之公务员，或由从德意志国家或德意志各邦支薪之人士担任(第17条)；发行纸币之审查，系由当时德国审计部之审计长行之。审计长作为专员(Kommissar)，享有所有关于法官独立性之保障，并且不得由帝国众议院之成员充任(帝国预算法第121、123条)。在关于海牙会议之法案理由书中(II. Teil, Bankges. S. 3/4)，完整地"维护独立性之原则"已被承认有其必要性，而且被称为"维系货币制度之基本保障措施"。至于帝国铁路公司，根据1924年8月30
107 日的帝国铁路法，前述的分离机制则被缓和；(议会主义制度下的)帝国政府取得了广泛的讯息权与审查权限，而帝国铁路的行政委员会成员，目前也是由帝国政府来任命(第2条第11项)；在行政委员会及其各专门委员会开会时，帝国政府均可指派常任代表出席，但不具表决权。不过在其他方面，独立性与自立性之原则仍有其适用，亦即，议会主义体制下的兼任禁止原则，仍适用于行政委员会：其成员必须是"对于经济生活或铁路专业知识具有经验之专家"，并且不得"同时为帝国议会、邦议会、帝国政府或邦政府之成员"(第10项)。这样的论证凸显出(第16页)，德国的帝国立法部门虽然可以对帝国铁路法进行修正，但这必须是在下述前提下进行：不得再为该公司增加新的负担，以及关于给付赔款之规定与保障机制，"与该公司及其自立的行政部门所具有之独立性质，均不得更动"。在这里，对外政策上以及国际法上的独立性与中立性基础，清晰可见——这可说是对抗政党国家之干预的最终与最强的保障措施。

帝国银行与帝国铁路这两个例子中，都出现了从国家高权**划分出去**（Absplitterung）的现象，也建立起一自立的权利主体，该权利主体相对于政党国家而具有独立与中立的性质。我们还可以设想其他建立具自立性之建构体的可能途径，而且这些途径有部分其实已经被实现。例如，有些是特有财产之集合（Sondervermögen），它们虽然并不具备新的权利主体地位，但是却从一般性的国家预算领域中被抽离出去（例如德意志帝国邮政之地位，根据 1924 年 3 月 18 日帝国邮政财政制度法，RGBl. I S. 287）；有些则是采用自立性的独占形式（verselbständigte Monopole），还有一些则是现有的自主建构体，例如社会保险机构、地方性或者经济性的自治行政机关、教会、（非宗教性的）世界观社团（Weltanschauungsgcscllschaft）或者其他结合体等，这些自主建构 147 体都成了那些被划分出去的国家权利的承载者。地方自治行政的自主建构体，似乎暂时不能被认为属于此处所观察之客体，因为依照帝国宪法第 17 条规定，它已经被并入到政党政治与派系政治体系的直接权力领域中。它已经成为前述“多角势力”的最强势承载者。与此相反，个别的德意志诸**邦**则承担了某些中立化的功能。虽然各邦也是受议会主义体系支配的政党国家，但由于在各邦之中形成的政党联盟，也许不同于在联邦层级形成的政党联盟，因此它们也藉由这种单纯的差异性而获得抗衡力量。当今德国宪法中的联邦主义要素，亦藉此获得了全新的任务与功能，亦即，它相对于在联邦层次上脆弱的政党联盟国家要素，而发挥中立化的作用。[108]

而当对于抗衡作用的需求更为强烈时，此一现象也就在同一程度上变得更为强烈。前面提到的（第95页）功能变迁，在这里显示出其特殊性：它给予旧式联邦主义一个新的存在理由（ratio essendi），这理由完全不同于结盟式的（bündisch）观点与动机，另外，它也为对抗联邦层级的单一国家倾向（Unitarismus）与普鲁士的集权主义倾向（Zentralismus）所进行的斗争，提供了新的生命。在**帝国参议院**中，联邦主义与官僚国家之要素相互结合；此一机制并没有成为政党干部的集会，而是保留着作为行政专业人士的合议机关的性质。由这里也可看出，宪法坚定保存了各邦的国家性格并且指出，联邦主义体制可以是国家力量的储藏库。由此处显示出，除了官僚国家、专业人士与鉴定人国家，以及除了赔款国家之建构体以外，还有**联邦国家**的力量也可加入反向作用势力之列。在今天，这些联邦国家的力量也可尝试承担在政党政治上中立的国家所应具备之功能，而这虽然完全不符合其原本的计划，但是却由于其彼此间之交互作用而导致了这样的结果。

(c) 大多数中立化尝试之不足；中立性与去政治化(Entpolitisierung)概念之歧义性

在一些进一步关于自主性的建构，以及脱离国家高权（Absplitterung）的尝试倾向中，毫无疑问地存在着急迫的、不可或缺的矫正意味。然而，难道从这里我们就能够获得一项关于国家架构的一般性原则吗？或者，当人们提出真正属于德国的合作团结原则（Genossenschaftsprinzip）之号召时，继续推动迈向多元主义的发展，还是正当的做法吗？今天我们是否已经有提出下列口号之权利:将一般性的资本抽逃原则(Kapitalflucht),套用在所有仍然依附于德国国家资产(Substanz)的事物上?对此我拟采取否定态度。其原因则在于,它们注定无法达成唯一能够用来证立此类主张的目的——国家之事物专业取向(Sachlichkeit)以及客观性。

由于错误的一般化尝试(Verallgemeinerung),诸如中立性、去政治化与专业事物取向等字眼,在德国的当前情势中就混杂了多重的、不同的、也彼此对立的目标。其所造成的结果是,这些救济手段彼此间又相互抵消或相互瘫痪。脆弱的政党联盟国家导致了不具统治能力的统治部门,也就是非统治状态(Nicht-Regierung),而由此种欠缺决定的情况,也由追求实际的统治与真正的政治性决定的努力中,形成了政治性本质的多重出走现象(verschiedenartige Abwanderungen)。另一方面,人们同时也在对抗下列现象所造成的缺陷:政治性的决定具有党派色彩,也不具事物专业性。由于每个政治性的决定,都无可避免地被某些利益人士
视为对其不利,因此,当有人提出“根本性地对政治进行抗争” 109
(Kampf gegen die Politik überhaupt)的宣示,并且要求绝对的去政治化现象,以作为绝对的专业事物取向时,他们总是能够获得掌声。在第一种情况中,**对于政治性决定的需求**是最主要的动机,而各种对抗性的建构则是产生于下列现象:政治性的决定并不存在,因为事实上根本就不存在统治状态。相反地,在第二种情况中,人们则尝试组织起一个系统,在其中,根本就**没有任何政治性决定**继续存在,而是只有专业事物取向与专门性(Fachlichkeit)的存在,在这里是由事物来统治其自身,而问题也是由事物自身来获得回答。第一种倾向的出发点是:政治性的决定以及统治者是必要的;

第二种倾向的出发点则是：政治与统治部门，依其本质而言，是不具专业事物性质的，也是多余的。在去政治化的号召中，两种倾向经常互相渗透，因为，无论是一般层面的政党政治，或者特殊层面的脆弱政党联盟国家的政党政治，都不被人们认为是真正的政治，也被视为不具事物专业性。如此一来，由两种对立的取向所形成的否定力量就会相互结合，而两种彼此对立的弊端——人们也必须藉由彼此对立的手段来对其进行抗争——也就通过一个、也是同一个不精确的关键词眼，而彼此遭遇。事实上，我们因为如此而无法掌握两者中的任何一者。

当特别讨论到“专业人士与鉴定人国家”的时候，对于利益性与非利益性专业人士所做的区分，就会导致一项两难，而当出现棘手的对立与冲突情况时，这项两难会使得中立的专业人士国家的价值，成为大有问题：专业人士有可能同时是利益人士，在此情况下，他就不是中立的，而利益的平衡考量，则不会导致决定之做出，因为，正好相反，**平衡的考量**(Parität)意味着**非决定状态**(Nicht-Entscheidung)；或者，专业人士并非利益人士，然而在这样的情况下，他也就经常欠缺最终的与最根本意义下的专业知识。有时候，也许将决定权推给独立的专业人士，是一条好的出路，但是，藉由这种方式绝对无法得到政治性的决定，而且在严重的冲突情况中，鉴定人的权威性(也就是其论述之分量——英文里面所说之“the mere weight of expert agreement”)通常并不足以超越强势的、对立的利益所具有之权力。在这里所造成的情况，有点类似将政治性的决定移交具有职业官僚性质的司法部门的情况：长期而言，这并不会带来所谓中立的事物专业取向。正好相反，它会使截至目前为止具有中立性的实体，逐渐政党政治化（Parteipolitisierung）。真正的政治权力拥有者，也能够轻易地在法官职位之取得，以及专业鉴定人士的任命上，攫取必要的影响力。如果他能够成功地这么做，则司法形式的或者专业形式的问题解决模式，就会成为遂行其政策之权宜工具，而这正好相反于中立化概念所真正尝试达成之目的。如果他无法成功地这么做，那么他就会丧失对于专业人士之鉴定与意见的兴趣，然后这些人的思考文献与表决权，就很容 110
易被忽略。在过去几年中，许多鉴定人与专业人士的委员会所面临的命运，就经常证实了这项古老的经验。

大多数的“中立化”概念，在自身中都蕴含着充满矛盾的不明确状态，而且在其实践的结果中，它们也会转而对抗其本身所固有的目标。公共经济领域的多角势力，也会藉由新的、自主性的构造与脱离国家高权的现象，而继续被推动，也会与多元主义的体系串连，最后形成类似中世纪等级国家的状态，德意志国家即曾毁灭于这样的状态中。脆弱的政党联盟国家的真正危险——这危险或许应该用去政治化的自立性措施来对抗——其实也完全存在于相同的走向中。因为多元主义体系也以其持续不断的政党与派系协议，而将国家转变为一个由各种妥协与契约所构成的并存状态，通过这些妥协与契约，各个参与结盟协商的政党，就私自依照配额法则（Gesetz der Quote），分配了所有的职位、收益与好处。在这个过程中，它们或许还注意到了平衡考量原则，而它们也尽可能地将其当作正义原则。受到此种政治性意志建构方法所支配的国家，其宪政体制也就被化约到“契约应予遵守”（pacta sunt servanda）之原则以及对于“既得权利”（wohlerworbene Rechte）之保障上。

这是所有多元主义体系会造成的结果。在这样的情况中，政党与派系的利益、其辅助组织与支持组织以及其官僚阶层，并不会与那些从国家高权划分出去的、自立性的建构体的特殊利益，形成必然的对立。这两股利益可能彼此串连，甚至在某些情况中形成结盟关系。正如同在多元主义、多角势力与联邦主义的关系中所产生的一般情形，在这里也有可能出现许多的交错状态与所谓的横向连结。这种具有双重基础的多元主义最后所造成的结果，有可能就是完全地裂解德国的统一性。这个时候，只好由外部的压力，也就是债权国家对于赔款债务人之统一性所具有之利益，来决定德国的国家统一性是否应继续维系。而当德国人民对于建立自身之意志，已经不具有政治上的感受力时，这个时候，是否要由外国的特使或者密室会议（Podestà）来决定德国的内政政策，就成了外国政府的裁量权问题。

这个时候，德国的情势不太可能会去政治化；比较有可能的情况是，外国的政治力会取代德国的政治。所有那种去政治化的努力，都具有一根本性的谬误，该谬误其实就蕴含在“去政治化”这个容易造成误解、又具有误导作用的标语中。如果这个标语意味着某种认真的建议，那么，它实际上最多只能被理解为要去排除某种特定的政治，也就是政党政治，换言之就是要“去政党政治化”
111 （Entparteipolitisierung），而且它所意指的，是脆弱政党联盟国家那种特殊性质的政党政治。亦即，这个字眼只能够被认为是对抗特定的、也就是政党政治运作方式的对立概念。在此范围之外，我们必须要注意，政治是无可避免，也是根深蒂固的。人们或许可以运用各种轻易而方便的对立概念，例如政治与法律、政治与经济、政治与文化等，来做出区分，但是在这个时候，它们通常也就是以19世纪自由主义的错误观念为出发点。依据这样的观点，“政治”这个特殊领域与其他的专门领域，例如经济、宗教与法律等，是可以分离开来的。然而政治性(das Politische)的特质正好就在于，**每个**可想象的人类活动领域，就其可能状态而言，都是政治性的，而且当决定性的冲突与问题涌向这个领域时，它立刻会成为政治性的。政治性可以与各种素材结合，并且——如果我可以在这里借用斯普朗格常用的一种说法——简直可说是给予其“新的转折”(neue Wendung)。如此一来，如果人们想用去政治化这个字眼，来暗示我们可以回避并且剔除那种相当棘手的责任以及政治性领域的风险的话，那么这其实是一种误解，而且是一种蒙蔽性的言谈方式——如果它不是蓄意欺骗的话。所有以某种方式而与公共利益有关的事物，也都以某种方式成为政治性的，而且，没有任何在本质上涉及国家的事物，可以被认真地说成是去政治化的。从政治逃脱，就是从国家逃脱。至于这样的逃脱会在何处终止，脱逃者又会在何处落脚，实在没人能够预见；但无论如何可以确定的是，它所带来的结果不是政治性的沉沦，就是另一种政治的形成。

针对国家内政领域上的中立性概念所具有之各种不同之意义与功能，所提出之概观

“中立性”这个字眼具有歧义性，也容易造成混淆。它甚至会造成威胁，使得一项不可或缺的概念变得无法使用或无法运用。鉴于此种情况，对之进行术语上以及实质上的澄清，具有合目的性。因而，在此拟提出归纳式的说明，也依照此一用语之不同意

义、功能与争议走向，而以某种系统性的观点加以分类。

I.“中立性”此一用词所具有之否定性的、也就是导离政治性决定的意义

1.**“不干涉”意义下的中立性概念，亦即非利益性、通行许可(laisser passer)、被动的宽容等等**。

在这样的意义下，国家在内政上的中立性首度出现于历史意识中，而且是显现为国家相对于各宗教与教派之中立性(Neutralität des Staates gegenüber den Religionen und Konfessionen)。腓特烈(Friedrich)大帝即在其政治性的信仰声明中说道：在罗马与日内瓦之间，我维持中立(*je suis neutre entre Rome*
112 *et Genève*)——这样的宣示其实早已出现在17世纪，我们可以在格劳秀斯(Hugo Grotius)身上发现它，而且它对于在本世纪中获得进展的中立化过程，具有非常重大之意义[19]。其所造成的最后结果是，该原则会成为一项相对于所有可设想的观点与问题而具有一般中立性的原则，也会导致一种绝对性的平等对待(Gleichbehandlung)原则。在这当中，以宗教方式思考的人，不得再受到特别保障，而无神论者与具有国族观念者，也不再被视为国族之敌人与蔑视者。从这里则会得出，各种政治宣传均应享有绝对的自由；宗教的与反宗教的、国族的与反国族的观点的绝对自由；对于“抱持他种思考模式者”的绝对与完全的“尊重”，即便其诋毁习俗与道德、掏空国家形式，或者服务于外国势力。这样的“中立国家”是一个不再为任何事情做区分的、相对主义的(nichts mehr unterscheidende, relativistische)中立国家与不可知论国家(*stato*

neutrale ed agnostico)，一个内容空洞，或者只限于在最小程度上具有内涵的国家。它的宪政体制，大致上说来也相对于经济领域而具有中立性，这里指的是不干预(Nichteinmischung)意义下的中立性(经济自由与契约自由)，也就是要藉由“拟制一个不涉及经济的国家与不涉及国家的经济”(F. Lenz)。这样的国家无论如何都还是政治性的，因为我们至少可以想象，它还是认识到了它的敌人，也就是那些不相信这种精神上的中立性概念者。

2. **工具性国家观意义下的中立性。在此一中立性概念中，国家是一种技术性的手段，它是藉由客观的可计算性而运作着，并且应该给予所有人同等的使用机会。**

工具性的国家观，大多可从下列用语中窥其端倪：国家的司法设备与行政设备、“政府机器”、国家作为官僚制度的企业、立法机器、立法的门把(Klinke)等等。对于执行性的领域而言，国家的中立性作为技术性的工具是可以想象的，而且人们或许也可以设想到，司法设备与行政设备可以以相同的方式运作，并且藉由其专业事物性与技术性，而能够使每个依照其规范而利用的使用者，都可享用之，例如电话、电报、邮政与其他类似的技术性设施等等——这些设施并不需要考虑到其所传达的内容为何，只要人们遵照其运行之规范，那么它们就能供人利用。

3. **在国家意志建构过程中之平等机会意义下的中立性。**

在这里，中立化这个用词获得了一项意义，该项意义构成了自由主义对于一般平等选举权与投票权，以及一般性的法律之前平等原则的阐释基础，倘若这种法律之前平等性的概念（作为法律适用行为之前的平等概念）尚无法被归类在数字2.底下的中立性概念的话。每个人都有机会赢得多数；当他还是被多数选票所盖过的少数势力时，他也会被暗示仍有取得多数地位的机会。这也是一种自由主义式的正义观念。这种关于国家意志建构过程中平等
113 机会的中立性观念，也构成了通说关于帝国宪法第76条所持意见之基础，而这毫无疑问地被大多数人忽略了。根据此一见解，第76条不仅是关于宪法修正的规定（这一点人们单从字面即可得知），它也同时为一种无限制与无界线的、绝对的全面权力（Allmacht）以及制宪权，提供了基础。持此见解者，可以G.安序兹在其注释书中对第76条所做之注释（10. Aufl. S. 349/350）、吉泽（Fr. Giese）的注释书（8. Aufl. 1931，S. 190），及托马所著之德国国家法手册（II）第154页之见解为例。托马甚至还将比尔芬格与我所持之不同于通说的意见，说成是“主观期待的法律”。一般而言，这样的评语实在已经表明了某种异常庸俗的暗示。这种关于第76条的通说，已经抽走了魏玛宪法的政治性本质及其“坚实之基础”，使其成为一种对于各项内涵采取无差异性态度的、中立性的修正程序，这样的程序尤其对于各个阶段现存的国家形式而言是中立的。在此情况下，所有的政党必然都可正当地取得无条件的机会，为自己创造多数地位。这也是它们在藉助现行宪法之修宪程序，以遂行其所追求之目标时，所不可或缺者——无论它们所追求的是苏维埃式的共和、国家社会主义的帝国、经济民主的工会国家、职业等级的工团国家、旧式的君主体制、任何一种形式的贵族政体等。它们也会由此而带来一部新的宪法。倘若通说关于第

76条之见解被一贯地思考过的话，那么在此意义下，现存国家形式，或者甚至各个时期的执政党所施行之偏好措施，都会被认为是重大而且具煽动性的违宪行为，无论它们所采取的是对于政治宣传的补助、在使用广播频道与官方公报时的差别措施、对电影检查的操作、对政党活动与公务员之政党属性之妨碍措施（例如，各个时期之执政党只允许公务员从属于自己的政党，或者从属于那些在政党政治光谱上距离不会太远的政党、禁止极端政党之集会、依照政党纲领来区辨合法政党与革命政党等）。在讨论1930年3月25日公布之保护共和政体法（RGBl. I S. 91）是否违宪的问题时，大多数人都未注意到该问题与第76条之体系上关联。

4. 平衡考量意义下的中立性概念，亦即，使所有能被注意到的群体与走向，在同等的条件与同等的考量下，取得获取优势地位或者其他国家给付之同等许可。

在一个未与所有宗教问题与世界观问题严格分离，而是与多数现存的宗教团体或类似团体保持结合关系（无论是通过任何形式的财产法上义务，或者通过在学校、公共福利等领域的合作关系等等）的国家中，这种平衡考量对于宗教性社团与世界观的社团而言，具有历史上与实践上的重要意义。在这样的平衡考量概念中，会出现一个问题，那就是，究竟哪些群体可以在同等考量的情况中获得注意？这个问题，依照事物的状态，有可能非常困难，也有可能引发疑虑。例如，当人们在平衡考量的意义下，来思考广播事业的政党政治中立性时，就可以提出下列问题：哪些政党必须要受到平衡考量？因为人们不可能自动而机械式地允许所有登记在案的

114 政党获得这样的地位。另外，当人们将学术自由(Art. 142 RV)理解为使所有学术上的走向获得同等考量，甚至就此提出要求，认为这些不同的走向在获取学院教职时，也应以相同的方式，依比例而获得相应的考量时，也会出现类似的问题。韦伯主张，若认为高等学院在根本上应允许各种价值观进入，那么它们就必须要允许所有的价值观进入。理论上，这项主张既可以从相对主义—不可知论国家的逻辑，亦可以从自由主义所要求之同等机会，而获得其理论基础。然而就(任命教职之)实际情况而言，在多元主义的政党国家中，通常最后会变成只有那些在各个时期主宰国家走向的各个政党，才会获得平衡考量。平衡考量意义下的中立性，唯有针对相对少数的有权群体，以及那些有权获得平衡考量的伙伴，彼此间具有相对不受争议的权力分配与影响力分配的情况，才具有实践上的可执行性。倘若存在着大量的群体，并且这些群体都提出获得平衡考量待遇的要求，或者关于其权力与重要性之评价问题，出现了极大的不确定性(亦即，在计算它们得要求的分配比例时，所出现的不确定性)，则平衡考量原则之执行，以及作为该原则基础之原理所应具有之明显性，都会受到阻挠。

贯彻执行平衡考量原则所引发的第二层疑虑是，它要不是必然会导致一种无决定的(entscheidungslos)均衡状态(就像是当我们给予雇主与劳工同等考量时，所经常会出现的情况)，就是会在某些强势的与明显的特定群体存在时，导致“分解为各个部分”(*itio in partes*)的状态，就好比天主教徒与新教徒自16世纪以降，在旧德意志帝国内部所造成的情况。这个时候，每个政党都可以依其兴趣，为其自身之保障而取走国家本质当中的一部分，同时也藉由妥协的途径，而同意其他政党就另外一部分也可采取相同做法。这两种方法——算数上的平等，或者“分解为各个部分”——都不具有政治性决定的意义，而是会导引我们脱离决定。

II.“中立性”这个用词所具有之肯定性的，也就是导向决定的意义

1. **客观性与专业事物取向意义下的中立性，其基础则在于一项受到承认的规范**。

这指的是法官的中立性，倘若他是基于一项受到承认的、在内容上可被确定的制定法，而做出决定。使法官受到制定法（这制定法则蕴含了诸多内容上的约束）之拘束，这使得客观性有可能出现，也因此使得法官有可能相对于其他的（亦即并不是通过制定法之规则而表述的）国家意志，获得中立性以及相对的自立性；这样的中立性虽然会导致决定，但却不会导致政治性的决定。

2. **基于非利己主义的、非利益性的专业知识，所建立之中立性**。

此即专业鉴定人、专业顾问与具有专业知识之参审员所具有之中立性，倘若其并非利益代表或者多元主义系统之代表人物（参见前述第105页）；调解人与仲裁人之权威性，也是建立在此种中立性的基础上（倘若其不属于以下第3种中立性的意义）。

3. **作为某种统一性与整体性之表述的中立性，该统一性与整体性涵括了所有对立性的群体化现象（gegensätzliche Gruppierun-** 115

gen)，**也因而使所有这些对立现象，在其自身中相对化**。

这指的是针对国家内部之对立所做出之国家性的决定，此种决定所具有之中立性。当这种决定可以使国家整体之利益获得实现时，便需要对抗那种将国家撕裂或分解为各个党派与特殊利益的走向，而做出此种决定。

4. **处于外部的他者(der außenstehende Fremde)所具有之中立性，其系作为第三人，而在必要情况下从外部做出决定，并且因此而造成统一性**。

这里指的是保护国对处于其保护地位下的国家，及其内政上的对立所具有之客观性，或者征服者对于殖民地当中的不同群体、英国人对于印度的印度教徒与回教徒、比拉多(Pilatus)(什么是真理？[quid est veritas?])对于犹太人的宗教争执事项，所具有之客观性。

(d) 合宪政府根据帝国宪法第48条所采取之措施；从军事性—警察性例外状况到经济性—财政性例外状况的发展

解决当前困难局势的方法，并非使国家更进一步弱化，更不是使国家在一种一般性的“自求多福”(*sauve qui peut*)主张中走向灭亡。之所以会形成恶劣情况，之所以会欠缺专业事物取向与客观性，其原因就在于，在经济国家中，基于脆弱的政党联盟国家形势而产生了一些弱点。此种缺陷并不能藉由进一步的弱化手段或者从国家高权划分出去的方法，获得补救。大多数去政治化的建议与主张，都忽略了一件简单的事实，那就是，要达成独立的专业事物取向意义下的中立性，其实需要特殊的强势作为与力量，以便能够抵抗强大的群体分化取向，以及各种利益。若国家欠缺此种强势作为或力量，那么就必须要有任何一种其他的力量，为了国家的缘故而介入运作，这样的力量也因此会转变为国家。专业事物取向与客观性意义下的中立性所意味的，并非弱势状态与无政治状态（Politiklosigkeit），而是正好相反。换言之，解决之道并不在于一种非政治性的专业事物取向，而是在于一种能够获得专业资讯的、能够关照到整体利益的，并且有能力做成决定的政治。

每一部理性宪法的意义在于，它要建立一个组织性的体系，这个组织性的体系使得国家的意志建构，以及一个有执政能力的政府成为可能。现行帝国宪法也特别意识到、并且深思熟虑到实现此一目标之意图。宪法当中所有关于议会式与公投式（plebiszitär）民主政体的设置，目的都是在建立一个有作为能力的政府。它的出发点乃是认为，一个建立在民主基础上的，并且获得人民的赞同与喝彩的政府，要比任何一种其他形式的政府更为强势而有力。因此，帝国宪法的第一部分，也就是组织性的部分，除 116
了关于联邦国家的规定外，原则上还蕴含了一种在议会式与公投式民主政体之间的、经过妥善一贯思考的平衡状态。在公投式宪政体制部分，**帝国总统**处于核心地位，而帝国总统在那些追求中立化的尝试中——这些尝试会导致自主性建构体之形成——则特别在一个关键点上发挥作用：他确定了由帝国银行总务委员会选举出的**帝国银行**总裁之任命案，并且签署任命文件（1930 年 3 月 13 日帝国银行法第 6 条第 4 项）。藉由此种方式，他建立了德意志国家与帝国银行之间的联系；同样，在帝国铁路公司，行政委员会所选出之总裁（章程第 12 条），以及总经理与董事会之任命，亦须由帝国总统确认。然而，对于帝国总统核心地位的认知，以及其在合宪条件下所能发挥之可能性，却因为那些基于战前之过时的陈腔滥调而提出之宪法诠释，而大打折扣。这些诠释方式将魏玛宪法变成政治讽刺漫画，也就是将其全然视为对抗旧帝国宪法而制定的反宪法（Anti-Verfassung）。这主要会涉及关于第 25 条（解散帝国议会、“一次性”与“同一原因”[20]之概念）、第 54 条（不信任投票）与第 48 条之理解。然而在这些条文的实践上，已经形成了一系列受到承认的先例（Präzedenzfäle），这些先例在法学上不应受到忽视。

在这里，所有事物都取决于下列问题：针对多元主义体系那种毁灭宪法的运作方式，我们有可能在合宪的条件下，采取何种救济手段？而藉由前述之观察，我们可以为此问题找到一个另外的、更有效也更符合宪法精神的答案。这答案并非主张不断地更进一步采取从国家高权分离出去的措施，或者建立具自主性的机制。由**授权法**（Ermächtigungsgesetze）（尤其是 1923 年 10 月 13 日[RGBl. I S. 943]与 1923 年 12 月 8 日[RGBl. I S. 1179]分别通过的两项帝国法律）的实际运作可以看出，在危急情况中，需要采取偏离议会运作机制的手段。这两项法案具有非常鲜明的特征。在第一
117 项授权法案中，帝国政府可以藉行政命令暂时停止（Abweichung）宪法上基本权条款之适用，而且在这里并没有规定帝国众议院之参与，只有规定帝国众议院之追认（Kenntnisnahme）与废止请求（Aufhebungsverlangen）。在第二项授权法案中，只规定在行政命

令发布之前,须**听取**由帝国众议院十五名成员组成之特别委员会(以及帝国参议院的特别委员会)所提出之秘密咨询(vertrauliche Beratung)。另一项值得一提的征象,是**官僚部长**(Beamtenminister)以及**官僚内阁**(Beamtenkabinette)[21]。然而最具决定性的措施,仍然是在于宪法第48条的实践。它对于当前宪政状态的结构具有极为特殊之意义,因为它已经被迫朝经济性与财政性的领域迈进。迈向经济国的发展,与议会在同时间迈向多元主义体系展现场所之发展,这两者正好相互重叠,而且,宪法上诸多混乱现象的原因,以及采取救济手段与反向运动的必要性,也是由此获得理论基础。

1. 宪法上的发展,为若干关于例外状态以及紧急命令权的问题,带来了一些结论。这些结论在相当程度上已经被政府之实际运作、最高层级法院之判决以及专业文献所承认与采纳。在同一范围内,我们也必须将其当作今天宪法的构成部分,而以之为出发点。不过,帝国宪法第48条的解释,涉及了一系列特别困难的法学问题。它们主要并不是关于下列问题:依照事物状态,在帝国内部是否存在危及公共秩序与安全之重大危险?(关于非常权限之前提事实上是否存在的问题,就事物之本质而言,乃是一个具有义务意识的[pflichtbewußt]政府必须自行决定的。)其所涉及的毋宁是真正宪法上的问题,也就是宪法第48条第2项所包含的赋予帝国总统之权限与授权,具有何种**内涵**?我们可以理解,在这点上所出现的意见分歧,首先可以由政党政治层面上的利益与观点之分歧,获得解释,然而这里不拟进一步探讨之。在这里需要补充一点,那就是,在“例外状态”的解释上,立宪君主体制国家法当中的概念与口号，仍然继续作用着，它们也混淆了共和体制宪法的概念与观点。尤其当人们将帝国总统的权限冠上“独裁”这个字眼时，上述现象更为明显。最后，也有很多人并未注意到，制宪国民会议(verfassungsgebende Narionalversammlung)乃是有意地将宪法第48条第2项的规定，设想为一项具有广泛内涵的**暂时措施**(Provisorium)，它一直要到依照宪法第48条第5项规定，公布了**执行法**(Ausführungsgesetz)以后，才终局地获得了进一步的界
118 定。在此之前，法学上的解释，除了各项高度政治性的问题所造成的一般困难之外，还需要注意到那些由该行之有年的暂时措施特质，所产生之特殊结果。

即便存在着这些异常的困难与混淆，我们仍然可以确定，倘若将截至目前已经运作十年的实务，配合上广泛的专业文献的话，那么就可以发展出解释宪法第48条第2项的一些原则。在不具任何偏见的观察态度下，这些原则应该是无可争执的，而它们也已经获得一般性的承认。这至少可以适用在下述两项论点上：

(a)根据宪法第48条第2项，帝国总统有发布**“取代法律(制定法)地位的命令”**(gesetzvertretende Verordnungen)权限。

截至目前甚为广泛的宪法第48条第2项与第4项关于发布法律性命令(Rechtsverordnung)之实务，其实已经不需要更进一步的证实；我们只需提醒人们想起波奇-海付达(Poetzsch-Heffter)所提出之概观(*Jahrbuch des öffentlichen Rechts*, Bd. 13, 1925, S. 141—157; Bd. 17, 1929, S. 99—101)即可。帝国法院也完全地证实了此种实务运作，并且在此种情况中将帝国总统视为“法律保留”(Vorbehalt des Gesetzes)原则意义下的立法者来对待。

例如 RGSt. 56,115(发布法律性命令之权限,尤其是刑罚规定[Strafvorschriften]);同样态度见于 56,163;56,188("帝国总统的一种紧急命令权");56,420(发布法律性命令之权限,"毋庸置疑");57,384;58,269(根据宪法第 48 条第 2 项所发布之命令,"毫无疑问"是宪法第 105、151、152 条意义下的制定法性质的规定[gesetzliche Bestimmungen]);58,360(法官对于发布命令之前提要件与存续期间,不具审查权);特别应注意 59,41:"由于对于刑罚规定之构成要件与量刑范围之更动,属于立法权之领域,因而(!),从根本上来说(!),它也可以通过帝国宪法第 48 条第 2 项之规定,在满足该条列举之前提的情况下,由帝国总统来行使。"进一步还可参考 RGZ. 123,409(与紧急命令权[Notverordnungsrecht]之相似性);或者帝国财政法院,17,S. 73。就专业文献而言,可以用安序兹注释书第 250 页的下列陈述作为通说之代表:"这些(根据宪法第 48 条第 2 项发布的)命令,可以对下述所有事项做出规定,或禁止之:对于这些事项而言,只要求制定一般的、非修宪性的帝国法律(Reichsgesetz),即为已足。"波奇-海付达,*Kommentar* S. 237;Giese,*Kommentar* 8. Aufl. S. 138 亦持相同见解。

据此,在宪法第 48 条第 2 项中,除了其他非常权限之外,也在各种情况中包含了这样的权限:在此一宪法规定之框架中,发布具有制定法位阶效力的法律命令。至于此一权限是否从一开始就借着宪法第 48 条而被给定(如同在理论与实务中具有主流地位的学说所采之见解一样),抑或它是通过过去十年的发展而被添加进来,这个问题在此先暂时悬而不论,留待底下再回来探讨。而此一命令权在何种程度上可被称为紧急命令权,则是另一个问题。在一般的意义下,我们可以将所有基于非常权限而颁布的命令,称为紧急命令。基于前述意涵,帝国总统根据第 48 条第 2 项所颁布的
119 所有命令,都可被理解为紧急命令。反过来说,在较狭隘与特定之意义下,于立宪君主体制的宪法中,唯有当议会不集会时[22],才允许紧急命令之颁布,并且这也发展成一种典型的规范状态。倘若帝国总统是在这样的情况中颁布紧急命令,那么我们也可以说,这是狭义的紧急命令。这两种命令是可以被区别开来的;不过另一方面,它们也有许多共同特征,而发布这些命令的权限,也都被涵括在广泛的非常权限概念下。

(b)独特的经济性与财政性紧急状态与例外状态之发展。无论是就帝国宪法第 48 条第 2 项,或者是普鲁士宪法第 55 条的运作实务而言,由于当前紧急情况所具有之经济性与财政性的特质,因而一般被迫使承认,将非常权限运用在经济性与财政性紧急状态与危险情势的做法,应予准许。在此观点下,由普鲁士宪法第 55 条实务运作所产生的结果,毫无疑问地可以为帝国宪法第 48 条的实务运作采用。在此并不需虑及该二种宪法规定与法律制度,在其他方面所具有之差异性究竟有多大。无论如何,当今帝国宪法第 48 条亦**同时**蕴含了一种可以满足紧急命令权功能的命令权。在此处具有相关性的事物关联,会使得采用前述具决定性之观点与论证的做法,不仅应受准许,甚至还具有迫切性(RGZ. 123 S. 409 亦持相同见解)。在经济性与财政性的紧急状态,或者由经济性与财政性关系所形成的危险中,行使非常权限之**前提**(紧急状态、对于公共安全与秩序之重大危害)应该能获得正当理由。非常

情势初始阶段之经济性与财政性特征，并不会排除运用非常权限 120
之可能[23]。进一步言之，发布具有经济性与财政性内容与特征、并且取代制定法地位之命令权，也属于非常权限之**内涵**[24]。

这两项结论——帝国总统根据宪法第 48 条第 2 项，具有发布取代制定法地位的命令权，以及例外状态与例外状态权限具有经济性与财政性的特征（此亦应予许可）——都是建立在对宪法第 48 条第 2 项所做之解释上，这样的解释在过去十年的法律发展中获得贯彻。而且，对于一个在经济上受压迫、具有纳贡义务、同时却又担当社会给付之责的国家而言，当这个国家遭逢紧急状况时，这样的解释也正好可以应对紧急状况所具有之具体的特殊性。关于该项困难的宪法规定，的确仍有可能、也确实存在着许多不一致的意见与解释上的争议。但是对于前揭两项结论而言，确实已经形成了明确的实务运作模式。在这里，从数年前就已经形成了**持续性的、被稳固的法律确信所承载的惯行**。我们实在没有必要只为了提出这项简单的确定论点，而去处理诸多关于习惯法、宪法变迁、宪法开展等等的理论争执与歧见。在根据宪法第 48 条第 5 项公布执行法之前，依同条所采取之临时措施继续有效。而前述的解释方式也赋予这些临时措施其在实证法层次上值得注意的内涵。在这里一共有四个因素共同作用着：1. **国家法学**（Staatsrechtslehre）中关于宪法第 48 条第 2 项之通说见解。在此观点下，帝国总统视同“一般帝国立法者”（der “einfacher Reichsge- 121
setzgeber”）；2. 帝国政府运作实务上的众多**先例**（当所涉及的问题是具有取代制定法地位之性质的命令时）以及——发挥着极重要的共同作用的——普鲁士政府的紧急命令运作实务（当所涉及之

问题是关于执行经济性与财政性的例外权限时)。同时应注意到,一般而言,在公法领域中,稳定而不具矛盾的先例,要比在私法领域中具有更强效力,也更具决定性。在宪法与国际法领域中的先例,甚至会具有更强的效力;3. 帝国法院、帝国财政法院以及其他最高位阶的法院,尤其是德国国事法院,在此问题上做成的众多甚为明确且确定的判决先例。这些判决先例不仅确认了例外权限可具有经济性的特征,也确认了政府在议会无法形成多数或者无法运作时,具有得援用非常权限之权(1929 年 7 月 13 日判决,参见 RGZ. 125, Anh. S. 8)。4. 由于**帝国众议院**并未要求废止根据宪法第 48 条第 2 项所颁布之取代制定法地位的命令,因而它也就借着这样的态度**承认**了前述实务运作。至少,这其中已经蕴含了对其宪法上效力之赞同立场[25]。

122 2. 对于财政性的宪法规定与帝国总统之非常权限之间的关联而言,从以上论述也可得出一结论:基于非常权限所发布之命令,即便具有财政性的内容,仍应受许可,只要它在其他方面注意到非常权限之合宪性界线。不过有疑问的是,基于宪法第 48 条之非常权限所发布之取代制定法地位的命令,这样的形式是否能满足**财政法上的法律保留原则**(der *finanzrechtliche Vorbehalt des Gesetzes*)——例如帝国宪法第 134 条对于租税与税捐之规定、帝国宪法第 85 条对于预算法之规定、帝国宪法第 87 条对于(货币)信用授权与担保给付之规定等——以及这里所称之财政法上的法律保留原则,其所要求的是否为**形式性**的制定法(*formelles* Gesetz)?

帝国总统之非常的命令权限(außerordentliche Verordnungs-

befugnisse)，整体而言可以一般地与单纯的制定法等同视之。专业文献中关于宪法第 48 条第 2 项的通说见解，正好也对应于此一论点(参照前面讨论过的、安序兹注释书当中的论述)；就通说见解而言，在这里我们可以毫无疑问地指出，财政法上的法律保留原则，与基本权和自由权领域中的一般法律保留原则并无二致，亦即，根据宪法第 48 条第 2 项所发布之命令，同样也满足该项条件。就截至目前的实务运作状态而言，如果从通说立场来加以观察，那么可以说在财政法的法律保留原则领域上，它绝对没有要求非采用**形式性**制定法不可。在今天，关于租税与税捐之稽征、关税额之确定，以及其他税捐法上的规范，早就已经不限于采用形式意义下的制定法。这里已经存在着一项行之有效的命令实务，这项实务不需要更进一步的佐证，其法律效力亦未受到严格的争执，此外也不太可能对其进行争执。的确，《帝国税捐法》(Reichsabgabenor- 123
dnung)第 2 条明确规定，帝国税捐法当中所指的**制定法**(Gesetz)，乃是**各项法规范**(jede Rechtsnorm)。然而，正如同在信用授权与担保授权的实务运作中一样，帝国政府在预算法制的政府支出(Ausgaben)实务中，亦毫无矛盾地采纳了下列立场：财政法上的法律保留原则，并不要求形式制定法，而是可藉由取代实证法地位的命令获得满足[26]。

一旦我们承认，帝国总统根据宪法第 48 条第 2 项规定得发布取代制定法地位之命令，并且进一步认许，在租税法与税捐法的领域上，也允许发布此种取代制定法地位的命令，那么，根据宪法第 48 条第 2 项而对预算计划、信用授权与担保授权发布具有取代制定法地位的命令的做法，也就不再是不受许可的，因为对于租税与税捐领域具有合法性的做法，对于其他财政法事项而言也不可被认为是具有不法性的。**对于财政法上的法律保留原则，只能做出统一的判断**。除非我们清楚而明确地将某些领域或者财产划分或孤立出去——例如帝国银行、帝国铁路，或者作为独立事业的帝国邮政等——否则的话，整体的国家财政制度，都应该受到统一性与总体性原则的支配。关于公债之发行，需要制定具有信用授权性质的(kreditermächtigend)财政法律，而这也可以同时用来证立，公债之发行也会回溯地对于租税体系产生影响(G. Jèze, Allg. Theorie des Budgets, Tübingen 1927, S. 93)；换言之，具有首要地位的是租税法，不是公债法。在 19 世纪关于预算法制的宪法争端中早就已经确立了，所有国家收入与支出之间的紧密关联，会使得财政上的统一性原则获得法律效力，并且广受承认。君主制政府也曾试图提出一些区分做法(例如在采取所谓巴伐利亚—萨克森预算法制类型的各邦中，试图使租税之批准[Steuerbewilligung]
124 与预算法彼此分离)，但这些做法都被认为无法执行与无法维系。同时，对于今天几乎已经广受承认的对帝国宪法第 73 条第 4 项(禁止将所有通货法律交付公民动议[Volksbegehren])的解释而言，整体国家预算计划统一性的原则，也已成为具有决定性的标准。因而，我们不可能在财政法上的法律保留原则当中，采取差别性待遇，也不可能认为预算计划与宪法第 87 条之授权，以及国家预算与国家预算计划之重要与根本的构成部分(亦即租税与税捐)具有不同性质，并采取不同的法律保留原则。

对取代财政制定法地位的命令抱持反对见解的法学论证，其形式法律层次上的思考核心点，在我看来其实是建立在一项大部分论述中并没有完整呈现出来的考量[27]。不过无论如何，我们都需要讨论并清楚呈现出此一考量。亦即，财政法上的法律保留原则（Art. 85，87 RV.），乃是以一种特殊方式，而与基本权的法律保留原则有所区别（Art. 114，115 usw. RV.）。当在基本权或自由权领域中采取了保留原则，也就是必须“基于制定法”来创造例外与干预时，那么在此种情况下，基于取代制定法地位的法律命令而实施之例外与干预，虽然不是建立在形式制定法的基础上，但至少是建立在实质意义下的制定法基础上（依照自由主义 19 世纪的制定法定义，实质意义的制定法指的是对于自由与财产权之干预措施），因为此种命令干预了自由与财产权。在此种对于制定法所做的定义之下，如果没有形式的制定法，那么至少也要有实质的制定法存在，才能够以某种方式满足法律保留原则。在财政法上的法律保留原则，则与此不同。租税法与税捐法今天则同样被视为实质意义下的制定法，虽然这种见解一直到 19 世纪，才基于立宪主义的预算法制而获得广泛承认；也因此，对于这些法律而言，这样的区分没有什么特殊意义。相对于此，对于预算计划之批准并附带财政支出之授权，或者准许信用收受（Kreditaufnahme）与担保给付（Sicherheitsleistung）之授权，就通说见解而言，并非实质意义下的法律，而是财政制度领域上的行政处分（Verwaltungsakt）。对那些基于命令而形成的、对于基本权的干预措施而言，法律保留原则藉由形式意义下的制定法，而获得满足；然而在藉由命令而形成之预算制定行为，或者信用授权与担保授权措施中（根据原本的见解，租税与税捐之稽征也属于此种情形），则既不存在形式的，也不存在实质的制定法，简言之，根本就不存在任何制定法；在此情 125

况下，法律保留原则便无法以任何形式获得满足，而相关行为也就不具任何基础。藉由此种方式，财政法上的法律保留原则与基本权的法律保留原则，两者之间的差别系显现为，在后者情况中的保留原则，具有特殊的形式严格性。它成了**绝对形式性的保留原则**，这样的保留原则排除了任何的命令与授权行为，并且只有通过形式制定法才能获得满足。

这样的思考进路，并未认清关于实质性与形式性制定法之区别，在宪法上所具有之意义。另一方面，它也未认清实质制定法概念所具有之双重性质。在这样的概念下，制定法有时候被定义为一般性的法规则，有时候则被定义为对于自由与财产权之干预。关于制定法概念之宪法上意涵，以下(第128页)还会进一步论及。财政法上保留措施所具有之差异性，无论如何都不像那种论述方式所显现出来的那样大。因为，该二种情况不仅均涉及财产权之保障，也均同时涉及组织性特征的管辖权规制(无论是在基本权领域或者在财政法领域的保留措施)，而财政法领域上的制定法保留措施，所蕴含的也不过就是这样的组织性规定。很明显地，倘若认为各种对于管辖权之规制都必须采取“绝对形式性”的制定法，并且由此而说试图说明，所有其他在宪法上被许可的途径都遭排除的话，那么这样的见解是不正确的。根据现行帝国宪法，这种见解无论在何种情况中都不符实情。例如，帝国宪法第68条对于管辖权所做之规制(帝国法律系由帝国众议院来议决)，也承载着组织性的特征，但它却没有排除基于授权法以及其他根据帝国宪法第48条第2项，而颁布之法律命令。

舍此不论，则应另外指出，当该思考进路对单纯的措施与法律形式的文件(rechtsförmige Akten)做出原则性的区分时,它其实蕴含了一项值得注意的法治国观点。然而,今天就宪法第 48 条第 2 项而逐渐取得主流地位的解释意见,却拒斥了关于措施与法律形式文件之间的区别,而将帝国总统在宪法第 48 条第 2 项中所扮演的角色,等同于一般的立法者。笔者与雅可比(Erwin Jacobi)曾经主张要对措施与法律形式的文件做出区分,并且尝试对抗通说而让此一见解获得采纳。笔者到今天仍然坚持,这样的区分具有理论上的正确性,并且认为,取代制定法地位的命令与措施之间的差异性,亦可妥适地解释当今宪法第 48 条的运作实务(参考前述第 121 页注释[即本章注释 25])。然而当时国家法上的学者意见却顽强地抵抗这样的见解,而使得在理论上对此不加区分的学说取得主流地位,获得贯彻。藉由这种方式,该理论不仅在建构当前存在的、对于取代制定法地位的命令权之承认态度过程中,发挥了促进性的作用,我们甚至可以说,是它使得这项法律惯行成为可能。因为,它提供了一项对于形成此种法律惯行而言为典型与不可或缺的谬误,若缺少了该项谬误,就无法在单纯的惯行与实务运 126
作之外,另外对此形成法律确信(Rechsüberzeugung)。正如同托马所妥适提出者(Der Vorbehalt des Gesetzes, *Festgabe für O. Mayer*, 1916, S. 213):在国家法领域中,正好"有一个司空见惯的现象",那就是,"谬误可以成为习惯法之父"(der Irrtum der Vater eines Gewohnheitsrechts wird)。正如同前面所指出的,在今天,"帝国总统所发布之指令(Anordnungen),可以是取代制定法地位的命令"此一立场,必须被采纳为宪法第 48 条第 2 项所形成之实证法。如此一来,它们就直接基于宪法规定而取得了法律形式性的(rechtsförmig)特征;它们与制定法等同,而不再是明确意义下的措施——措施就其本质而言,并无法满足法律保留原则之要求。法治国原则对于非常权限的限制,也就是将其限缩在只能采取措施之立场,到了这个时候也就消失了。一旦主流学说事后认识到其理论谬误所造成之作用与后果时,它就会体认到,若它想要将在此期间内,通过该学说而成全的法律建构结果予以撤销,则这样的想法是完全不切实际的。由此种学说出发,根本就不再可能有效地宣称,在财政法领域的法律保留原则上,应该相较于宪法第 48 条第 2 项的取代制定法地位之命令,而遵守形式上之严格性。

3. 对于根据宪法第 48 条第 2 项而发布之具有预算法性质与信用授权性质的命令,采取反对态度的另一项考量可能是:倘若基于命令就可以决定预算支出或者缔结公债契约,如此一来议会的审查权限(根据宪法第 48 条第 3 项,帝国众议院有权要求紧急措施之失效)在实际上会变得毫无价值。亦即,帝国众议院的废止请求,会变得缓不济急,也可能无法将该种命令所造成之法律上与事实上之结果与影响,从现实生活中予以排除。

这样的反对意见,只有在表面上能用来反驳该种命令之宪法上的容许性。实际上,这样的说法可以毫无例外地被套用在所有基于非常权限而采取之处置,其所造成之法律上与事实上的作用与结果。所有基于宪法第 48 条第 2 项所采取之措施,即便已经非常谨慎地被限缩在此一权限所具有之最狭义与毫无疑问受到允许的框架中,都仍然还是会带来某些事实上、也经常会带来法律上的效果。例如,可能会颁布刑罚规定,也有可能设置非常法院,而且在采取这些措施的时候并不会去考虑到,这些逮捕行为、判决与执行的结果，后来是否总会被撤销；报纸之发行可能遭禁止，并且一直到禁令取消之前都不得再发行，帝国部队也可能介入，并造成各种各样的破坏，甚至有人可能遭到杀害等等。即便当帝国众议院要求这些措施失效后，上述结果皆无法回复到其未发生前的状态，我们也不能据此而下结论道，这些措施根本一开始就不可以被采 127
纳，或者说，由于要排除这些措施造成的结果，根本就很困难，甚至不可能，所以单单基于这个理由，就认定上述措施自始就是违宪的。否则我们就会得出荒谬的结论，认为宪法第 48 条第 2 项只允许采取不会造成任何作用与结果的措施。帝国法院就此提出了中肯的见解(RGZ. 123，409)："如果我们必须持续地把具有回溯效力的废止决议纳入权衡的话，那么它们的目的也就无法达成"。应予注意者，上面这些就刑罚规定，以及采取武力手段之处理方式而经常造成之可怕后果，所提出之观点，也必定至少可适用在通货性质的规定上。

或许在欧洲宪法史中，曾经有一段时期，人们似乎将制定法的优先顺位主要理解为，形式的财政制定法具有先于所有其他的国家、宪法与人性价值的优先顺位，因为在那个时期里，不受国家干预的经济领域，以及不受经济领域影响的国家，这两种虚构取得了主导地位。不过，我们绝对不能将这样的虚构带入现行宪法的架构中。现行帝国宪法在第 48 条第 2 项第二句之规定中，已经将私有财产权(第 153 条)纳入到可暂时停止适用的基本权范围内，也因此，它终究想要使对于契约与经济自由之干预，成为可能。藉此，它采取了与先前自由主义传统相对立的态度。后者根本就没有想过一般性地使财产权之保障失效。它之所以采取如此明显偏离自由主义传统的态度，其原因即在于，人们不仅想采取强制征收武装的措施（例如 H. Preuß，Sten. Ber. S. 1332 中之见解），也想使经济性质与财政性质的有效措施成为可能，例如对于生活物资价格之规定、强制出售之规定等等（普鲁士邦 Heine 部长于 1919 年 7 月 5 日在国民会议第四十七次集会上所表明之意见）。在 1919 年的时候人们已经意识到，相应于经济与社会的发展，早先仅具有警察性与军事性的包围状态与战争状态（Belagerungs- und Kriegszustand），也必须被明确地扩张适用到经济性的紧急状态与例外状态上。在今天，决定宪法第 153 条是否暂时失效，乃是属于帝国总统之负有义务的裁量权限（pflichtmäßiges Ermessen），而在这里，倘若他已依其义务做出了决策，则只需一个手势（Handbewegung）即可；因为“失效”之**宣告**，只不过是一项形式行为。从这个角度来看，即使对宪法第 48 条第 2 项采取最狭隘的解释，也不会产生任何疑问。如此一来，帝国总统可以在宣告失效状态的存续期间内，为重建公共安全与秩序之目的，而采取不予补偿之征收财产权措施，以便能够获取为重建公共安全与秩序所必要之资金，他也可以规定没收财产之措施，或者课征特别捐（Kontributionen）。
128 鉴于这种无所争议、亦无可争议的宪法上可能性，而赋予帝国总统采取信用方式筹措必要资金之权限，这样的做法或许也符应于早期自由派的立宪主义精神。这种立宪主义有时至少表面上看来已显示出，为了整体国家以及其余宪政体制之缘故，形式性财政法律之神圣性可以被牺牲。

4. 所有反对取代财政制定法地位的命令的考量，其真正的原因，其实倒未必应在形式法律上的衡量中，而是应在宪法史领域的记忆中，以及早期的宪政冲突中去寻找。它们系源自过去的、在宪法层面上具有不同性质的情况，而这样的情况也就是社会学上所称之“残基”(résidu)。因而我们有必要先回想到，19世纪君主立宪体制的情况，及其将国家与社会、政治与经济加以分离的做法，今天已不复存在。这一点具有直接的、宪法上的重要意义。如果对于宪法的法学解释，不想陷入到无思想可言的形式主义，以及空洞的字面争议的话，那么它在进行探讨时，就不得不具有历史—批判的意识。形式制定法的概念，以及正好就在此概念内部的形式财政制定法概念，这两者都迫切地需要被澄清。该概念是与特定的宪法状态联系在一起的，并且也通过其与特定宪政结构的关联而获得其特征——此一关联掌握了规范状态之最狭隘的、也就是实证法上的内容。正好就在其“形式性”的性质上，它完完全全是以政治性的方式被界定的。正如同前面所提及的(前述第75页)，形式化(Formalisierung)在这里正好意味着去政治化的反面。形式化表述着一种纯粹政治性的权力扩张与管辖权扩张，它之所以称自己是“形式的”，是因为它想藉此挣脱特定的对手，也就是那对其权力发挥着限缩作用的实质制定法概念：形式意义下的制定法，就如同财政法上的某些行政处分一样，其之所以是制定法，并非基于实质上的内容，而是基于颁布此项法律的职位，或者基于参与该法之制定者。由立宪君主体制国家法学所发展出来的(但却没有在成文宪法的字面上明确说出的)“形式”性质，其所要说的只不过是，关于采取某些行动，或者参与这些行动的权限与管辖权，毫无疑问地属于议会，而且我们对此不需要再实质地考虑其他的管辖权规定。藉由这个简单而清楚的表述，我们并不是要说，形式制定法的概念是不正义的，或者是错的。但是，如果人们尝试将其抽离其批判性的正确地位，并且借着将其套用到一个就宪法层面而言完全是异质性的情况中，而使其绝对化，那么这个概念才会是不正义且错误的。无条件的形式制定法概念，是在市民阶级对立宪君主体制进行斗争，并且在国家与社会分离的预设下，才能作为一种斗争手段而有其意义并获得理解。在这里，形式化完全只具有政
129 治化（Politisierung）的意义；其目的是要将议会的权力范围，**相对于非议会式的统治部门**而延伸到重要的财政法上措施与行动。形式制定法的**保留**原则，其实是针对着一个完全特定的政治上对手而进行抗争，也就是针对着那独立于人民代表机关的、德国立宪君主体制下的王室政府；而19世纪德国各部宪法中的**法律（制定法）**保留原则其实显示出，君主的权力唯有通过在宪法中列举的那些例外，才受到限制，而法律保留原则就是将特定领域与事务从君王权力中抽离出来，并且保留了立法者，也就是**议会**的共同参与地位。预算法（Etatgesetz）完完全全地被看作是王室政府与人民代表机关间的**协议**（到了 Meyer-Anschütz, *Staatsrecht* S. 890, 897 [vgl. oben S. 75]仍持此见解）。这也正好对应于该类型国家体制之双元式建构，以及将宪法视为一种（君主与人民代表机关之间的）契约的态度。只有这样的宪法结构，才能与无条件的“形式”制定法概念配合无间[28]。在针对那独立于议会的王室政府进行斗争的过程中，逐渐发展出预算法的形式制定法。而针对君王之命令权（Verordnungsrecht）所进行的斗争，也就是针对一向不受限制（据推测是如此）之君王权力所进行的斗争。然而，它并不是用来对宪法上的、或者法律上指派的命令权进行斗争。因此，在民主

国家中，财政法上的保留原则，完全不能被理解为绝对性的、无条件的形式保留[29]。

当无条件的形式性财政制定法保留原则确实存在时，这在同一范围内其实也预设了，议会作为人民代表机关，是与独立于它的 130
统治部门正相对立的，后者完全无法声称其权力系来自人民。君主解散议会之权利，在德国立宪君主体制下，也完全不具有宪法上的“诉诸人民”(an das Volk zu appellieren)之意义：此一权利之目的，仅在于确保二元式的结构以及国家与社会之间的平衡。当前魏玛宪法下的德国，其宪法状况与前述情况具有根本上的不同。**第一**，当前的国家不是建立在人民代表机关与统治部门之间的契约基础上，而预算法也不是议会与统治部门间的“协议”；**第二**，统治部门已经不再是一股独立于议会之外的权力。只要议会能够形成多数，并且具有行动能力，那么它就掌握了极为强大的干预手段与审查手段(Einwirkungs- und Kontrollmittel)。基于这样的原因，那些针对德国君主体制下的君王统治部门而具有意义的观点，根本不可能被套用在这样的情况中；**第三**，帝国总统系由全体人民选出，如此一来，他同样也是一位人民代表。君主体制宪法中关于议会之规范与概念，则预设了(议会)对于人民代表地位之**独占**。这样的预设现在也消失了；**第四**，也是最后一点，魏玛宪法是一部民主宪法，并且是建立在议会体制要素与公投体制要素之平衡基础上；人民既相对于议会，也以同样的方式相对于政府与总统，而作为具有较高地位的第三者(通过重新选举、公投或者其他的表决形式)做出决定。魏玛宪法的结构，也由此而在本质上被决定。19世纪君主体制形式下所产生的宪法冲突，在今天可说是不可能的、也无法想象，就好像运用在此种冲突情况中的论证与概念，同样无法被套用在今天的情况中。

相较于那种继续套用君主体制宪法，并使其发挥后续作用的做法，倘若现行帝国宪法之特质已经获得广泛承认，并且发布取代财政制定法地位之命令权的容许性，亦获得肯定，则这也绝非就意味着，帝国总统具有无限制的、不受审查的权限范围。因为在此同时我们也指出了，当非常权限尚未通过执行法而受到特别规范时，其前提、内容与界线仍必须由现行宪法之规范与观点中，发展出来。这里应该注意到普劳斯（Verfassungsausschuß，Prot. S. 277）早在制宪委员会里就已经特别强调、并特别举出之具有本质重要性之要素（das Wesentliche），以及笔者就帝国总统之独裁所做之报告中（Staatsrechtslehretagung[国家法学者大会]1924，S. 103；
131 *Die Diktatur*，2. Aufl.，S. 254）所铺陈的论点：帝国总统非常权限之真正界线，以及对抗其权力滥用之真正保障机制，是存在于**帝国众议院之审查权限**中，而不是存在于任何一种抽象规范状态或者司法形式的干涉机制（Hemmungen）中。帝国众议院能够通过要求（命令）失效以及明确的不信任决议，而对抗帝国总统与帝国政府，使自己的意见获得贯彻。当帝国众议院能够形成多数，也具有行动能力时，做出这样的决议对其而言并无困难。对于一个具有形成多数之能力与行动能力的帝国议会，现行帝国宪法赋予它一个议会所需要的所有权利与可能性，以使其能在国家意志的建构过程中，作为决定性的因素而贯彻自身之立场。倘若议会成了多元主义体系之展现场所，而丧失了前述之能力，那么它也无权要求所有其他负有责任的职位也要同样地不具行动能力。19 世纪当时自由派的仕绅议会(Honorationenparlament),曾经在对抗君主体制对手的过程中,尝试瘫痪其斗争能力。今天也许还有人想藉由这样的论证方式,来对议会这种一般性无行动能力状态的权利(das Recht auf allgemeine Handlungsunfähigkeit)提供理论基础。然而这样的论点,不仅在历史层面上不具可能性、在道德层面上无法忍受,也在法学层面上大错特错。如果我们说,在当前德国的宪政情势中,已经建立了关于经济性—财政性例外状态,并且授予发布取代制定法地位之命令权的实务运作模式,那么,这其实并非恣意或偶然的结果,也不是通俗的、政党政治标语意义下所说的“独裁”。毋宁说,这展现了一种深刻的、内在的而合乎法则的(gesetzmäßig)脉络。这也对应于立法国在迈向经济国的发展过程中,所采取之转向,而一个受多元主义切割的议会,则不再能够执行这种转向。正如前面(第76页)所指明的,例外状态能够在国家的具体特质中,揭露其核心所在。司法国会发展出戒严法(Standrecht),也就是一种无所不包的司法程序;军事国与警察国则会发展出执行性强制力之过渡,以作为其在例外状态中采用之典型手段。藉由某种类比方式我们可以说,今天依据宪法第48条而形成的实务运作模式,也就是在经济—财政领域上允许取代制定法地位的命令权,这样的做法符合于现存的秩序,也尝试着在立法国的立法团体因为多元主义而四分五裂时,以合宪方式来挽救立法国,并对抗违宪的多元主义。就合宪性以及合法性的观点来看,唯有帝国总统才能采取此种最强烈的救济手段与反向运动尝试。基于这点我们也可认识到,帝国总统应该被视为此一合宪性整体秩序的守护者。

注　　释

[1] 关于"社会"这个经常具有多义性而又难以掌握的观念，在下列著作中可以找到最简单、最清楚的归纳：Edward Spranger，*Das Wesen der deutschen Universität*（Akademisches Deutschland III，1，S. 9）："在德国社会学的习惯用语中，我们经常看到，人们将人类彼此结合的存有形式所构成的无穷尽的集合简称为'社会'。这些形式具有自由的、组织性的、生成性与创造性的、短暂的与持续性等性质，并且**既非国家亦非教会**。这样的建构体（Gebilde），就跟'环境'（"Milieu"）这个用语一样模糊不清。"Spranger 的见解大致上符合"社会"这个观念所具有之否定的特征；但是，在我看来，这项见解并不能适用在进一步的历史事实上。在 19 世纪的具体情况中，"社会"不仅具有否定的意义，它甚至更进一步具有一独特的**政治性的**，也可说是**争议性的**（polemisch）意义。这个字眼也因此不再是"模糊不清的"，并且获得了具体的精准度，就如同一个政治性的概念会通过其具体的对立概念所获得的精准度。因为如此，这个在上述情况中藉助 societas 此一用语所建构起来的概念，只要它获得了历史性的意涵，那么它大多会具有一种反抗性的（oppositionell）意义。这不仅显现于"社会主义"，也显现于"社会学"这个用语——正如同 Carl Brinkmann 所言，社会学系作为一"反抗科学"（Oppositionswissenschaft）而得以形成（Versuch einer Gesellschaftswissenschaft，München und Leipzig 1919）。法学家 G. 维贝克（G. Wiebeck）（Berlin）则提醒我注意 L. v. Hasner，*Filosofie des Rechts und seiner Geschichte in Grundlinien*，Prag 1851，S. 82 当中的一段话，这段话对于前段引文的进一步延伸，尤其是对于一个处在"自我组织"当中的社会的状态而言，是饶富意味的，其原文如下："社会作为奔腾不息的、不具组织性的集团，并非一种伦理性的型态（Gestalt），而只是一种过渡性的历史型态。被组织起来的社会，就会是一种伦理性的型态，其实也就是国家本身，假如后者想为成为某种比'抽象概念'（abstractum）更多的事物的话。"

[2] 在众多文献中，可参见：Lorenz von Stein，*Geschichte der sozialen Bewe-*

gung in Frankreich, Bd. 2(Ausgabe von Gottfried Salomon, München 1921, II, S. 41),议院乃是这样的一种机关,“通过该机关,社会得以支配国家”,或是 Rudolf Gneist, *Die nationale Rechtsidee von den Ständen*, Berlin 1894, S. 269 当中所提出之具有丰富内涵的见解:对于秘密投票的普遍性要求,“其实毫无疑问地象征着国家被社会所吞没”。

[3] 关于例外状态的进一步讨论,参见 S. 115 f.。在路德维希·瓦尔德克(Ludwig Waldecker)的论文“Die Grundlagen des militärischen Verordnungsrechts in Zivilsachen während des Kriegszustandes”, *AöR*. XXXVI (1917) S. 389 当中,虽然注意到了司法国与戒严法之间的关联,但是却未正确认识到进一步的发展所会带来的结果。

[4] Grundrechte und Polizeigewalt (*Festgabe für das Preußische Oberverwaltungsgericht*) Berlin 1925, S. 223;在德国国家法学者大会上,也曾以不同措辞表达类似见解,参见 Wien, 1928, *Veröffentlichungen der Vereinigung der deutschen Staatsrechtler*, Heft 5 S. 109;可进一步参阅 *Reichsgerichtsfestschrift* 1929, S. 200 und *Handbuch des Staatsrechts*, Bd. II, S. 109, 136/37.

[5] *Allgemeines Staatsrecht*, 4. Aufl. 1868, Bd. I S. 561/62. 将布伦奇利的命题跟格内斯特的论证做一比较,甚具启发性:后者认为,在立法活动中的**共同参与现象**(Zusammenwirken)——也就是将立法权同时分配给世袭君主、任期永久的上议院与定期改选的下议院——才是对于宪法的保障;Gutachten a. a. O. S. 23。

[6] 这个数字是景气研究季刊所提出,参见 *Vierteljahrsheften für Konjunkturforschung*, Bd. 5(1930), Heft 2 S. 72;该统计数字被 J. Popitz(参见下文之说明)以及 G. Müller-Oerlinghausen 所使用并承认,后者是在其关于 1930 年 11 月 4 日的经济危机的演说中提及它,参见 *Mitteilungen des Langnamvereins*, Jahrg. 1930, Neue Folge 19. Heft, S. 409;另请参阅:Otto Pfleiderer, *Die Staatswirtschaft und das Sozialprodukt*, Jena 1930 以及 Manuel Saltzew, *Die öffentliche Unternehmung der Gegenwart*, Tübingen 1930, S. 6 f.。

[7] Der Finanzausgleich und seine Bedeutung für die Finanzlage des Reiches,

der Länder und Gemeinden; *Veröffentlichungen des Reichsverbandes der deutschen Industrie*, Berlin 1930, S. 6;请进一步参阅:der öffentliche Finanzbedarf und der Reichssparkommissar, *Bankarchiv*, XXX, Heft 2 (15. Oktober 1930) S. 21。

[8] *Deutsche Juristenzeitung*, 1. Januar 1931, Sp. 17;另外可见于 *Der Reichskommissar und seine Aufgabe*; *Finanzrechtliche Zeitfragen* Bd. 2, Berlin 1930, S. 12。

[9] 本文中所引用的语句,可在 1928 年 7 月 7 日国事法院关于萨克森邦独立社会民主党的判决理由中寻得(RGZ. 121, Anhang S. 8; Lammers-Simons I S. 309 f.)。不过,1927 年 12 月 17 日关于汉堡人民法律党邦联盟(Volksrechtspartei Landesverbund Hamburg)一案的裁判理由中,对于“宣传无效果”之处理,则与上述判决不尽一致(Lammers-Simons I S. 348):“因此,使不具宣传效果的选举政见,……受到不同于具有宣传效果之政见的条件约束,这样的见解并不可采。”

[10] 国事法院 1927 年 12 月 17 日判决,参见 Lammers-Simons I S. 346; 1928 年 5 月 28 日判决,参见 Lammers-Simons I S. 414; 1928 年 7 月 7 日判决(萨克森邦独立社会民主党案),参见 RGZ. 121, Anhang S. 8 und Lammers-Simons I S. 311。

[11] 参照前面第 80 页注 1(即本章注释[6]——译者)所列举之文献。

[12] 此一领域最杰出专家之论述,当属 E. Tartarin-Tarnheyden, *Berufsverbände und Wirtschaftsdemokratie, ein Kommentar zu Artikel 165 der Reichsverfassung*, Berlin 1930, S. 13。其所提之主张与本文此处之主张只有在表面上看来是矛盾的。的确,Tartarin 说道,第 165 条第 1 项“为后面几项规定所展现出的、在法律上被规制的经济宪法,提供了理念上的基础”。此一经济宪法则不应是“由国家宪法中特别独立出来的、经济性的社会宪法”,而应该是“国家宪法本身的一个区块”。不过,如果我的理解是正确的,他在这里应该没有其他意思,就好比我们也会把自治行政的法制称作国家宪法的一个区块一样(Art. 127 RV.)。虽然这似乎意味着,魏玛宪法因此而采取了政治性意志建构过程的“双重途径”,也就是一方面采用数人头式的民主(Kopfzahlde-

mokratie)途径，另一方面则采用经济上的阶级与职业上的等级之共同参与途径；然而他在同书第 12 页提到，数人头式的民主已经被魏玛宪法当作“其政治性体系之基础”，并且进一步指出，“这又是一项妥协的产物，就如同我们在魏玛宪法中所常见到的情形一样；在这里出现了两种国家体系的并存状态——原子论式的与有机式的国家体系。在实际政治的层面上，唯有将第二种国家体系从纯粹政治性的领域中引开，而导向经济性的领域，并且仅给予其次要的意义，我们才有可能忍受此种并存状态。”对于此点，我们只能说：*ergo*（**所以**）。H. Herrfahrdt 也曾经主张：第 165 条，亦即现行宪法的最后一条条文，同时也是未来宪法的第一条条文。当他做此陈述时，其实也不过是在证实前引文本的命题。在同一脉络下，雅可比（E. Jacobis），Grundlehren des Arbeitsrechts，Leipzig 1927，第 392—395 页的论述，具有特别的价值与旨趣：“在这里（Art. 165 RV.）无论如何都已经在国家宪法之旁，不当地形成了一种特殊的经济宪法的构想。”在第 165 条第 1 项当中，雅可比“完全看不出任何公法上的新创造成果”。反之，如果在第 165 条第 2 项中所规划的制度，真的获得实现的话，“那么这实际上就可算是公法上的新创造成果”。“然而这样的纲领并没有被实现……第 165 条第 2 项所构成的公法上的经济宪法，并不存在。”就政治性存在的种类与形式所做的基本决定，是一部宪法的属性，它会使得那种将两项彼此相互冲突之建构原理（Konstruktionsprinzipien）予以并立的做法，成为不可能；第 165 条所规定之纲领无法付诸实行，否则魏玛宪法就会从最根本的字义上变得颠倒错乱，而其最重要之原因即在于此。在这当中也蕴含了下述问题的核心要点：在现行的帝国宪法中，是否存在着经济上诸多利益的代议制度（Repräsentation）（这与单纯的代表[Vertretung]有别）。我可以很确定地说，实际的情况并非如此。F. Glum 之立论（参见 ders. *Der deutsche und der französische Reichswirtschaftsrat*，Berlin 1929，S. 37 f.；以及收录于 *Handbuch des deutschen Staatsrechts*，Bd. I S. 582 关于“帝国经济委员会”[Reichswirtschaftsrat]之词条），则是立基于下述观点：“经济领域”已经被当成某个整体事物，也因而已经变成某种政治性事物，但与此同时它仍然继续处于“与国家相对”之地位。通过代议机制，它应该能够被“拉进到国家里面”。Glum 援引了 1920 年 5 月 4 日《关于临时帝国经济委员会之行政命令》第 17 条规定：“帝国经济委员会之成员，乃德意志人民整体经济领域之代表者”，然后又进一步说道，“如此一来，在这里很明确地表达了，帝国经济委员会的成员——无论是常设或非常设性的成员——根本就没有要为任何利益代言，即便是全体人民的经济利益”。这段话的意思，只可能是下面这两种：他们有可能是代议士（Repräsentant），并且因此代表着全体人民，而非仅限于经济领域；或者，他们并不具有此种属性。Glum 还认识到另外一种可能性：立法者的意旨，可能是要建立一种独立的专家委员会（Experten-Grenmium）。但是，独立的鉴定专家，也就不能被认为是代议士。关于“独立性”概念的各种不同类别，请参见以下第 151 页。此种区分在这里亦显现其必要性。

[13] 关于不相容性的问题，请参照 Werner Weber 之论文：Parlamentarische Unvereinbarkeiten（Inkompatibilitäten），AöR. N. F. Bd. 19（1930）S. 161 f.；关于所谓经济上之不相容性，参照 S. 239 f.；另请参照以下第 156 页。

[14] 关于当前民主体制中，政党政治层面上中立的专业人士所面对之一般性问题：Alfred Zimmern，Democracy and the Expert，in *The Political Quarterly*，Bd. I（Januar 1930）S. 7—25，其中特别讨论了日内瓦国际联盟之咨询委员会。在德语文献中，关于英美法系文官制度（Civil Service）之探讨，值得一提的有下列文献：Carl J. Friedrich，Das Berufsbeamtentum in den Vereinigten Staaten，*Beamten-Jahrbuch* Heft 3，Berlin 1930，S. 3 ff.（也可参照同一作者在下列论文中论及德意志国家观念所具有之影响时，所提出之有趣观察：“Deutsche Gedanken beim Aufbau des amerikanischen Staates”，*Festgabe für Carl Schurz*，Berlin 1929，S. 131）；Fritz Morstein Marx，Berufsbeamtentum in England，*Zeitschr. f. d. ges. Staatswissenschaft*，Bd. 89（1930）S. 449—495。

[15] J. Popitz，*Bankarchiv*，15. Oktober 1930，S. 22；进一步参照 Carl Bilfinger，*Der Reichssparkommisar*，Berlin 1928，besonders S. 13（“去政治化的储蓄任务”）；Saemisch，*Der Reichssparkommissar und seine Auf-*

gaben(*Finanzrechtliche Zeitfragen Heft 2*),Berlin 1930;O. Bühler,*Der heutige Stand der Verwaltungs- und Verfassungsreform*, 2. Aufl., Stuttgart 1931.

[16] 关于帝国预算委员会,请参照 B. 里林格(B. Rilinger)之博士论文,即将由柏林贸易学院出版。

[17] 关于此点,可参照 G. 拉萨(G. Lassar)之报告:"Untersuchungsausschüsse nach englischem Recht",该报告系于 1926 年 11 月 11 日由帝国内政部长提交帝国议会(Reichstagsdrucksache III. Wahlperiode Nr. 2690);该报告亦引用了 Todd, Parliamentary Government;请进一步参阅 A. Bertram, Hamburg. Wirtschaftsdienst, vom 28. Mai 1926 (Jahrg. 11 S. 701 f.)。

[18] 关于经济法上争议案件中的专业参审员,以及非专业人士在此类争议案件裁判程序中的参与问题,可参考由合议庭庭长 Dr. Köppel 与律师 Dr. G. Friedländer 于第三十六届德国法学家大会上所提出之鉴定报告(Gutachten, S. 321—354)。

[19] 关于此种中立化过程及其阶段:Carl Schmitt, *Europäische Revue*, November 1929。

[20] 帝国宪法第 25 条意义下的"同一原因",其所指涉的对象只能是帝国总统(政府)与议会之间的意见不一致状态,也就是一项藉由重新选举,而由人民来决定的冲突主题。倘若帝国总统是基于议会不具有形成多数之能力而解散之,则并不符合前述要件。否则就会导致稍后选出的,而且又再次无法形成多数状态的议会,享有所谓维持四年之无能力形成多数状态之权利。此实甚为荒谬。参照 Carl Schmitt, Einmaligkeit und gleicher Anlaß bei der Reichstagsauflösung nach Art. 25 RV., *Arch. d. öff. Rechts*, Neue Folge, Bd. 8 (1925) S. 162。此一见解近来却遭到误解:见 F. Glum, Parlamentskrise und Verfassungslücke, *Deutsche Juristenzeitung* 1930, S. 1415 以及 O. Bühler, Die Grenzen verfassungsmäßigen Vorgehens der Regierung bei Erledigung des Sanierungsprogramms, *Reichsverwaltungsblatt* Bd. 51 (1930) S. 780。

[21] 关于此点,请参见:O. Koellreutter, *Der deutsche Staat als Bundesstaat*

und als Parteienstaat（*Recht und Staat*, *Heft 51*），Tübingen 1927，S. 31 f.。

[22] 当前在帝国宪法中（第 24 条）对于“集会状态”（Versammeltsein）概念之理解，与普鲁士宪法中（第 55 条）的理解这两者间，有一项独特而明显的矛盾发挥着支配作用；请参照笔者发表于 1930 年 10 月 15 日《德国法学者报》（Deutsche Juristenzeitung）之论文（S. 1285 ff.）。德国国事法院于 1929 年 7 月 13 日对普鲁士紧急命令法所做之判决（Notverordnungsrecht in Preußen）（RGZ. 125，Anh. S. 1；Lammers-Simons II S. 66，69），则忽略了这个国家法上的问题。同样地，W. 耶利内克以反对笔者前引论文之目的，而发表于 1930 年 12 月 6 日《帝国行政公报》（Reichsverwaltungsblatt）上的论文，也没有解决帝国宪法第 24 条在联邦层级，以及普鲁士宪法第 55 条在普鲁士层级中所造成的实务运作上的矛盾。无论如何，倘若人们意欲放弃目前所持（而且也完全未被质疑）之“集会状态”概念，那么便必然会在体系上，将当前议会法制之整体问题，置放在新的基础上。

[23] 基于宪法第 48 条第 2 项所颁布的且具有经济性与财政性内容的命令，其例甚多；在这里只举出下列例证：1923 年 11 月之“关于外汇与年金之命令”；1923 年 11 月 5 日的“基于德国境外之帝国马克流通，而就暂时性之拒绝偿付所制定之命令”（RGBl. I S. 1082）；进一步而言，还有同日颁布之“为补充关于以借款与发行公债债券方式促进物资流通之命令，所颁布之命令”（RGBl. I S. 1083。在此应注意，受该命令补充之 1923 年 10 月 20 日的命令，是根据授权法颁布的）；1923 年 10 月 13 日之命令（废止 1923 年 3 月 20 日之煤矿税法，RGBl. I S. 945。该命令后来于 1923 年 10 月 18 日，又根据授权法而重新颁布）；1924 年 4 月 5 日（RGBl. I S. 397）关于出境费用之命令；1924 年 11 月 10 日关于具经济上必要性之减税措施命令等等。至于邦政府根据宪法第 48 条第 4 项所颁布之经济性命令之例证，前面提及的波奇一海付达所提出的概观中，亦有特别点出。普鲁士邦政府根据普鲁士宪法第 55 条而采行之紧急命令运作实务，亦反复地被国事法院认可（参考 1925 年 11 月 21 日之判决，RGZ. 112，Anh. S. 10；1929 年 3 月 23 日判决，RGZ. 124，Anh. S. 19；

1929年7月13日判决，RGZ. 125，Anh. S. 7)。由此确立了，在各邦(Staat)或其自治行政团体出现财政性质的急迫而非常态的紧急状态时，也会使发布紧急命令的做法获得证立。

[24] 例如前注中提到的根据宪法第48条第2项所发布之命令，尤其是国事法院在1929年7月13日判决中(参见前注)所认许的、普鲁士邦政府于1929年5月18日就1929年会计年度手工业税之管制所发布之紧急命令。

[25] 将采取措施之非常权限(außerordentliche Befugnis zu Maßnahme)与帝国总统藉由取代制定法地位的命令权予以等同的见解，在宪法理论中经常受到争执。这尤其可以举Erwin Jakobi与笔者在1924年国家法学者大会上，就帝国总统之独裁所提报告中的见解为代表(*Veröffentlichungen der Vereinigung Deutscher Staatsrechtslehrer*, Bd. 1, 1924, S. 99 und S. 110f.)。进一步言之，也有人就此提出其他的、甚至有所矛盾的理论基础，如R. Grau, "Die Diktatur des Reichspräsidenten", 1923, S. 102/03，及其另一篇论文"Diktaturgewalt und Reichsverfassung"(*Gedächtnisschrift für Seckel*, Berlin 1927, S. 490)。至于帝国总统于1930年7月26日与12月1日所发布之法律命令(RGBl. I S. 311 und S. 517)，就其内容而言，在何种程度内可视为"措施"而应予许可，这个问题就其本身而言，似乎可以在相当广泛的程度上给予其肯定答案，因为到最后，各种法令适用行为及其执行，都可被归结到"措施"这个概念。鉴于在相当时间中已经形成的法律发展趋势，我们可以说，这个争议问题无论如何已经在某程度上获得解决，因为，就算帝国总统发布取代制定法地位之命令权原本并不包含在"采取措施"之权限中，它**后来**在各种情况中仍然**被附加到此一权限上**。从其他方面来看，这项争议问题在宪法第48条第2项第一句的授权范围上，也保持开放态度，因为帝国总统今天无论如何都毫无疑问地享有此种命令权，而这项确定命题中并不存在任何限制，亦即，帝国总统基于宪法第48条第2项第一句之规定，具有采取任何必要措施之权限。的确，发布取代制定法地位之紧急命令权，是被限缩在一般的(亦即非修宪性质的)制定法效力位阶上，这点似乎不证自明。但是采取必要措施

之权限所受之限缩,并非意味着每一项个别的宪法规定,都对那以保障宪法为目的的措施,构成了无法跨越的障碍。这样的观点也绝对不是要去承认一项理论上的学者见解,该见解将所有众多的、宪法法律上的(verfassungsgesetzlich)细节,解释为比宪法本身更为重要。在取代制定法地位的法律命令,以及"措施"之间所做之区分,仍然存续者,并且也保持其意义(例如,在未认清制度性保障之本质的情况下,若采用取代制定法地位的命令形式,来规定公务员减俸,则人们也许必然会认为此一行为不应被准许。然而,对公共出纳机关发出仅支付部分薪俸的指令[Befehl][在不损及公务员的法律上请求权的情况下],则仍应被视为"措施"而准许之);帝国总统采取所有必要措施之权限,是**并立于**其发布取代制定法地位之命令权**之侧**,而在其完整的合宪性程度内存续着,直到执行法(Ausführungsgesetz)做出进一步的规范。对发布取代制定法地位之命令权采取拒斥态度之立场,其主要理由可能是,宪法第48条第2项之规定仅具暂时性的特征,另外,也有必要藉由同条第5项所规定之执行法,而对例外状态做出终局性的规制,并且尽可能将授权发布法律命令的期间缩到最短。当宪法第48条第2项之实际运作持续进行着,但同期间内执行法却一直无法通过,而使得该项宪法规定之暂时性特征,随着时间而逐渐退居幕后时,那么就有必要将真正的、发布取代制定法地位的命令权,纳入到帝国总统的非常权限中。不过在其他方面,只要执行法一直未颁布,那么规制的状态就一直只具有暂时性特征,而且这样的看法也必须被认为是具有法律效力的。

[26] 例如,由帝国财政部长 Hilferding 于1923年9月20日签署颁布的帝国政府命令(RGBl. I S. 386),其法律效力就未受质疑。该项命令是关于信用授权额度之提高,其基础则是1923年2月24日紧急法第4条第1项第2款(RGBl. I S. 147)。该命令援引了紧急法当中一般性的授权规定,大幅提高了在1923年8月14日"关于确定1923年会计年度帝国预算计划之第二次增补"法律中所规定的信用授权、为非常时期预算之收入补充了相应的额度,提高了财政部长原本获得的发行国库券之授权,以便能暂时性地强化帝国总出纳局(Reichshauptkasse)这个常规性的营运单位。最后它还规定了,通过此命令而给予之授权,唯有当采取常

规立法途径而授与相同权限时，始失其效力。

[27] Grau a. a. O, Nawiasky, *AöR*. N. F. 9, S. 53, J. Lukas, *Vereinigung deutscher Staatsrechtslehrer*, Heft 6, 1929, S. 46; A. Hensel *DJZ*. 35 (1930) S. 1058.

[28] 一旦这个"形式性"概念导致限缩人民代表机关之权力与管辖权的后果（例如，当其运用在前立宪时期的制定法[das vorkonstitutionelle Gesetzesrecht]时，由于该种法律在形式上并非立宪主义意义下的制定法，因此，若要一贯地使用形式制定法概念来做论证，就会得出这些制定法应该如同之前的情况一样，属于君主统治部门之权力范围之结论），那么它当然马上就会被弃而不用，论者也会再度回溯到实质的制定法概念上（制定法＝对自由与财产权之干预）。托马在其关于法律保留原则的著作中（*Festgabe für Otto Mayer*，1916），对此一发展过程做了典范性的清楚描绘。

[29] 在此可举法国于 1879 年 12 月 14 日所施行之法律，该法律亦构成了目前法国国家法现行有效规则之基础。据此，即使在议会集会时期中，就某些情况也可以采取命令方式（im Verordnungswege, par décret）而为信用之收受；至于在议会未集会的情况中，则有对发布预算法性质的命令的可能性，做了个别的规定。换言之，形式性财政制定法的保留原则，完全没有被绝对而无例外地付诸实行。法国的预算法理论专家 G. Jèze（他不仅是财政制度领域上的法学权威，也是众所周知的坚定的民主共和派支持者），对于这项原则性的问题做了如下的表述（Allg. Theorie des Budgetrechts, 1927, S. 191）："在严峻的危机时期——例如具威胁性的战争危险——即使没有议会的授权，政府也应当毫不犹豫地采取某些支出措施。一旦我们确立这一点，那么，我们当然也就有可能选择此一途径（亦即由政府来对急迫性或无预见可能性的支出做出规制的途径）……Salus populi suprema lex（人民的福祉乃是最高法则）"。

第三章　帝国总统作为宪法守护者

1. 关于中立权力之国家法学说

132 存在于各个政治性决定权与影响权承载者之间的意见差异与分歧，倘若不被认为是公然的违宪行为而受到惩治的话，那么一般而言，通常也就无法以司法的形式对其做出决定。它们或者有可能由一个位居各种分歧意见之上的、高高在上的强势政治权力、也就是**具有较高位阶的**第三者，来加以排解——这时，他并不是宪法守护者，而是国家之主权性主宰者（der souveräne Herr）；或者，它们有可能藉由一具有平行位阶的（而非具有较高位阶的）职位来加以调解，寻求解决之道，亦即通过**中立的**第三者——这就是中立权力（亦即 *pouvoir neutre et intermédiare*，中立且具斡旋功能的权力）的意义。它并非居于比其他合宪性权力具有更高位阶的位置，而是与之平行，但是被赋予特殊的权限与干预可能性。我们所应采用的做法，不应该是使其他的国家活动领域取得单纯补充性的附随效应，而是要组织一个特别的设置或机制，使其承担确保不同权力部门依据宪法而运作、并且捍卫宪法之任务。如果同意这一点，那么我们便可以正确地指出，在一个将各种权力予以区隔的法治国(ein Gewalten-unterscheidender Rechtstaat[1])里面,这样的功能不应该附带地托付给任何一个现存的权力部门,否则该权力部门就会取得相对于其他权力部门的优势地位,并且使自己不受任何审查。藉此,它也就成了宪法的主宰。因而我们有必要在这些权力部门之外,另行设置一个平行而具特殊中立性的权力部门,其系通过独特的权限而与其他权力部门相互连接,并求取平衡。

在19世纪的宪法史中,贡斯当[2]提出了关于“中立性、斡旋性与规制性权力”(*pouvoir neutre,intermédiare und régulateur*)之
特别学说。他是在法国市民阶级对抗波拿巴主义(Bonapartis- 133
mus)与君主复辟,争取自由宪政体制的时代背景下,提出该学说。就其本质而言,该学说主要是属于市民法治国(bürgerlicher Rechtstaat)的宪法理论。它不仅对于那两部几乎逐字继受它的宪法[3]发挥深远影响,毋宁说,19世纪所有宪法中对国家元首(君主
或国家总统)之特权与权限所列举之典型目录,都可上溯到该学 134
说。整体说来,这些特权与权限,是被设想为该“中立权力”所可采之手段,与可能的作用途径:国家元首之不可侵犯性(或者至少是具有特权的地位)、签署并公布法律、特赦权、部长与官员之任命、解散由人民所选举之议院。几乎所有较大规模的国家——只要它们符合市民法治国之类型,并且无论其采取君主政体或共和政体——都以某种方式认识到了此种建构,无论在其政治情势中,这样的建构是否具有操作之可能性。在宪法理论与国家理论中,该学说吸引了广泛的注意。其基于政治性的直觉,清楚认识到君王与国家总统在立宪国家中所具有之地位,并且也以简明而中肯的陈述方式表达之。它绝对可算是市民法治国(bürgerlicher Re-

chtsstaat)的经典学说。施泰因(Lorenz von Stein)针对此一决定性的时代(1789—1848)(不仅对法国,也对整个欧洲大陆的宪法史而言)所做之论断,也是指涉着该学说:“就宪法与社会而言,在这个世界上,没有其他地方能够认识到更伟大的真理,及其更深刻而取之不尽的泉源”[4]。G. 耶利内克曾经称道该学说“由不具教条性偏见态度的观点来考察”,此外它还有一项无可磨灭的贡献,那就是“它最先为欧陆的宪政发展途径,指明了政务官(Minister)所具有之正确的宪政地位”[5]。该学说的设计者完全值得因此学说而获得这样的赞赏。巴泰勒米(Barthélemy)则惊艳于此学说思考理路之明晰(l'admirable lucidité du raisonment),并正确地指出,贡斯当是自由议会主义(der liberale Parlamentarismus)之真正先驱,他教育了法国市民阶级迈向议会主义[6]。历经了长久的遗忘,贡斯当的名字在德国再度被提起,并且在特里佩尔于第五届国家法学者大会所提出的报告中,多次获得凸显[7]。特里佩尔的该篇报告可说是德国国家法学之重要文献。这是一个非常值得注意的
135 征兆。在我看来还应该特别提及的一点是,就国家理论概念史而言,关于权威(auctoritas)与权力(potestas)之二分,也已经见诸贡斯当的此一学说中[8]。我认为这项区分对于欧洲的国家思想而言具有根本意义。

关于国家元首之中立性、斡旋性、规制性与维护性地位之学说,其实际价值首先就在于,从这里我们可对下述问题提出回答:当立法权限完全属于议院(die Kammer),国家元首提名之部长完全有赖于立法团体之信任,而国家元首自己在所有事务上,都受到部长副署权限之约束,并且许多人因此说“他具有统治地位,但却

不执政”(*il règne et ne gouverne pas*)[9]的时候,那么,在一个市民法治国(Rechtstaat)里面——无论它是立宪君主体制或者立宪民主体制——国家元首究竟还意味着什么,其所具有之权限意义何在?在德国,人们并不理解统治者(régner)与执政者(gouverner)之区分——在理论上是如此,因为人们早已遗忘权威与权力之区分;在实践上亦是如此,因为德国模式的立宪君主体制,同时具有统治(regieren)与“执政”(“gouvernieren”)的性质。根据施塔尔(F. J. Stahl)所提出之著名区分,前面这种区分方式也构成了立宪(亦即实际进行统治的)君主体制与议会君主体制相互对立之基础。这样的对立命题,是因应当时的需求与表达方式而提出,并且与其自身无关痛痒的性质(Unschädlichmachung)配合无间,它也因而只能被理解为基于政治上目的而为之区分[10]。相对于法国自由派的建构方式,在19世纪德国国家学当中,从一开始,通行的见解便认为,君王必须具有行动能力与实际的执行能力,否则他就有可能成为单纯的幻影[11]。赛德尔(Max von Seydel)为此找到切重要害的论证:君主必须在任何情况中均能进行实际的统治,并且享有实际的权力,因为,如果我们将“执政者”的性质抽掉,那么“统治者”就只是徒具虚名[12]。人们经常引用拿破仑曾说过的一句非常简略的格言[13],而且这在某程度上也是有道理的,因为直 136
至1918年为止,德国立宪君主体制事实上仍然有其较高位阶的、较强势的、并且使国家与社会之区分获得证立的权力,君主并非只是“单纯中立的”第三者。然而,这样的看法无法使下列问题获得解决:蕴含于权威与权力之区分中的一般国家学问题,国家在政党政治层面上的中立性问题,议会体制宪政国家中的国家元首地位所引发之宪法理论上的问题，以及最后，现行魏玛宪法中帝国总统地位之特殊问题。一般而论，对于赛德尔所提出之问题(当人们从统治者中抽掉执政者的成分后，它还剩下什么?)，我们可以在一定的程度上给予回答：在这样的宪政体制中，国家元首乃是超出其所具有的管辖权范围外，而展现着国家统一体及其统一的运作方式，所具有之**连续性**(Kontinuität)与**恒常性**(Permanenz)；国家元首必定要基于连续性、道德声望与一般的信任，而享有具特殊性质的权威，这权威属于国家生命的一部分，就好像每天不断积极形成的权力与命令权那样不可或缺[14]。对于中立权力学说而言，这是特
137 别值得我们注意的一点，因为，中立第三者之独特功能，并不在于持续不断的、领导统御的(kommandierend)、监督控管的(reglementierend)活动中，而是主要只具有斡旋性、维护性与规制性，并且只在紧急情况中采取积极作为；另外，也因为中立权力与其他权力部门间不具有相互竞争的关系(这里指的是不断扩展自身权力意义下的竞争)，并且此种权力在被行使时，依其事物本质，通常并不具有引人注目或压迫的性质。即便如此，它仍然确实存在，并且至少在权力分立的法治国体系中，它是不可或缺的。在这里——正如同贡斯当早已意识到的一样(即便其学说中的这一部分并未受注意)——它是一种 *pouvoir préservateur*，也就是“持存性的权力”(bewahrende Gewalt)。当然，这样一个权威性的地位需要一定程度的策略，就好像认识并表述出它也需要贡斯当的直觉一样——藉由此学说，贡斯当根本地标明了国家元首地位的特殊性，并且也富于生命力地维系了一项古老的、根植于罗马国家结构中的智能。19 世纪与 20 世纪的大多数重要国家元首都清楚理解

到，他们最好站在他们提名的部长背后，如此一来才不会丧失其权威。毫无疑问，要完整地成就中立权力（pouvoir neutre）的角色，必须具有某些人格特质，但是宪法法律不可能就这些做出规定或强制，就好比它也无法规定，帝国总理必须是一个伟大的政治领袖，自己决定施政方针一样。这样的论据并不能用来反驳此种概念所具有之实践上与理论上的重要意义。

根据魏玛宪法所构成的实证法，由全体人民选出的帝国总统所具有之地位，唯有藉助一种关于中立性、斡旋性、规制性与持存性权力，并且更进一步开展的学说，才有可能被建构出来。帝国总统被赋予能够使其脱离立法者职位掌控的权限，虽然他同时也受 138
到相关部长副署权之约束，而后者则有赖于议会之信任。被分派给帝国总统的合宪性权限（根据宪法第 46 条任命官员、根据宪法第 49 条行使特赦权、根据宪法第 70 条公布法律），正好符合贡斯当所列举之国家元首权限目录的典型[15]。现行宪法采取了公投式宪法要素与议会式宪法要素之平衡模式，这样的模式具有独特性，并经常被提出讨论，例如：帝国总统一方面基于其自主权限而独立于帝国众议院，另一方面，部长副署的一般性要求，则形成了依存性，而宪法则将这样的独立性与依存性串连在一起（帝国宪法第 50 条）；帝国强制措施，亦即依据帝国宪法第 48 条，针对各邦而采取保护帝国宪法之措施，甚至最后可归结为保障宪政体制（Verfassung，与个别的宪法法律有别）的措施。如果我们不通过前述学说来理解所有这些宪法上所采之方案，则它们会被视为一堆彼此不相容的规定所形成的充满矛盾、又不具意义的混合状态。魏玛宪法的设计者必定也意识到了这一点，如果他是在体系性的意识状态下来从事其工作的话。普劳斯在制宪委员会中(Prot. S. 277)中指出,针对帝国众议院而建立起平衡力量,“只能是帝国总统众多的功能之一”。“此外还有更重要的一点:要建立某种意义下的中心,也就是**宪政体制中静止的枢纽**(ein *ruhender Pol in der Verfassung*)。”接续着此一命题,普劳斯又预见到多元主义体系中的分裂与解消状态,以及有效救济手段之必要性,而提出进一步的观察:“在宪政体制中,倘若越是存在多数共同发挥作用的合议制机关、越是存在着众多群众表决的机制(例如通过政策公投[Referendum]、帝国参议院、各个劳工委员会等等)的话,那么,**在所有这些机制之外建立一个稳固的中心点**的需求,也会越大。至少在理念上,所有的发展走向都能够归结到这个中心点上。”基于同一理由,瑙曼(F. Naumann)亦表明(Prot. S. 277/78),他也想“就总统的问题提出类似意义下的见解”。他甚至比普劳斯更清楚预见到多元主义政党联盟国家的发展,并清楚指出:“适用于帝国众议院选举上的比例选举法,以及由此所产生的政党多元状态,会使得帝国总理成为政党联盟的政务官。正是基于此一原因,我们更会需求**一个**能够时时刻刻关注**整体状态**的人物,而这样的主张也特别能获得说服力。”在这样的脉络下,我们不但可以发现到帝国总统作为一“斡旋势力”,亦即 *pouvoir intermédiare* 的特征,也会注意到帝国众议院是有可能不具形成多数的能力的,而这个预言在此期间内也成了实际:“我之所以相信我们需要一个总统,主要是基于一项事实,那就是,在德国由于各种权限形成了多元状态,此时如果没有一个总统的话,就不可能形成完整的统一性。我们必须要有一个能够满足代表性义务(repräsentative Pflichten)

的人，他能够维系与**各邦**、**各政党**，以及(!)外国的关系，并且在议 139
会与政府之间展现为一股**斡旋势力**。**在帝国众议院中，有可能根本无法找到多数势力**，而基于此一原因，政府之建立也就并非理所当然。这个时候，总统必须发挥作用。……整个关于总统的问题，并**不是政党问题**，而是一项关于政治性技术与和谐的问题。”

在相当大的程度上，这一点也可在国家生活的实际现实状况中获得证实。曾任帝国总统的艾伯特(Ebert)，在政治上的重要时刻曾经将自己称为宪法守护者，现任帝国总统兴登堡(Hindenburg)亦然。这两位帝国总统所采取之大部分作为，都有一项特征，那就是，他们在冲突情况中扮演了中立性与中介性的斡旋角色。而且我们必定会认识到，相较于某些无法理解“当人们将‘执政者’的特质抽离之后，‘统治者’究竟还剩下什么?”这个问题的国家元首，这两位各具特色的帝国总统可说更妥适地履行了他们的任务。在这里我甚至还可对拙著《宪法学说》(第351/52页)当中的论述做一些补充:在此种观察角度下，当1928年12月，帝国法院院长西蒙斯在其与帝国政府发生冲突时，诉诸帝国总统谋求解决的做法，也可获得证立。当然，帝国总统不具有受理国事法院院长之形式“诉愿”，并对其做出决定之“管辖权”，而且如果我们在这里是以一位土地登记法官之职权角度来做判断的话，那么对此问题所能给的唯一答案就是，在这种情况下既不允许诉愿之提出，也不允许这种诉诸(Anrufung)帝国总统的做法。我们偶尔可以听到有人主张，帝国总统必须指示诉愿人(Beschwerdeführer)“循正规处理流程(Dienstweg)”而向帝国法务部长或帝国内政部长提起诉愿，也必须提醒诉愿人注意到其采取的做法之违宪性。即便有

些报纸对于帝国法院院长西蒙斯的人格及其努力目标，表现了相当大的理解，我们仍然可以发现下述评论："帝国法院院长向帝国
140 总统提出诉愿（Anrufung）的行为，根本不符宪法规定"[16]。帝国总统不顾众议，在其答复中一方面表明，他"认为，基于宪法上的原因，他对于该诉愿并不具有做出形式决定的管辖权"，但是他却表明了对该实质问题所持之立场，认为帝国政府较为有理，另一方面，他则是以个人名义向帝国法院院长提出答复。这样的做法，可说是符合了对于国家元首具有中立性、斡旋性、规制性与维护性地位之学说的正确理解，并且也可以由此学说出发来予以理解，并给予证立[17]。如此一来，针对帝国总统偶尔绕过帝国总理副署权，而采取个人名义的函示做法，以及此种做法对于谈判协商过程可能产生之影响，所提出之批评，也就不攻自破。在一个如同德意志国家一样具有复杂组织的国家，以及如同当前具体的宪政状态中——德意志国家不只是一个联邦主义的建构体，它同时也是多元主义与多角势力的建构体——中立权力所具有之斡旋性与规制性的功能，也就获得了关键性的意义。人们既无法通过屈从性的形式主义，也无法通过战前时期君主体制下的论证方式，来正确地理解它[18]。

141

2."中立权力"在多元主义政党国家中的重要性：以劳动争议中的国家调解人为例予以说明

帝国总统根据魏玛宪法这部当前的实证法律，在德意志国家

组织的整体体系中所取得的地位，即可以藉助“中立性、斡旋性、规制性与维护性的权力”学说，来予以说明。除此之外，“中立权力”这项主张，原本是以国家元首为设想对象，也是在这里保持其特别的宪法上意义，然而它还可以进一步延伸到一般的国家理论事物中，也就是可以适用于**处在整体状态中的国家**（Staat im Ganzen）。在某种意义下，至少在某些国家中，国家的命运乃是跟随着国家元首的命运，而国家也相对于社会中的社会性与经济性对立状态，而成为一个单纯“中立性的”机制。这其实是“社会的自我组织”所带来的后果，由于此一后果，国家统一性的问题获得了一个全新的转折，而“中立性”也成为一个新的问题。在今天的立法国中，斯麦特提出的所谓“功能性整合方法”（funktionelle Integrationsmethoden）（选举、投票、结盟）就立法领域而言已经获得贯彻，其所造成的影响如前所述（第 77 页）：立法的团体已经成为各个组织性社会权力复合体所形成的多元状态的反映。倘若国家现在已经不折不扣地成了这样的多元主义系统，那么它实际上也就不过是一个持续进行着的妥协过程。它的宪法会变成社会性权力复合体的契约，它建构起多元主义的体系并且是构筑在“契约应予遵守”之原则上。契约的各造均掌握着其作品——宪法——的命运，它们维持着作为宪法契约之主宰地位，可以借着新的妥协来修改它。它们也是借着同一方式来缔结此一宪法契约，并且彼此作为独立的政治实体而对峙着。如果这时候还能够有什么可谈得上是国家统一性的现象的话，那也不过就是已经缔结、但是却附有存在性保留条件（existentielle Vorbehalte）的结盟关系（就如同所有的结盟关系与契约一样），所造成的结果。“这时候，契约所具有之意义，不

过就是缔约各群体之间的和约。而和约则总是指涉着战争的可能
142 性，无论缔约各造是否均意愿之，或者这样的可能性是否仍然很遥远”[19]。然而，如果敌友群聚之现象（Freund-Feind-Gruppierungen），是在内政层次，而不是在对外政策层次上被界定的话，那么这种状况恐怕就可说是内战（Bürgerkrieg）。在这样的情况中，“国家”以及人民所形成之政治性统一体的“整体”又会是什么呢？

最容易被我们想到的，而且即使由各个完全不同的政党观点出发也会提出的答案，大致上都符应于自由主义式的建构方式，这可以在穆勒（《对于代议制政府之思考》[*Considerations on representative government*]第六章，1861 年）那里找到最经典的表述。这样的答案，在其合理的直观形式中，也基于体系上的后果——它是借着这些体系上的后果，而产生于自由主义形上学的思考理路——特别适合拿来当作国家理论探讨的出发点。依此观点，每个社会总是会由其自身中，产生两个势力相当的政党或政党联盟，它们彼此维持着天平的平衡。党派的与私我的利益以及热情，会藉此方式而相互抵消，并因此而形成均势。这样的均势所造成的影响则是，会有一个本身弱势、相较于那些彼此对峙的、强势的利益复合体而略显无助的中立第三者，这个第三者却可说是客观性与远见的精神，它有能力基于维护相对正确性与正义的角度，来界定天平的比重，并协助理性取得胜利。穆勒自己则说，在现代的工业社会中，雇主（employers of labour）与劳工（labourers）构成了这样的两个彼此互相求取平衡的群体，并且也因此而可能形成一项新的中立性决定。他那典型的自由主义的均势建构方式，到今天还广为流传，而且不限于市民自由主义者之间。恩格斯（Friedrich

Engels)曾经说过,曾经存在着(当然这只是例外的情况)这样一些阶级斗争的阶段,“在其中,斗争的党派彼此还能维持均势”。包尔则在 1919 年后发展出关于现代工业国家的“社会性均势结构”理论[20],基希海默(Otto Kirchheimer)利用此一理论,而提出了一套特别值得注意的国家与宪法理论的建构方式[21]。从德国境内的 143
政党关系,以及不同利益群体之间的数字关系看来,一幅均势的图像似乎在联邦或者在各邦的层级,大致上都可获得证实,无论是雇主与劳工之间的均势,或者是市民势力(Bürgerliche)与社会主义者之间的均势[22]。藉此也可指出,雇主与劳工之间的争端,可说已经根本地成为国家结构的反映。因为在 19 世纪中,处于与国家相对之地位而发展出来的,并且成功地宣示其自身的社会,主要指的就是“工业社会”,正如同圣西门(Saint-Simon)与施泰因已经知道的那样。其结果则是,在劳动争端当中相对于那些作为雇主与劳工代理人的参审员(Beisitzer),而具有无党派性质的法官与调解人,获得了一个近乎象征性的地位。通过这样的地位,整体国家(以及国家整体)的情况也清晰可见。

我们在这里暂且不讨论以审判程序形式做出决定的劳工法院,因为以司法活动作为实质的程序,在今天的国家很少能够对国家结构具有典型意义。我们仅限于讨论调解人(Schlichter)。他**在初始阶段中**,是在彼此相互对峙的利益复合体之间,作为共同协商与相互理解的协助者与促进者,然而实际上,这些利益复合体是**由自己**(sich selbst)来彼此寻求平衡。只要这个阶段持续进行着,并且形成一结论,亦即,双方当事人达成了一致、自行达致平衡,那么,国家的代表就只是一个**中介性的掮客**(vermittelnder Mak-

ler)，他所具有之导向平衡的中立性，也体现着这样的性质。这时候尚无清楚的国家优越性或国家权威作用着，这种中立性是以否定方式被界定的，也就是不具党派性的、将阻挠自我平衡的要素予
144 以排除的第三人，所具备之中立性，而他也因此而获得了“善尽职务”(gute Dienste，*bons offices*)与“中介功能”(Vermittlung，*médiation*)的可能性与能力。我们在这里可以正当地将劳工法与国际法做一类比[23]。在国际法上，前述的原则已经在一部详尽的文献以及大范围的实务中被发展了出来。于此，善尽职务构成了最初的下位阶段原则，也就是单纯地邀集争执中的各造，以便能够根本地使这些当事人彼此进行协商，而中介人则领导协商、提出建议，也藉此取得了某种主导地位。这两者都是国家调解人的任务，而且在其地位所表彰之典型结构中，这两项任务也正好符应于特定的国家观，即便这样的国家观并非现行帝国宪法的国家观。在今天的工业国家中，调解协商程序具有之意义，可类比于其在19世纪的市民宪政国家中对于议会所具有之意义。在那个时候，这样的程序被认为是藉由协商与相互说服等手段，来为意志之建构形成基础。不过，处于核心的是**共识**(Konsens)，而**不是**一项**决定**(Entscheidung)。

若此一阶段无法导致任何决定，则国家调解人的**第二项功能**就会浮现：当势力相当的利益复合体双方无法达成一致，而是在均势状态中彼此拮抗时，那么国家调解人就会表明**具有决定性之意见**(Ausschlag)。这时候，国家调解人做出决定的方法是，他让自己站在均势状态中的这一边或者另一边。他因此而成为**建构多数状态的**(mehrheitsbildend)第三者。然而，此一角色又有可能具有

双重不同的性质。起先它似乎符合穆勒所提出的那种国家建构：两股相互对峙的、被党派倾向界定的势力，相互维持着天平的平衡；在这种情况下，客观、无党派色彩的第三人，即使不具有自身之优势力量，也能够倾向相对正确性的事物，而做出决定。归属于此种决定机制的权力或权威，有可能非常微弱、甚至极小，因为真正强而有力者（也就是处于争端状态中的权力与利益复合体）彼此瘫痪对方，如果以算数的方式来看，它们的正负相减正好等于零。通过建构多数势力，来形成**由多数盖过少数**（Überstimmung）的程序，如果从党派的立场来看，实际上无论如何都会是一种强制程序，尤其当建构多数状态的第三者是从外部被附加在各个党派之上的时候[24]。如此形成的平衡，依照特里佩尔所提出之基础性概念建构，可说是一种**强制平衡**（Zwangsausgleich）。然而，在不断 145
普及的多元主义国家观影响之下，建构多数势力的国家，却成了一个**从外部**（von Außen）来做决定的第三者。民主（而非自由）的国家观必定要坚守前面经常提及的民主的基本设准：国家是一个不可分割的统一体，被多数盖过的少数部分，并非受到强暴胁迫，而是被带向其固有的、真实的意志。据此，并不**存在任何多数盖过少数的情况**，而是形成了一个从一开始就被给定的、一直存在的**意见合致状态**（Übereinstimmung），此一状态是藉助**表决**而摆脱谬误的诱导。这样的观念一向会遭到多元主义系统的破坏（多元主义系统是寡头制而非民主制），因为从多元主义系统的角度来看，国家作为一个权力复合体，是与其他社会性权力复合体并立的。国家有时候与某一边，有时候则与另一边形成结盟，并藉此做出决定。如此一来，多数势力之建构，也就成为外部的优势力量与强制力所运用的手段。国家不再像是穆勒理论中所说的那个具有关键性的第三者，它不再具有客观性与理性意义下的中立性，反而像是一个扮演补充角色的权力因素，这个权力因素协助某一方对抗另一方，以取得胜利。

帝国劳工法院原则上谨守国家**高权**（Hoheit）的思想，它完全不想让国家本身成为建构多数势力的第三者。然而它在1929年1月22日所做之引起广泛讨论的判决中（关于杜塞道夫［Düsseldorf］德国钢铁工业协会西北区集团之雇主联合会，对三个金属业劳工联合会之诉讼），却将调解庭庭长视为一个建构多数势力的实体。其所提出之论证则是，根据现行调解法上的规则（1923年10月23日关于调解制度之行政命令，Art. I § 5 Abs. 4, RGBl. I S. 1043），调解庭是一个合议机关，它必须提出整体协调之建议方案，而根据一般合议庭判决之原则，要做成此种合议庭之判决，必须具有合议庭成员（“个体机关”［Einzelorgane］）之多数，除非法律上有相反之明文规定。如此一来，问题就被限定在合议制裁判之问题上，而且看起来也比较不那么具有原则性。另外，
146 帝国劳工法院也正好是在此一判决中强调了，根据新的调解行政命令草案（1922年3月11日提交帝国众议院之调解行政命令草案第83条；另外还可参照官方之立法理由），毫无疑问地，**庭长**（der Vorsitzende）对于从个别意见中产生出来的投票比例可以完全不予考虑，而应**依其自己之投票做出判决**。无论是专业文献或是实务上形成的主流见解，则均认为庭长必须藉由其投票，来协助雇主参审员或者劳工参审员两方之中的其中一方意见取得胜利。这项见解在前述判决中遭到明白否定。

借着指涉合议制裁判之一般原则，问题发生了推移，但是它并没有停止作为一原则性的问题，也仍对整体国家观具有典型意义。如果人们用作出发点的命题是，在一个以均衡方式建构起来的合议庭中，这些具有利益取向的参审员（Interessentenbeisitzer）同样也是国家的“机关”，就跟代表国家的、不具党派色彩的庭长一样，那么，人们就可以藉助“机关”这个极其混淆的字眼，以及虚构的国家性与客观性概念，很快地解决这个问题。这就好像他们在讨论今天议会主义的问题时一样。今天也有人单纯地说，个别的代表在“法律上”根本就不是“党派”，而是根据帝国宪法第 21 条作为全体人民的代表；它是“个体机关”，议会则是“机关”，国家则是“有机体”（Organismus）等等。在这里，机关理论（Organ-Theorien）可以与一种内容空洞的形式主义相互结合，以便藉助一些虚构来否定此一问题，而非解决之。雅可比即反对劳工法院的判决，并且正确地指出，调解机制所做的仲裁决定（Schiedsspruch）要处理的，并不是法律上的裁判，而是利益的平衡，因此，此一职位的合议制组成方式，其意义也就不同于法官合议庭的合议制组成方式。同时，雅可比也反对海曼（F. Haymann）的意见而有力地指出，后者“过于片面”地将调解委员会的参审员“当作各方当事人的代表”予以对待[25]。然而，海曼却看出了此一运作过程的实质意义，并且 147
因此正确地强调，调解除了扮演“正直的掮客”（ehrlicher Makler）任务之外，还有第二项独立的任务——“尽可能为强制的和平状态做准备”；如此一来，代表国家的、并非基于党派利益而被指派的、中立的庭长，其所投下的一票应被视为“不具党派色彩的正义机关”的一票，它也同时应该能够担保，“多数的意见能够展现**正义的**

利益均衡状态”。这项论点是极其正确与中肯的。针对此种对于调解人任务之二分法，我只想基于有利于一般国家理论清晰性的理由，而将之总共区分为四个阶段：在第一个阶段，也就是正直掮客的阶段之后，会出现第二阶段，也就是建构多数势力的第三人，在穆勒式的思想意义下，这样的第三人由于其中立性(客观性意义下的中立性)而具有关键地位。然后会出现第三阶段，在其中，国家以不同于建构多数势力的第三者方式显现，亦即，它是作为在一个被设想为多元主义的系统意义下的第三者。它在现存的诸多社会权力建构体之外，作为另一个权力复合体而加入作用。藉由此一具有特殊性质的方式，国家仍然具有建构多数势力的性质，并且发挥关键力量。当然，最后这一种诠释与当前仍然具有主流地位的德国国家思想见解，是相互冲突的；但是我们几乎可以清清楚楚看到，那些支配着国家的党派所采取之纯粹受政党政治决定的行为，其结果就是形成这样的阶段。那些政党完全不会考虑任何一项原则，它们所关注的只是当下的策略利益：当国家符合它们的党派利益时，它们就将国家宣传成权威；当国家对其当下利益构成障碍时，它们就将国家说成侵入者，并且认为国家干扰了经济斗争与劳工斗争的固有法则。这种短视近利的自我矛盾操作方法，以及表面上看起来甚为粗糙的无原则状态，其实并非不具有一固有之原则；此方法属于多元主义系统所采取之典型手段。如前所述，多元主义系统没有兴趣公开对其自己或对其固有之原则宣示信仰。但是，它却有兴趣为了更有效地增进其党派利益，而尽可能利用所有对国家意志建构过程施以影响的可能[26]。

148 倘若这样的系统能够成功地在调解程序上贯彻相同的结果，

一如其成功地在议会主义领域上所达成的那样(亦即,使议会转变为多元主义的展现场所,并藉此方式使其不具行动能力),那么它就将国家推向了无可避免的择一选项:国家或者可以停止作为统一体以及作为整体而存在,或者可以尝试着从统一体与整体的力量出发而做出必要的决定。这个时候就到达了**中立性的第四个阶段**,也就是公开的、为了国家的缘故而颁布的**决定**。在这个阶段中,调解机制所做的建议及其具有拘束性的宣示(Verbindlichkeitserklärung),都只能够是国家的杰作。或许在这个时候,国家仍然隐藏在多数势力建构过程的背后,而且——正如同1931年1月9日帝国总统所发布之命令一样(RGBl. I S. 1)——一般所偏好采取的做法,也是在必要情况时增加调解庭的中立成员,并且再任命两名不具党派色彩的参审员进入合议庭当中。即便如此,这些做法仍然不会改变此一过程的本质要素:此处涉及的是国家的决定,这样的决定不是各种利益团体相互理解所带来的结果,也不是在国家与利益团体间,通过单纯的多数势力建构而形成的。在上述1931年1月9日之命令提到,唯有当"基于国家利益而显示出迫切之必要性"时,才能行使具有建构多数势力作用的任命不具党派色彩人士之权力,另外,官方理由书当中也宣示了,此规定"唯有在例外情况中始得适用"。这些都正好证明了其与国家决断之间所具有之关联。国家决断之非党派性(Unparteilichkeit),唯有在政治统一性与整体性的坚实基础上才能获得立足点,其所发挥之力量也唯有在例外情况中才能通过考验而获得展现。

只要多元主义系统还没有霸占国家整体的所有部分,只要政党的多数状态使其相互掣肘、限制,并且其世界观、经济与其他方

149 面的异质性又增加了此种限制的强度，而且最主要地，只要在人民当中，除了那些被政党组织所攫取并为其所用的部分之外，还现存着其他的力量，并且这些反作用力量也还能够藉由相对稳定的设置所构成的系统，而与国家宪法扣连在一起的话，那么前述的立足点就是可能的。现行帝国宪法即尝试藉助其组织性部分中的公投要素，来达成此一目标。前面的论述也早已指明此点：那些隐藏在“中立性”这个字眼背后的离心力倾向，会遭到那由直接、现存的人民所构成的政治性统一体（这个统一体乃是被宪法所预设与意欲）以及由全体人民直接选出的帝国总统的抵抗。

3. 官僚阶层与从多元主义政党国家中“独立”的几种可能性

当国家官僚阶层是出现在具有多重意义之“中立”势力的关系脉络中（或是成为在国家统一性问题中的关键角色）时——因为德国劳工法院审查权及调解制度中的法官和调解人都原则排除了专业官僚阶层（Berufsbeamtentum）——所以这里也就显现出在该领域中必然会出现的巨大功能变迁。传统上一边是国家（亦即君主官僚国）、一边是社会（与国家完全不同且“不受国家拘束”之生活领域）的静态对立已经崩解了。相对于被它所区分出去的“社会”，官僚体系已经不再**凌驾于**社会之上；而它也不应该还像在君主国家一样，具有相对于社会的超然地位。不过，官僚阶层应该作为不具政党色彩的实体（unparteiische Größe）的性格还是被刻意保存了下来；而根据宪法之意涵，官僚阶层也**不应被置于社会之**

下。帝国宪法在第 129 条及第 130 条中包含了对专业官僚阶层的制度性保障(institutionelle Garantie),并从而在宪法中纳入了一种(无法通过前述“功能整合”之方法来掌握的)静态性和恒常性要素。官员是“全民的公仆”;但公务员的中立性(Neutralität)所指的并不是“文官制度”(Civil Service)或技术人员这种单纯的中立性。而毋宁应该让德国专业官僚体系的伟大传统,继续在民主国家体制中存续下去[27]。但在君主基础与国家社会之区分不再存
在之后,专业官僚体系就只有依附于一个新基础时才能继续存在。150
而我们可以看到,这个新基础就是依帝国宪法第 46 条任命并免职帝国官员的帝国总统。因此,这两条宪法规定——第 130 条与第 46 条——应该放在一起观察。从现实的层面来看,如果不是直接经由一个成为部长的党员、而是由一个独立于国会、亦即独立于政党的国家元首去任命官员,那么这对于以政党政治去分配公职之方法会是一个明显的阻碍。然而比这种现实面上之优点更为重要的,是受宪法保障之官僚国家与立于公投基础之上、掌有帝国宪法中公投要素之帝国总统间的体系关联。

我们在这里找到了在民主宪法中唯一可能具有**独立性**(unabhängig)的机关,而如果没有这个独立机关,宪法的守护者也就不可能存在。“独立性”是最基本的要件,而整个宪法守护者的想法都是以一个独立而中立的机关为基础,然后再加以形成的。
然而在当前的国家生活中应该要有多少的“独立性”存在,以及为 151
什么我们要不断将新制度从政党政治之运作和多元体系中抽离出来的原因,也还是没有一个在体系上清楚而明确的答案。(宪法上)有许多不同的独立性形式:**法官**独立、与之不同的**专业官僚**独

立，以及两个组合起来的**专业司法官僚**独立；还有德意志帝国**审计院**（Rechnungshof）院长与其成员的独立性[28]。此外还有帝国宪法第 21 条下**国会议员**的独立性[29]，以及形式特殊的、依据帝国宪法第 142 条讲学自由受宪法保障之**大学教师**（Hochschullehrer）
152 的独立性与自由[30]；另外还有出于事物之本质的，鉴定人和专业人士的独立性[31]。而先前曾经提到（本书第 100 页至第 101 页）的中立性努力以及从国家高权分支出来的**自治**（autonom）、独立组织如**帝国银行**与**帝国铁路公司**都设有保障其独立性的特殊形式与维护机制，其中除了兼任禁止和其他特殊规定之外，主要还有以**补选**（Kooptation）之方式来递补帝国银行董事会之缺额，并在帝国政府与帝国铁路公司产生争议时，由特别的**帝国铁路法庭**（Reichsbahngericht）来裁判。最后还有国家元首的独立性：在君主立宪政体中是君主，而其独立性系基于王位继承权及其人格之不可侵犯性之上；而在宪政民主体制中是国家总统，根据魏玛宪法，其独立性是通过全体德国人民之选举（第 41 条）、七年任期（第 43 条第 1 项）及高罢免门槛（第 43 条第 2 项）来加以确保。

因此，法官的独立只是独立性的一种特殊类型，而并不当然与独立性画上等号；而且，如同我们所说，法官的独立还是独立性的一种**复合**（zusammengesetzt）类型。看到法官独立的名词，人们想到的通常是专业法官（richterliche Berufsbeamten）的独立性。通过法律上对其身份的保障，这些享有终身职或较长任期、不得任意免职或停职之专业官员，就能够逸脱于社会经济冲突的争端之外。所以他“独立”（unabhängig），而且——如同宪法第 130 条对他的要求一样——能够中立（neutral）而不偏袒（unparteiisch）。法官独立在当前国家中的本质基础，是通过帝国宪法第104条之规定："掌理普通法院审判权之法官为终身职。非由法院基于法律所规定之理由及形式做出裁判，不得违反其意愿而令其休职、停职、调任或退休"来将公务员的一般法律保障更加强化。因此，魏玛宪法中所保障的法官独立是互相连结的两种独立类型；一种是法官行为不受职务指示与指令拘束的**法官**独立（第102条），这种也适用于不具公务员身份的法官（陪审员、陪审法官、非专业之参审法官及参审员）的独立性；而第二种是得到强化的司法**官员**独立。这种任期终身、只能通过由其同僚所进行之形式（formell）程序而丧失官职之司法官员的独立性，不能被当成只是对第一种法官独立的保障。因为这第二种的独立性并不适用于不具公务员身份的法官（陪审员、陪审法官、商业法院之法官及陪席法官等），而且就其内 153
容而言，它也只是对于帝国宪法第129、130条所规定、适用于全体（也包含非司法）官员之保障的进一步强化。这部分的法官独立只是一般公务员独立的特殊情况。如果法院是由政客组成，那么即使法院的成员是在"行使不受委任及指令拘束之法院行为"，也没有人认为它可能独立或中立；大家都会联想到国会议员在帝国宪法第21条下的独立性，然后推定这样的法院——不管是在组成或行为上——也必然会成为多元主义体系的竞技场，就跟国会以及其他受"国会信任"（Vertrauen des Parlaments）所影响的所有机关一样。

一群不得任意免职、享有法官独立之特殊保障的专业法官，看起来的确很像是独立、中立而又客观的机关，但如果相信只要交由一群专业司法官员决定就能除去所有宪法争议的政治性格，那也未免将一切都视为太过理所当然。如果是因为这样的理由而要求国事法院或宪法法院去处理所有宪法争议，那么人们多半是忘记了法官的独立只是法官应受法律拘束的另一面，而宪法并不能动摇这样的拘束力[32]。而人们也常常忽略了过去十年在劳工争议中所学到、导引出法官与调解人清楚分野的教训。事实上，我们所追求的并不完全是一个司法机关、而其实是一个独立而中立的机关，而司法性格只是被当成是独立性受到宪法保障的最安全、最直接手段。因此在大多数的情况下，我们不能只考虑狭义的法官独立，亦即在法院之职权行使层面上，保障法官不受其他机关之指令拘束的独立，而也应该将强化专业官僚之独立的**专业司法官僚**独立纳入考量。在这样的要求下，人们也就容易想再尽可能地加强专业司法官僚的保障。比方说，就应该保障这种类型的国事或宪法法院，不能以一般法律来变更法官之数量、组成或（法院之）程序，以防止——依据经验经常出现于重大政治案件中、特别是在美国联邦最高法院历史上也为人所知的[33]——“推挤法官”（Richterschub）或其他类似影响出现。最后，主张该机关只能基于院长
154 或整体成员之**提议**（Vorschlag）而任用[34]，或甚至经由**补选**来递补缺额[35]，也是极为合理的要求。但这种保障程度愈来愈高的要求其实只证明了，国事或宪法法院提案中的审判权和司法程序，实际上都只是为了建立一个与政党政治之运作与事务相抗衡的中立、独立机关和某程度之“恒常性”[36]（亦即静态性）而存在[37]。

155 诚然，宪法的守护者必须独立，并且在政党政治上保持中立。**但如果只基于案件之实际考量，认为独立性与中立性既合目的亦**

属必要，就马上引入一个由专业法学官僚担纲的法院或司法程序，那么这其实是对司法程序与审判权概念，以及德国专业官僚体系之制度性保障的滥用。如果把所有期望能经由独立性及政党政治中立性来解决的政治任务和决定，都压在司法者或专业官僚的肩上，那么将会对司法者及专业官僚形成无法负荷的重担。此外，这种宪法守护者的设置，也会直接抵触民主原则在政治上的推演。不管是在法国或是德意志君主立宪体制中[38]，因为所对抗的是国王的命令权，所以法院的审查权在19世纪中能够获得政治上的成就。但在今天，司法者的矛头不再是指着君主，而是正对着国会。这代表着法官独立的功能已经有了影响深远的转变。此外，国家与社会的古老区分已经崩毁，所以我们也不能再把19世纪的公式和论证，直接套用在20世纪政治及社会都已经完全改观的情势上。在今天的德国，必须建立一个稳定的机制并以与国会相互制衡的议题，已经与当初如何控制君主的问题完全两样。不论是分散的一般性法院审查权，还是集中审查的单一机关，都一样要从这种思维来思考。如果将所有宪法争议集中交由一个单一的，由不得免职之专业官僚所组成、从而具有独立性格的法院审查，那么就会形成一个"第二院"，一个成员为专业官僚的第二院。而也就没有任何一个司法程序能够隐瞒住这种国事或宪法法院其实是一个具有制宪权限之高度政治机关的事实。从民主的观点出发，实在 156
很难认为可以把这种功能交给**法袍贵族**（Aristokratie der Robe）来掌理。

4. 帝国总统地位的民主基础

然而当前国家中的法官独立，根本无意使法官成为一个促进正确政治意志形成的承载者，毋宁只是在秩序井然的国家中划分出受法律拘束的司法权领域，并加以确保。而其他的独立性具有其他的功能，其中（如同前文第 114 页所述）也有在促进一个独立于多元政党国家这种分裂国家之手段的、强力政治意志形成的独立性。因为中立化（Neutralisierung）、去政党政治化（Entparteipolitisierung）与去政治化（Entpolitisierung）的相互混淆，这种独立性经常被忽略[39]，但如果我们注意到，相应于不同的独立性类型，也有不同的**不可免职**（Inamovibilität）、**豁免**及——在德国似乎少有认识及存在可能的——**兼任禁止**[40]规定（即使并不总是被体系性地考虑及执行），那么这种独立性类型也就昭然若揭。首先，在德国国家法上我们一定会看到的是帝国总统与帝国众议院议员之间的兼任禁止（第 44 条）。而这种兼任禁止的意义在于，它表现出了宪法所引入之公投体系是以与议会体系相对的方式显出其独立性。这并不是一种不带政治性格的独立性，而是点出了一种政党政治上的独立性[41]。反之，审计院成员的兼任禁止（帝国预算条例第 118 条）则具有去政治化的意涵。而其他已经讨论过的兼任禁止，则是为了从政党政治运作中抽离，例如帝国银行与帝国铁路。虽然在其他民主体制中，显然还有一长串的公务员兼任禁止
157 规定，但它们在德国却鲜为人知。但值得一提的是，近来已经有人提出应该普遍禁止司法官员兼任国会议员的要求[42]。而宪法法

院成员自然也受到最严格的兼任禁止，但为何要做这种明确区分的理由，却少有人详加论及[43]。

而在这些形态各异的“独立性”类型中，首先必须注意到的是，这种独立是否只是防御而消极地用来保障其**免于**政治意志形成的**侵害**，还是反过来是在确保对于政治意志之确定或影响力的独立**积极参与**。法官的独立只是法官受法律拘束的另一面，从而是非政治性的[44]。此外，极具意义的是，专业官僚之独立、如同国会议员之独立，以及最后通过高罢免门槛及特殊特权保障的元首地位，都与政治**统一体**的**整体**概念紧密相扣。魏玛宪法规定：“公务员为**全民**之公仆，而非政党之仆佣”（第 130 条）、“议员为全体人民之代表”（第 21 条）、“帝国总统由**全体**德国人民选举之”（第 41 条）并对 158
外代表德意志帝国（第 45 条）。这种与整体政治统一体之整体的联系，包含了一种与经济社会生活上之多元群聚（pluralistische Gruppierung）的对立，并应该导引出它高于这些群聚的优越地位。如果不能导引出这种结论，那么采纳这种宪法形式的表象也就只是空泛的想象，或只是在表达无所偏袒之鉴定人的客观性；例如帝国临时经济委员会（vorläufiger Reichswirtschaftsrat）之成员，1920 年 5 月 4 日之命令第 5 条规定，这些成员是“全民经济利益之代表”[45]。

只有通过这些规定的比较性关联，帝国总统依据魏玛宪法所享有的地位才会变得清晰。帝国总统是这整个——基于公投基础而建构、具有政党政治上之中立性与独立地位——体系的核心。当前德国的国家秩序是在多元体系之趋势阻碍、甚至冻结立法国正常运作的情况下，被委托给帝国总统。因此，在高度政治议题及冲突情况中，让一个法院担任宪法守护者、从而让这样的政治化拖累甚至危及司法部门之前，我们首先应该对魏玛宪法的实证内容及其法条体系作一回顾。在魏玛宪法的现行内容中，已经存在着一个宪法的守护者，也就是帝国总统。不管是从相对的静态性及恒常性（七年一任、高罢免门槛、独立于变动的国会多数）还是权限的类型（帝国宪法第45、46条下的管辖权、根据第25条解散帝国众议院、根据第73条提起公民复决、第70条下之法律签署及公布权、根据第48条之帝国强制措施及宪法的保护）来看，都具有建立一个（基于帝国总统与国家整体之直接联系而）在政党政治上保持中立之机关的意思，而这种机关正是宪法情势与最高宪法机关合宪运作最妥适的捍卫者及守护者，也因为帝国总统具备有效的紧
159 急状态权力，从而能够成为宪法的积极屏障。在帝国总统依据第42条所作宣誓的誓词中就明白指出帝国总统应“捍卫宪法”。根据德国宪法传统，宪法上的宣誓属于“宪法的保护”（Gewähr der Verfassung），而现行宪法条文规定的成文文义，也将帝国总统清楚地标示为宪法的捍卫者。无论怎么评价政治宣誓的意义，这种具有拘束力的宪法文义都不应该被忽视。

而以帝国总统担任宪法守护者的想法，也正符合作为魏玛宪法础石的民主原则。帝国总统由全体德国人民选出，而其相对于立法机关的政治权限（尤其是帝国众议院的解散及提请公民复决），依其本质，都是“诉诸民意”（Appell an das Volk）。通过这种将帝国总统当成具有公投性格，且在政党政治上中立之制度与权限体系核心的手段，现行宪法是在民主原则的考量下，尝试建立一个与社会经济权力团体相抗的制衡力量，并维护民族统一体能够

继续具有政治整体的性质。我们也许可以质疑帝国总统的地位是否能够持续脱离于政党政治的运作之外，并且继续坚持这种出于国家整体而来、明确不具政党色彩的客观性及中立性；我们或许也会担忧欧洲共和体制中之国家元首会步上君主的后尘，而具有公投性格的帝国总统会重蹈以公民动议为基础之公民复决的覆辙。但这一切都无损于我们的论证。无论如何，魏玛宪法是在非常自觉的情况下、以特定的民主手段来进行它的尝试。它把全体德国人民当成具有直接行动能力——而非通过社会团体组织媒介——能直接表达其意志，在关键时刻能超越多元分裂而聚集并实现其意志之统一体的前提。宪法特别试着让帝国总统之权威有机会能直接与德国人民之政治总意(politischer Gesamtwillen)结合，并藉此以宪法统一体之守护者、捍卫者及全体德国人的身份而行动。而当前德国的存在及存续，即是以此种尝试之成功为基础。

注　　释

[1] Schmitt 在这里似乎有意以 Rechtstaat 此一用语，取代传统上的法治国(Rechtsstaat)概念。以下的“bürgerlicher Rechtstaat”亦同。但本译文仍将 Rechtstaat 译为“法治国”。——译者

[2] 首先见于 *Réflction sur les constitutions et les garanties*，1814 年 5 月 24 日出版，重印于 *Collection complète des ouvrages de Benjamin Comstnat*，Paris 1818，S. 14 f.。可进一步参阅 *Cours de politique constitutionnelle*，Ausgabe von 1818，I S. 13 f. Ausgabe von Laboulaye，I. S. 18 f. *Œuvres politiques*，Ausgabe von Charles Louandre，Paris 1874，S. 18。关于此一重要问题，至今尚无专书探讨。可能的解释是，在法国，此一情况是导因于法国君主政体的政治命运；就德国迄今为止的发展而言，则可

能是导因于宪法理论之欠缺。贡斯当自己点出了克莱蒙-多奈尔(Clermont-Tonnerre)的宪法理念(S. 14, Anm.),但是没有进一步做时空背景的交代,而且也只提到在该理念中可以找到其学说之"雏形"(on en trouve les germes etc.)。他似乎以为这样就够了。G. 耶利内克在其《一般国家学》(*All. Staatslehre*)一书第590页也点出了克莱蒙-多奈尔,而贡斯当的论述似乎是此处唯一的基础。除此之外,贡斯当关于中立权力之学说,与克莱蒙-多奈尔之宪法学建构在历史上究竟有何关联,至今还没有人进一步研究过。虽然贡斯当的学说符合于一种柔和的自由理论,也就是一种建立在权力分立基础上的君主体制理论,而这样的理论亦可见诸莫尼尔(Mounier)与克莱蒙-多奈尔;而克莱蒙-多奈尔也将君王的地位称为"规制权力"(pouvoir régulateur)(*Œuvres complètes de Stanislas de Clermont-Tonnerre*, t. IV, Paris, an III, S. 316),但是我到目前为止仍然无法在细节上确定,克莱蒙-多奈尔以何种方式影响了贡斯当,以及他是否已经使用过"中立权力"这个重要而有其特征的用语。就个人传记上的关联而言,无论是在 Rudler, *La jeunesse de Benjamin Constant*(1767—94), Paris 1909,或者是在 Rudler 所著之更详尽的研究文献 *Critique des œuvres de Benjamin Constant*, Paris 1909 中,都没有指出其与克莱蒙-多奈尔之关联。1930年出版的两部传记著作(分别由 Lèon 与 Dumont-Wilden 所著)里面,就这个问题也没有提供进一步资讯。

[3] 1824年3月25日巴西宪法第98条:"调解权乃整体政治组织之关键。其系被专属地托付给作为国家最高领袖与第一代表的皇帝,以使其能不间断地担负维护其他政治性权力部门之间的独立性、平衡与和谐状态。"同样,1826年4月29日葡萄牙宪法第71条也规定:"调解权乃整体政治组织之关键,其系专属于君王(下略)。"在跟意大利与西班牙同僚们的对话中,我也清楚得知,贡斯当的学说在意大利与西班牙一样产生重大影响;不过在这里也尚缺专论式的研究。在西班牙政府于1929年7月所公布的西班牙新宪草案中,枢密院(*Consejo del Reino*)被设想为:君主权力之工具;法院独立地位之担保;议院之调解人;相对于政府与法院,而作为宪法之守护者;在非常状态中可能的主权机关;整体政治有机体之

关键与装饰,并且赋予前者稳定性与尊容地位(instrumento del Poder armónico;garantia de la independencia judicial;moderador de la Cámera legislativa; *salva guarda de la constitucion*, frente al Gobierno o a las Cortes;posible organo de soberanía en circunstancias culminantes;clave y ornamento de todo el organismo politico,al cual presta estabilidad y decoro)。将君王(根据宪法第43条,其主要任务被定义为"调解功能"[funcion moderadora])与枢密院(Staats- und Kronrat)所具有之政党政治层面上中立性的权威相互结合,是一项有趣的尝试。在较早之西班牙宪法中(1812,1837,1845,1869,1876),这种引发我们高度兴趣的转向,则尚未被采行。

[4] *Geschichte der sozialen Bewegung in Frankreich von 1789 bis auf unsere Tage*, Bd. I, Der Begriff der Gesellschaft, Ausgabe von G. salomon, München 1921 I,S. 502;施泰因明确提及了贡斯当中立权力之学说(a. a. O. II S. 51)并且指出,此项中立权力系出现于法国七月革命后的君王地位(Julikönigtum)。他认为,这根本地展现了真正立宪主义的古典形式。

[5] Entwicklung des Ministeriums in der konstitutionellen Monarchie, *Grünhuts Zeitschrift für das private und öffentliche Recht* X(1883),S. 340,342. Vgl. auch *Allgemeine Staatslehre*, S. 590。然而我认为,G. 耶利内克藉此处对西哀士所做的论断是不正当的,也误解了这位令人叹为观止的宪政设计者(Verfassungskonstrukteur)。

[6] *L'introduction du régime parlementaire en France*, Paris 1904, S. 184 f.。同样正确的论述也见诸 Henry Michel, L'idée de l'Etat, Paris 1896, S. 304:"从来没有人能够在表达方式上,以更为自由却更具确定性的方式来说明立宪君主的地位"。("On n'a jamais mieux défini, avec plus de délicatesse et de sûreté dans l'expression, le rôle d'un roi constitutionnel.")

[7] Heft 5 der Veröffentlichungen, a. a. O. S. 10 und S. 19("我们看到,贡斯当正确地主张:对政务官施以惩戒,并非重要的问题,如何使其不造成危害才是比较重要的")。

[8] 参见以下第136页之注2(即本章之注释[14]——译者)。

[9] Thiers 在 1829 年提出的命题是:“君王统治、部长执政、议院判断”(“Le roi règne,les ministres gouvernent,les chambers jugent”)(在这里,jugent 指的当然不是司法活动)。关于此一著名命题的形成过程,可参阅 G. 耶利内克于 1883 年 Grühuts Zeitschrift 中所发表之论文(a. a. O. S. 343),Esmein-Nézard,*Eléments du droit constitutionnel*,7. Aufl. I,S. 231。

[10] *Rechts- und Staatsphilosophie*,2. Aufl. § 97 f. ;关于“立宪”与“议会”对立概念之澄清,可参阅 C. Schmitt,Verfassungslehre,S. 289。此一无法解决的理论困难,清楚显示在宾丁(Binding)关于部长责任的论文中(前面第 28 页注 3)(即第一章之注释[35]——译者)。倘若缺少了对国家元首中立地位学说之认知,就无法理解或建构该文中之论证。

[11] 例如 C. v. Rotteck,*Lehrbuch des Vernunftsrechts und der Staatswissenschaften*,2. Aufl. Bd. 2,Stuttgart 1840,S. 219 即已提过:若不具有自己的权力范围、不具有行动与执行能力,则君王会成为“单纯的幻影”。

[12] Max von Seydel,Über konstitutionelle und parlamentarische Regierung (1887);in *Staatsrechtliche und politische Abhandlungen*,Freiburg und Leipzig 1893,S. 140;可进一步参阅之文献如:Samuely,*Das Prinzip der Ministerverantwortlichkeit*,Berlin 1869,S. 15;Frisch,*Die Verantwortlichkeit der Monarchen und höchsten Magistrate*,Berlin 1894,S. 186;对此提出正确批判者:L. C. Dolmatewsky,Der Parlamentarismus in der Lehre B. Constants,*Zeitschr. f. d. ges. Staatswissenschaft*,Bd. 63 (1907),S. 608。

[13]“这样的人只不过是一只‘饲料猪(cochon engraissé)’”。这段话在 Bluntschli,*Allgemeine Staatslehre*,I,S. 483;Georg Jellinek a. a. O. S. 341 当中皆有引用。

[14] 关于**权力**(*potestas*)与**权威**(*auctoritas*)之对立:Verfassungslehre,S. 75 Anm. ;关于在权力分立的议会体制国家中,国家元首之地位这个困难的,但是却相应于社会与政治现实情况的建构:Lorenz von Stein,Begriff der Gesellschaft,a. a. O. Bd. I S. 498,可进一步参阅(关于贡斯当的学说)II S. 51。在这个脉络下值得注意的一点是,贡斯当在其关于**中立权力**(*pouvoir neutre*)的论述中,也举了罗马元老院的权威作为例证

(Œuvres I,S. 17 f.)。关于以元老院作为宪法守护者的观点,参见前面第 9 页。当人们所谈论的是 *pouvoir* neutre 或中立**权力**时,这已经清楚显示出,**权威**与**权力**的区分在国家理论的意识中已经消失,且 *pouvoir* 已经变成一个毫无特色的概念。在具有决定性的地方,贡斯当自己使用的则是 *autorité* 这个字,不是 *pouvoir*:"君王在三个权力部门(立法、行政、司法)中间,是作为中立的与调解性的权威"。即"Le Roi est au milieu de ces trois pouvoirs(législatif,exécutif,judiciaire)autorité neutre et intermédiare"(*Cours de politique constitutionelle*,I S. 15)。此外,在其理论中所使用的术语,并不一致,对此我们不须太过惊讶,因为这项区分在 18 世纪时几乎已经不再有人使用。在我多次引用的霍布斯(Hobbes)名言"权威,而非真理,造就了法律"(auctoritas, non veritas facit legem)(*Leviathan*,lat. Ausgabe,Cap. 26)当中,虽然权威与权力仍有区分,但是霍布斯到最后仍是将权威完完全全溯及到一种集大全的权力上。孟德斯鸠(Montesquieu)则在其一段经常被讨论的格言中,将**司法权**(*puissance de juger*)解释为"某种可说是无法透视,或者根本不存在的事物"("en quelque façon nulle")(*Esprit des lois* XI,6),这样的观点也是处在与此一区分相同的实质脉络中,但是孟德斯鸠并未意识到此。这个传统,长久以来使**元老院**一直能跟**权威**这个特别概念联系在一起。藉由此种方式,在这里引起我们兴趣的对立项,则经常会逐渐过渡到**审议**(*deliberare*)与**行动**(*agere*)之对立。有几种不同的权威,可以跟元老院的图像串连在一起:年龄、经验与智慧、只具**建议性**的专业知识。在 Bodinus,*Six livres de la République*,III cap. 7(S. 365 f. der 2. Auflage von 1580)当中,他仍然还清楚认识到此一区分:"此外,当人们谈到罗马元老院的'权力'时,他们所指的其实是**尊荣**、**权威**、**咨询**,而不是**权力**"(et quoy qu'on dit de la puissance du Sénat Romain, ce n'estoit que *dignité*,*authorité*,*conseil* et *pas puissance*);对他而言,前述之对立项被转化为**咨议**(*conseil*)与**统帅权**(*commandement*)之间的对立。至于人们什么时候对这些实质上的差异丧失了感觉呢?我认为,这可以用法国大革命以降的发展来作为例证。Gautier(1792)在 *Dictionnaire de la Constitution*(宪法辞典)中的"权威"(autorité)辞条,所做之说明，可说特别明显地展现了此特征："这个字意味着统治权、权力、治权"(Ce mot signifie pouvoir，puissance，empire)。由此，现代国家学基于其欠缺传统之性质(Traditionslosigkeit)，而开始采取的一些择一的选项(Alternative)，也被揭露了出来：权威与自由、权威与民主等等，一直到政党政治上用来进行斗争的关键词。在这里，即使是独裁与权威，或者专制与权威，都不再被区分开来了。

[15] *Œuvres politiques*，a. a. O. S. 18.

[16] A. Feiler，Frankfurter Zeitung，10. Januar 1929，Nr. 24。相对于此，Giese，DJZ. 34，1929，Sp. 134 则指出，人们无法否认，国事法院院长"为最高帝国机关之一，应该有权对实际的或者有疑问的违宪行为，提起诉愿"——但是，若非帝国总统应被视为"宪法守护者"，那么这样的诉愿为什么要向他来提出呢？这样的见解应属正确。前任帝国法院院长西蒙斯(Simons)自己在其与 H. H. Lammers 共同编辑的《德国国事法院裁判集》第二卷导论(S. 9 und 11)中，也对同一问题表明其立场。其论述之精髓就展现在下面这段极为中肯的引文中："在宪法中，帝国总统的地位并没有被狭隘而鲜明地划定界线，仿佛可以通过法规范来制止他采取调解行为一样；正好相反，根据帝国宪法第 42 条与第 48 条，帝国总统被认为是帝国法律与帝国宪法的最高守护者，而它的调解行为也正好完全符合此一机关地位的目的与意义。"藉此方式，并且通过前文之论述方式，F. Glum 之质疑也可被反驳，参见 F. Glum，Staatsrechtliche Bemerkungen zu dem "Komflikt" zwischen dem Staatsgerichtshof für das Deutsche Reichund der Reichsregierung，*Zeitschr. für ausländisches öffentliches Recht und Völkerrecht*，I(1929) S. 466。此外，Glum 在另一篇论文(Parlamentskrise und Verfassungslücke，DJZ. vom 15. Nov. 1930，S. 1417/18)当中，自己也将帝国总统称为"宪法守护者"，并且由此而引出相当广泛的实践上的结论。对照这些见解，Glum 似乎也必须承认，1928 年 12 月时帝国总统所为之调解行为，具有绝对正面的自明性。

[17] H. Pohl，*Hdb. d. deutsch. Staatsrechts* I，S. 502。作为艾伯特任职时期的例证，可参阅其于 1922 年 7 月 27 日发给巴伐利亚邦政府之信函(关

于 1922 年帝国与巴伐利亚之冲突);在这里,帝国总统自己说道:"基于本人作为帝国宪法与帝国思想守护者之地位,则本人亦负有义务,依据帝国宪法第 48 条规定,促使巴伐利亚邦政府命令失效;"(此封信函以及巴伐利亚邦总理之回复,可见诸 R. Joeckle, Bayern und die große politische Krise in Deutschland im Sommer 1922, *Politische Zeitfragen*, Heft 7/11, S. 237, München 1922)。在此也可看出形式主义逻辑会走入死巷的特征:依照这样的逻辑,帝国总统要不是认为巴伐利亚邦政府违法,而采用宪法第 48 条所赋予他的权限;或者帝国总统就是认为巴伐利亚邦政府所采措施应受许可,而不应发出这样的信函。

[18] 依照事物本质,帝国宪法第 50 条(帝国总理或相关部会首长之副署)不应适用在行使斡旋权(*pouvoir intermédiare*)的情况,因为在此处并未涉及帝国总统之"命令与处分"(Anordnung und Verfügung),而是涉及其个人之影响、建议与斡旋行为;参见 F. Freiherr Marschall von Biberstein, *Handbuch des deutschen Staatsrechts*, Bd. I S. 531。从宪法第 50 条规定而导出结论,认为帝国总统这样的职位,只能藉由"命令与处分"来表明其意见,这样的看法是不合逻辑的。参见 H. Pohl, a. a. O. S. 484 und (undeutlich) R. Thoma eod. S. 508。

[19] Carl Schmitt, Staatsethik und pluralistischer Staat, *Kant-Studien*, Bd. XXXV(Berlin 1930) S. 41.

[20] Otto Bauer, *Bolschewismus und Sozialdemokratie*, 3. Aufl. Wien 1921, S. 114; *Die österreichische Revolution*, Wien 1923, S. 196(阶级力量取得均势之时期); Der Kampf, XVII S. 57; K. Kautsky, Die proletarische Revolution und ihr Programm, Berlin 1929, S. 100; Max Adler, *Politische oder soziale Demokratie*, Berlin 1926, S. 112 f. ;对此之批判,尤其可参阅:Arkadij Gurland, *Marxismus und Diktatur*, Leipzig 1930, S. 95 f. 。如同前面提到的(第 25 页[即第一章注释[30]——译者])凯尔森对于民主所下的自由主义式定义,这种社会民主式的均势建构,今天也早已忘记其所处之体系性脉络,并且完全不具有穆勒的"直言不讳的清晰性"。

[21] Zur Staatslehre des Sozialismus und Bolschewismus, *Zeitschrift für*

Politik, XVII(1928)S. 596/97:"吊诡(das Paradoxe)已经成为事实。决定的价值在于,它是一项法律上的决定,它是由一个一般地受承认的机制所做出;然而即便如此,它却应该**尽可能地不具有实质决定的性质**(möglichst wenig Sachentscheidung)。"

[22] 由于众多政党分配的现象以及横向连结的现象,对此要提出统计上的证明,确有困难,然而这个现象却一直是清晰可见的;参见:A. Dix, *Reichstagwahlen und Volksgliederung*, Tübingen(Recht und Staat Nr. 77)1930, S. 37; E. Saemisch, Wer vertritt das Volk? in der Zeitschrift *Die Tat*, März 1930, S. 920 f.。萨克森(Sachsen)这个工业邦对于此处之讨论而言别具意义,而这可以参考下列论文:Thörnig, Das sächsische Polizeiwesen, in dem Sammelwerk *Sachsen, Kultur und Arbeit des sächsischen Landes*, Berlin 1928, S. 38。该篇论文或许就此点并不具有体系性的意图,但是在下列论述中却就此清楚地说道:"萨克森是一个具有非常密集人口的工业邦国。在这群人口中,有一可观的部分是属于劳工等级,并且持有马克思主义的世界观。这些支持者在数量上与抱持着另一种观点的人民,差不多取得均势。这尤其决定了选举的结果。在萨克森的邦议会中,会依据当下片刻的、政治性的情势,而发生左派的脆弱多数势力与具有同样情况的中间势力的交互轮替情况。"

[23] 在前面第 47 页(第一章注释[66]——译者)与第 62 页(第一章注释[86]——译者)的地方,我曾经提出国际法与宪法之类比。关于国际法与劳动法之间的关系,请参阅 Dietrich Schindler, *Festgabe für Fritz Fleiner*, Tübingen 1927, S. 400 f. (Werdende Rechte, Betrachtungen über Streitigkeiten und Streiterledigung im Völkerrecht und Arbeitsrecht)。

[24] 比尔芬格指出,在联邦国家内部,必然需要持续存在着联邦与成员邦国之间的平衡,以及各成员邦国之间的平衡。这样的区分在此处的脉络下别具意义。帝国参议院的代表机制,同时具有利益平衡与代议的性质。在比尔芬格的理论中还可以发现下列论点:在这样的权力配置状态中,最终之**意见合致**原则,其实就已经展现了**强制的要素**,因而,即使在意见合致的情况中,我们也可以说已经有特里佩尔理论意义下的"强

制平衡”之存在。此一想法实属中肯，底下也会再予评价。只是我不了解，为何比尔芬格在这项全然正确、亦具有实质意义的确定命题之后，还要再加上“形式地予以理解”(formal verstanden)的字样(*Handbuch des Deutschen Staatsrechts*，Bd. I，Tübingen 1930，S. 550 Anm. 30)。

[25] E. Jacobi，*Jur. Wochenschrift Bd*. 58，1929，S. 1278；E. Haymann，*Die Mehrheitsentscheidung in Rechtsprechung und Schlichtung und der Schiedsspruch im Rhureisenstreit*，Berlin und Leipzig 1929，S. 9，14 f. D. Schindler a. a. O. S. 416. 。H. Herrfahrdt 提出了下列各个阶段顺序：自治行政、劳动共同体(Arbeitsgemeinschaft)、仲裁法庭之导引(schiedsrichterliche Führung)。此种说法的贡献在于，它凸显了新的国家问题。但是这样的区分在我看来没有太丰富的意涵，也不是穷尽的区分，尤其“仲裁法庭之导引”这样的概念结合(Zusammensetzung)本身不甚明确。关于 1922 年 1 月 22 日帝国劳动法院之判决，主要可参阅下列文献选辑：Grauert，Mansfeld und Schoppen，*Der Rechtsstreit im Arbeitskampf*，Mannheim 1929。在大多数的讨论文献中，此一问题的国家理论面向都遭到忽略。Hoeniger(*Magazin der Wirtschaft*，14. Februar 1929 S. 223)提到，“无论是赞成或者反对形式法学的论证方式，都还有一些论点可被提出”，这样的见解虽然正确，但是它也不过显示出，这个问题无法藉此种方式获得解决。Hoeniger 自己虽然指出 § 196 Abs. 2 GVG.，但是他也具有此种“形式主义”之缺陷，因为，在法官合议庭当中计算表决多数时，需要以被投下的选票之平等性与同质性为出发点，而非以“合议庭”**内部**(innerhalb)所预设之利益团体划分以及“中立的”庭长为出发点。

[26] 这里提出的国家理论上的结构类型学命题，可在国家调解人身上获得展现。仅仅指出在政党媒体或其他政党意见表达管道中存在着这些矛盾现象，并不能用来反驳前述命题。很明显地，在一个多元主义政党国家中，当国家在当下片刻的情势中对其有利时，每个政党都会宣称国家的“权威”。反过来说，当国家的决定有利于对立党派时，它们却会拾起自由主义所主张之自由性(Freiheitlichkeit)，甚至有可能为独裁、集权国家、反动、法西斯主义或布尔什维克主义代言。多元主义的政党国家

具有一本质，那就是，它会使得多元主义系统的承载者有可能依照各种不同情况，而有时作为社会性的、非国家的、非官方的（也就是可以心安理得追求党派之私我利益、不需要承担任何政治风险的）组织登上台面；然而有时候却又可以由那些政党所把持的国家的部分出发，而使自己与国家同一化，也就是突然表现着国家权威的型态，并且将对立党派视为国家敌人。这种两手（à deux mains）的政治，对于各种利益人士之组织（Interessentenorganisationen）特别有利，因为它们随时可以以不同于政治（例如经济、私有财产、文化等）的姿态出现，但却又可以尽情利用国家性（Staatlichkeit）的所有好处。然而，唯有当决定尚未从任何一个面向出发而被做出时，这样的情况才有可能。决定之做出，也许是来自国家整体的某些现存力量（这些力量即便在前述情况中仍然继续存在着），也有可能是导因于迈向一党国家的过渡发展，这样的过渡发展将政治性的风险（das Risiko des Politischen）强加于某一政党上。

[27] 关于德国“官僚的新任务”：A. Köttgen，*Das deutsche Berufsbeamtentum und die parlamentarische Demokratie*，Berlin 1928，S. 243；Sächsische Schulzeitung Jahrg. 96（Dresden Nov. 1929）S. 757 f. und 825 f.（反对以H. Potthoff为代表，将公务员关系融入社会政策上受到保障之劳动契约关系中的见解）；及 *Handbuch des Deutschen Staatsrechts*，Bd. II（1930）S. 15；进一步的文献 E. 茨威格特（E. Zweigert），Der Beamte im neuen Deutschland，in “*Volk und Reich der Deutschen*”，herausgegeben von B. Harms，Berlin 1929，Bd. II，S. 467：“我们的职业伦理不会因为魏玛宪法的制定而减损。反而还会通过为全民奉献的思维而受到深化和净化。”茨威格特在这里也谈到了“与全民的内在关联，它不但高于与政党之关联，在伦理上也高于先前与君主人格的关联”。而没有触及官员隶属于“变动之政治权力”的问题。H. Leisegang，Die Ethik des Berufsbeamtentums（in der Vortragsreihe：*Berufsbeamtentum*，*Volksstaat und Ethik*，Leipzig 1931，S. 32）甚至这么说：专业官僚的伦理“是唯一将国家紧密结合的道德本质（sittliche Substanz），在这个国家中，其他所有将人类相互连结的——特别是世界观和宗教——都是私人问题。”而 Walter Kaskel，*Beamtenrecht und Arbeitsrecht*，Berlin 1926 和 Fr.

Giese, *Das Berufsbeamtentum im deutschen Volksstaat*, Berlin 1929(beide in der Verlagsanstalt des Deutschen Beamtenbundes erschienen)的论文都值得特别提出。而恩斯特·米歇尔(Ernst Michel)的阐述也极具意义,Das Beamtenproblem, in der Zeitschrift "Deutsche Republik", 3. Jahrgang(August 1929), S. 1501 f.,因为米歇尔有意识到前述(本书第79页)的变化,并注意到这样的变化就在"社会的自我组织"(Selbstorganisation der Gesellschaft)之中,而我们生活在一个"彻底政治化之社会"的说法,只是一种幻想。我会说:他会认为在一个"总体国家"(totaler Staat)中,官僚阶层是适合"在社会变革中作为维护经济、社会与政治**相关**斗争之和平的机制,并从日常的工作责任的小处着手,去从事浩大的**息讼止争**工程(Beschwichtigungsarbeit)。"(黑体字为本书作者所加——译者)在 A. Köttgen 讨论 G. Leibholz 时, Der Begriff der Repräsentation, Arch. d. öff. Rechts, Bd. 19(1930)S. 307,以全新并值得注意之论证去处理的问题:德国公务员在今天是否为国家之代表,我想再特别表明我的立场。就目前来说,我仍然坚持:公务员,如同宪法所言,是**公仆**(Diener)。参照 *Verfassungslehre* S. 213。

[28] § 118, 119 der Reichshaushaltsordnung.

[29] 关于此点请参见 *Verfassungslehre*, S. 255。

[30] Karl Rothenbücher, in dem Bericht für den Deutschen Staatsrechtslertag in München 1927, Veröffentlichungen der Vereinigung deutscher Staatsrechtsler Heft 4, S. 32 f.; Rudolf Smend, ebenda, S. 56 f.; W. A. E. Schmidt, *Die Freiheit der Wissenschaft* (Abhandlungen zur Reichsverfassung, herausgegeben von W. Jellinek, Heft 3), Berlin 1929, S. 126 f.; F. Freiherr Marshall von Bieberstein, Die Gefährdung der deutschen Universität in der Zeitschrift "Die Tatwelt", Jena, Juli/Sept., 1929, S. 92 f.。关于在宗教上与世界观上持中立态度的国家,及其与教育和学校间的关系问题,甚具启发性的论文可参见 G. Giese, Staat, Staatsgedanke und Staatserziehung, in der Zeitschrift "Die Erziehung", 5. Jahrgang (1929), besonders S. 153;然而,在这边还需要进一步区分不同类型的非政党性(Unparteilichkeit)、超越政党性(Überparteilichkeit)以及中立

性(Neutralität)等概念(前文第111页)。关于学术自治之理由(*ratio*),特别切重要害的文章是E. Spranger, *Das Wesen der deutschen Universität*(Akademisches Deutschland,1930 III 1,S. 5):"更精确地说,在学术自由的命题中,所涉及的并不是一项个体的基本权,而是一项超个体的、负有义务的权利,它是产生自真理追寻过程的超个体实质性。"帝国宪法第142条对于学术性教学自由之保障,乃是一种制度性保障(Verfassungslehre S. 172,持相同意见的还有:Anschütz, *Kommentar* S. 572,F. Giese, *Kommentar* S. 299;A. Köttgen, Mitteilungen des Verbandes der Deutschen Hochschulen, Januar 1931)。关于学院的教学自由与自由讨论原则之间的关联,以及收取听课费之特权(das Privileg des Kolleggeldes),可参见下面这篇有趣的论文:Lorenz von Stein, *Lehrfreiheit, Wissenschaft und Kolleggeld*, Wien 1875(教学自由为讨论之自由,而薪资则是独立与自由的保障)。

[31] A. Bertram, Zeitschrift für Zivilprozess, Bd. 28, 1928, S. 421:"于鉴定意见不包含指令(Weisung)在内时,鉴定意见在行政领域内只具有一种特殊地位。诚然,上级机关对于下级机关在做出鉴定意见时,所涉及之一般或具体问题可加以指示;但在鉴定意见之定义尚未改变之前,上级机关不得要求下级机关做出特定结论之鉴定意见,亦即,鉴定意见之内乃是鉴定人不受指示拘束的固有活动领域(Eigentätigkeit)。"

[32] 参见本书第47、48页。

[33] 例如废除奴隶制抗争时期的Dred-Scott案例(Charles Warren, The Supreme Court in the United States, Boston 1924, III. S. 22 f.)或脱离战争货币贬值(Geldentwertung der Sesessionskriege)时期的法律建议(Legal Tender)案例(a. a. O. S:244),参见本书第13页;而格内斯特关于公务员的判决在这里的脉络下也值得注意(本书第36页注释)(即第一章之注释[52]——译者)。

[34] 德意志帝国审计院院长之提议权;帝国预算条例第119条第2项。对于建制中的帝国行政法院(1930年8月26日的帝国行政法院法草案,Reichsratdrucksache Nr. 155)G. Lassar也提议赋予类似的提议权,请参见*Das Reichsverwaltungsgericht, eine Kritik des Regierungsentwurfs*,

Berlin 1930,S. 14。而系方在教师聘任上的提议权,是作为学术独立前提之自治权的一部分。

[35] Kelsen in seinem Bericht, Veröffentlichungen Deutscher Staatsrechtslehrer, Heft 5, S. 56。截至目前,在德国只有帝国银行的董事会采取这种补选的方式,而且只有在债权国的外交压力之下才有实施的机会。而在法国为引入补选制度所采行(但失败)的尝试,请见下述注 4(即本章之注释[37]——译者)。

[36] 为格内斯特在其关于法院审查权之鉴定意见中的见解,a. a. O. S. 23。格内斯特以下述这种对于前文之阐述脉络极具意义的理由,拒绝了美国法院对于法律之理性及正义(也就是法律的理性能力)的审查权:"因为这里(亦即美国)的立法权中欠缺一种用以与变动利益做成之草率立法决议对抗的、必要的恒常性要素,所以才必须通过将法院地位提高为某些基础契约界限之捍卫者,来保存世袭君主体制中的某些优点。而美国联邦最高法院这种超然的权力当然不适合德国的法院体制。**最后一道防线**(letzte Garantie)应该由世袭君主、延续性之上议院,以及民选议院,在立法过程中之合作所共同组成;这道防线的适用范围,至少及于人类制度所能想象的尽头。"

[37] 这项目的最保险的方法是通过世袭的第二院(有时称为上议院)来达成。因为在今天的民主国家中,不太可能再根据英国的典范引入上议院(Pairskammer),因此我们只能通过一种享有完全或部分身份保障(inavobibel)、以补选来递补缺额的参议院来加以仿效。但这样的尝试在法国却并未成功。根据 1875 年 2 月 24 日之宪法,在其他参议员大多是经由选举而产生的情况下,本应经过补选产生的参议员,却在 300 名参议员中有 75 名被国家会议(Nationalversammlung)任命终身职(auf Lebenszeit ernannt)。但 1884 年 12 月 9 日的宪法却排除了这种对于选举之民主原则的限制。然而这些被任命终身职的参议员却仍然享有身份上的保障,只是在这项规定废除之后不得再任命终身职参议员而已。最后一名享有这种身份保障的参议员一直到前几年才过世。

[38] 关于法国的情形,请参见 Maxime Leroy 极为贴切的评语,*Les transformations de la puissance publique*, Paris 1907, S. 97:法国法院在 1829 年

坐上了参议院守护者空下来的位置；关于德国的情形则请参见本书经常援引之格内斯特的鉴定意见，特别是在本书第154页注3（即本章注释[36]——译者）所引用之段落。

[39] L. Wittmayers 的论文，*Reichsverfassung und Politik*，Tübingen 1923 (Recht und Staat, Heft 24)特别受到这种将“去政治化”（Entpolitisierung）与“去政党政治化”（Ent-Parteipolitisierung）同等对待的困扰；关于这种同等的对待，请参见本书前面第108页。而当 Wittmayer 相信“明定”（Verankerung）于宪法等于“去政治化”时，也是一个错误；这样的宪法明文其实大有可能导致一种新的政党政治行为形式；关于这一点，请参见 J. Popitz, Verfassungsrecht und Steuervereinheitlichungsgesetz, Deutsche Juristen-Zeitung 1929, S. 20。相同地，政治（Politik）与政党政治（Parteipolitik）在这里是不同的。

[40] 这里主要取决于 Werner Weber 在 Arch. d. öff. Rechts, N. F. Bd. 19 (1930) S. 161—254 所处理的国会兼任禁止。

[41] W. Weber a. a. O. S. 205 讲得非常好：“在德国，权力划分及中立化倾向与帝国总统兼任禁止的证立同样重要；但是两者并不是毫无关联的对立概念，而应互相补充、互为要件。”

[42] Eugen Schiffe, *Entwurf eines Gesetzes zur Neuordnung des deutschen Rechtswesens* 1928, S. 1(§ 16)：“法官不得参选帝国众议院议员及邦众议院议员。不得为政党组织之成员，亦不得公开从事政党活动。”关于将司法官员抽离出政治领域的理由，S. 29。另外请参照 A. Köttgen, *Das deutsche Berufsbeamtentum und die parlamentarische Demokratie*, Berlin 1928, S. 105 f. 及 *Bandbuch des Deutschen Staatsrechts*, Bd. II S. 17 f. 。进阶文献，W. Weber a. a. O. S. 208 f. 。

[43] 1921年4月9日关于国事法院之帝国法律第4条第2项（RGBl.）：“年满三十岁之德国人具有被选举权。帝国政府、帝国众议院、帝国参议院、帝国经济委员会、邦政府、邦众议院或邦参议院之成员不得担任参审员。”另有巴登（Badischen）宪法第61条、梅克棱堡—史威林（Mecklenburg-Schwerin）宪法第67条，以及1921年3月9日捷克斯洛伐克宪法法庭法第1条第6项：“具有法律专业及参议员被选举权，但并非前

述所称立法机关之成员者,可为宪法法庭之成员及替补人员。”(Epstein S. 21)1929 年 12 月 7 日版本之奥地利联邦宪法第 147 条第 4 项(Bundesgesetzbl. 1929, S. 1323)。此外尚有巴伐利亚宪法第 70 条及 1920 年 6 月 11 日法律之第 2 条第 3 款。

[44] 在我看来,当斯麦特在 *Verfassung und Verfassungsrecht* S. 69 f. 说,与其他国家机关相较,法院之行为并不在促进政治整合,而主要是在促进一个特别法律共同体(besondere Rechtsgemeinschaft)之整合时,就未免太过头了。而这样的讲法也必然会导致国家的多元分裂。实体法律众多的特别分支与领域,必须以数不尽的特别法院审查权(Sondergerichtsbarkeit)来配套,从而又代表了有许多共同体(Gemeinschaft)存在。

[45] 与 F. Glum, *Der deutsche und der französische Reichswirtschaftsrat*, *Beiträge zum öffentlichen Recht und Völkerrecht*, Heft 12, S. 25 f., Berlin 1929 相反,我并不认为这里是真正代表的情况,而且从代表的特定字义来看,我也不认为经济利益是“可被代表的”。参见前面第 98 页注释(即第二章之注释[12]——译者)。关于作为鉴定与咨询机关的帝国经济委员会(Reichswirtschaftsrat)(相对于经济议会,Wirtschaftsparlament)W. Haubold, *Die Stellung des Reichswirtschaftsrates in der Organisation des Reiches*, Dissertation der Berliner Handels-Hochschule, 1931。

附录：

本书引用之宪法条文

1. 魏玛宪法

第 13 条：

第 1 项：

帝国法破邦法。

第 2 项：

若对于邦法规之条文是否抵触帝国法律产生疑义或争议时，该管帝国或邦之中央机关得依据帝国法律之具体规范声请帝国最高法院裁判之。

第 15 条：

第 1 项：

于帝国享有立法权之范围，帝国政府得行使监督权。

第 2 项：

于帝国法律由邦机关执行之情况下,帝国政府得发布一般性指令。帝国政府有权于监督帝国法律之执行的目的下,派出委托人员至各邦之中央机关,或于其同意之下,派至下级机关。

第3项:

于帝国政府要求下,邦政府有义务排除执行帝国法律时所生之瑕疵。除帝国法律别有其他法院管辖权规定时,[瑕疵是否存在之]争议产生时,得由帝国政府或邦政府声请国事法院裁判之。

第17条:

第1项:

各邦须具有共和体制之宪法。国会议员必须依照比例代表选举制之原则,由德意志帝国之男女经由普通、平等、直接、秘密之选举选出。邦政府必须获得国会议员之信任。

第2项:

国会议员选举之原则亦适用于地方自治团体之选举。但在邦法中可以至长为一年之居住期间作为地方自治团体选举权之要件。

第 19 条：

第 1 项：

对于无法院具有裁判权限之邦内部宪法争议、各邦之间或帝国与邦之间非私法形式之争议，在其他帝国法院对之无管辖权时，由德意志帝国国事法院基于当事人一方之声请做出裁判。

第 2 项：

国事法院之裁判由帝国总统执行之。

第 21 条：

国会议员为全民之代表。其依良知而行事、不受他项请托之拘束。

第 22 条：

第 1 项：

[帝国众议院之]议员应经由普通、平等、直接及秘密之选举，依据比例代表选举制之原则，由年满二十岁以上之男女选举之。选举日应订于周日或公定假日。

第 2 项：

细节由帝国法律规定之。

第 24 条：

第 1 项：

帝国众议院每年 11 月第一周周三于帝国政府所在地集会。基于帝国总统或帝国众议院议员总数三分之一以上之请求，帝国众议院议长须提前召集帝国众议院集会。

第 2 项：

会期之结束，与再次集会之期日，由帝国众议院定之。

第 25 条：

第 1 项：

帝国总统得解散帝国众议院，但基于同一理由不得再为解散。

第 2 项：

新选举必须于解散后 60 日内举行。

第 30 条：

关于帝国众议院、邦众议院或其委员会之公开议事过程的真实报道，不生责任之问题。

第 36 条：

帝国众议院及邦众议院之成员不得因其表决或为执行职务所发表之言论而在任何时间受到法院或纪律上之惩处、对院外亦不负责任。

第 37 条：

第 1 项：

在会期期间，若无帝国众议院及邦众议院之许可，不得以犯罪嫌疑为由侦查或逮捕帝国众议院及邦众议院之成员，但现行犯或犯行隔日之逮捕，不在此限。

第 38 条：

第 1 项：

对于因其议员身份而向之吐露事实之人，或议员在执行职务时所吐露事实之人，帝国众议院或邦众议院之成员得拒绝对该人或该事实本身作证。关于书证之扣押，亦享有法定之拒绝作证之权利。

第 2 项：

帝国众议院或邦众议院内部之搜索或扣押，不得该机关院长之同意，不得为之。

第 39 条：

第 1 项：

为行使作为帝国众议院或邦众议院成员之职务，官员及国防军人，不享有休假之权利。

第 2 项：

竞选帝国众议员或邦众议员时，其准备选举之假期应受保障。

第 41 条：

第 1 项：

帝国总统由全体德国人民选举之。

第 2 项：

年满三十五岁之德国人，得被选为帝国总统。

第 3 项：

细节由帝国法律规定之。

第 42 条：

第 1 项：

帝国总统于就职时应对帝国众议院做出以下宣誓：

第 2 项：

余谨宣誓，余致力于德意志人民之福祉，增其益、减其损，捍卫帝国之宪法及法律，秉持良知以尽吾人之义务，并公正对待所有人民。

第 3 项：

宣誓时，得附加宗教宣誓。

第 43 条：

第 1 项：

帝国总统之任期为七年。连选得连任之。

第 2 项：

在任期结束之前，帝国总统得由帝国众议院提议、经人民票决罢免之。帝国众议院之决议须有三分之二多数之同意。经该决议，帝国总统不得继续行使其职权。人民票决拒绝罢免之决定应视为新选举，而帝国众议院［于罢免提议被拒绝后］，应即解散。

第 44 条:

帝国总统不得同时兼任帝国众议员。

第 45 条:

第 1 项:
帝国总统对外代表帝国。其以帝国之名与外国缔结同盟、订立条约、授受使节。

第 2 项:
宣战及媾和以帝国法律行之。

第 3 项:
与外国缔结之同盟与条约,于涉及帝国立法事项时,须得帝国众议院之同意。

第 46 条:

在法律无其他规定时,帝国文武官员由帝国总统任命并免职。此项任命及免职权并得通过其他机关行使之。

第 48 条:

第 1 项:

于邦不履行帝国宪法或帝国法律所课予之义务时,帝国总统得凭借武力强制之。

第 2 项:

于德意志帝国之公共安全与秩序受到阻碍或危害时,帝国总统得采取必要措施以重新恢复公共安全及秩序,必要时得以武力介入。为达此目的,帝国总统得暂时使规定于第 114、115、117、118、123、124 及 153 条中之基本权一部或全部丧失效力。

第 3 项:

帝国总统应将依据本条第 1 项、第 2 项而采取之措施即时知会帝国众议院。该措施因帝国众议院之要求而丧失效力。

第 4 项:

危急时,邦政府得由其地域内采取第 2 项范围内之暂时性措施。该措施因帝国总统或帝国众议院之要求而丧失效力。

第 5 项:

细节由帝国法律规定之。

第 49 条：

第 1 项：

帝国总统代表帝国行使大赦权。

第 2 项：

帝国特赦，应由帝国法律规定之。

第 50 条：

帝国总统之一切命令与处分，包括属于国防事务领域者，均须由帝国总理或该管部长之副署，始生效力。责任因副署而移转。

第 54 条：

为执行其职务，帝国总理与帝国部长须获得帝国众议院之信任。其任何一员，于帝国众议院以明确之决议撤销其信任时，应予去职。

第 59 条：

于帝国总统、帝国总理与帝国部长可归责地侵害帝国宪法或帝国法律时，帝国众议院有权对其向德意志国事法院提起诉讼。

起诉之声请须有帝国众议员一百人以上之联署，并得到修宪所须之赞成票数。细节由规范国事法院之帝国法律规定之。

第 68 条：

第 1 项：

法律案应由帝国政府或帝国众议院议员提出。

第 2 项：

帝国法律应由帝国众议院议决之。

第 70 条：

合宪制定之法律，帝国总统应予签署，并于一个月之期限内公布于帝国法律公报。

第 73 条：

第 1 项：

帝国众议院所决议之法律，于帝国总统于一个月内做成交付公民复决之决定时，则应于公布前交由公民复决。

第 2 项：

由帝国众议院总数三分之一之申请而展期公布之法律，如有二十分之一以上之选举权人申请，应交由公民复决之。

第 3 项：

若有十分之一以上之选举权人于法律草案提出后提出公民复决之决议时，公民复决亦应举行。此项公民动议应备以已完成之法律草案。该草案由政府附带其立场说明转呈帝国众议院。于帝国众议院无任何变更通过该草案时，毋须再行公民复决。

第 4 项：

涉及预算、税捐法及俸给条例时，仅帝国总统有提请公民复决之权。

第 5 项：

公民复决及公民动议之程序由帝国法律定之。

第 74 条：

第 1 项：

对帝国众议院所议决之法律案，帝国参议院享有异议权。

第 2 项：

异议之提出，须于帝国众议院完成最终表决后两周内，提交帝国政府，并至迟须于稍后两周内检附理由。

第 3 项：

异议提出后，帝国众议院应重行议决法律案。若帝国众议院与帝国参议院无法达成一致意见，帝国总统得于三个月内就意见分歧事项，命令举行公民复决。若帝国总统不行使此权利，该法律案即视为未成立。若帝国众议院基于三分之二多数，做出反对帝国参议院异议之决议，帝国总统即须于三个月内公布帝国众议院所议决之版本，或命令举行公民复决。

第 76 条：

第 1 项：

宪法可循立法途径修改。于法定议员总数三分之二出席，出席人数三分之二赞成时，帝国众议院得议决修改宪法。帝国参议院针对修改宪法所做出之决议，亦须超过总票数三分之二。若宪法修改系由公民动议（Volksbegehren）所发起，通过公民复决（Volksentscheid）而做出，赞成票须达选举权人之半数。

第 2 项：

若帝国众议院不顾帝国参议院之反对而做出修改宪法之决议，则在帝国参议院于两星期内提请交付公民复决时，帝国总统不得公布该法律。

第 85 条：

第 1 项：

帝国之收支，须于每一会计年度予以估算，并编入预算案。

第 2 项：

预算案应于会计年度开始之前，以法律确定之。

第 3 项：

支出之批准，原则上以一年为限；于特殊情况，得延长批准期间。此外，帝国预算法不得包括超越会计年度，或与帝国之收支或其管理不相关之规定。

第 4 项：

非得帝国参议院之同意，帝国众议院不得在预算草案中为支出之提高或增列新项目。

第 5 项：

帝国参议院之同意，得依第 74 条之规定予以替代。

第 87 条：

以信用方式筹措资金，唯有在非常需求，且该笔资金通常系用于营利目的之支出情况下，始得为之。其筹措方式，以及帝国所负担之担保给付，仅得依帝国法律行之。

第 102 条：

法官独立并仅受法律拘束。

第 104 条：

第 1 项：

掌理普通法院审判权之法官为终身职。非由法院基于法律所规定之理由及形式做出裁判，不得违反其意愿而令其休职、停职、调任或退休。立法者得规定法官之退休年龄。

第 2 项：

法律所规定之暂时性停职，不受前项规定之限制。

第 3 项：

于法院组织或管辖区域变更时，邦之司法行政部门得进行非自愿性之调任或退职，但不得影响其薪俸。

第 4 项：

本条不适用于商事法官、参审员及陪审员。

第 105 条:

不得设立特别法院。人民受法定法官裁判之权利不得剥夺之。但关于军事法院与戒严法院之法律规定不在此限。军事婚姻法庭应予禁止。

第 109 条:

第 1 项:
德国人民在法律之前一律平等。男性及女性原则上具有相同的公民权利及义务。

第 2 项:
不得因出身或阶级而为公法上之有利或不利待遇。贵族称号仅作为姓名之一部,且不得再行授予。

第 3 项:
仅得授予标示官职与职业之职衔;但学术头衔不在此限。

第 4 项:
国家不得授与勋章及荣典。

第 5 项:

德国人民不得接受外国政府所颁发之头衔或勋章。

第 114 条：

第 1 项：
人身之自由不得侵犯。以公权力对人身自由施以侵害或剥夺，仅得基于法律为之。

第 2 项：
遭剥夺自由之人，至迟应于翌日受告知，[其自由之遭剥夺]系出于何官署、基于何种理由所为之命令；遭剥夺自由之人，应立即获得机会，针对其自由之遭剥夺，提出抗辩。

第 115 条：

德国人民之住所，为其自由居处，不得侵犯。例外情况仅得基于法律规定，而允许之。

第 129 条：

第 1 项：
除法律有特别规定者外，官员之任用皆为终身职。退休金及抚恤金，应由法律定之。官员之既得权利不得侵害。官员之财产上请求权应享有法律救济途径。

第 2 项:

官员职务之暂时休职、暂时或终局退休或调职至薪资较低之职位,以法定之特定要件及形式为前提。

第 3 项:

对于所有公务员刑罚之决定,皆应开放诉愿及再审之救济机会。关于公务员个人特质之证明,唯有在公务员具有陈述机会时,其不利于公务员之登载始能被予以采纳。对于其个人特质之证明,公务员阅卷之权利应予保障。

第 4 项:

职业军人既得权利之不可侵犯及财产上请求权之法律救济途径开放,亦受保障。但其于此事项外之地位,由帝国法律规定之。

第 130 条:

第 1 项:

公务员为全民之公仆,而非政党之仆佣。

第 2 项:

所有公务员之政治思想自由及结社自由应予保障。

第 3 项:

根据帝国法律的细节规定，公务员得具有特殊的公务员代表机关。

第 131 条：

第 1 项：

公务员于行使被赋予之公权力而侵害对第三人所负职务上之义务时，原则上由国家或其所任职之法人负起责任。但公务员对国家及法人应负之赔偿责任不受影响。不得排除普通法院之救济途径。

第 2 项：

该管立法机关应制定细节性之规范。

第 134 条：

所有国民一视同仁，应视其资产多寡，依照法律所定标准分摊公共负担。

第 142 条：

人民享有艺术、学术及讲学之自由。国家应对其加以保障，并施以照护。

第 146 条:

第 1 项:

应建立公立学校教育体系。于为全民而设之小学教育之上,应建立中等及高级学校教育体制。于学校教育体制之建立,应重视人生志业之多样性;于特定学校之学生招收,应以学生之资质及秉赋为准,而不应以学生父母之经济社会地位或宗教信仰为依据。

第 2 项:

于不危及前项意义下之正常学校营运时,基于受教权主体之声请,地方自治团体内应设立符合其信仰或世界观之国民学校。受教权人之意愿应在最大可能限度内予以考量。细节由邦立法者依据帝国法律之原则规定之。

第 149 条:

第 3 项:

大专院校中之神学院应予保留。

第 151 条:

第 1 项:

经济生活之秩序,须符合正义之基本原则,并以保障全体人民享有合乎人性尊严之生存为鹄的。在此范围内,个人之经济自由应予保障。

第 2 项:

法律上之强制,仅得为保障受危害权利之实现,以及为满足基于公共福祉之显著需求,而允许之。

第 3 项:

商业与手工业之自由,依帝国法律所定标准而受保障。

第 152 条:

第 1 项:

经济领域之交易,适用依法律标准所定之契约自由原则。

第 2 项:

暴利应予禁止。法律行为违反善良风俗者,无效。

第 153 条:

第 1 项:

所有权受宪法保障。其内容与界限由法律定之。

第 2 项:

非为公益及公众,且以法律为基础,不得征收。除帝国法律有特别规定外,应附以适当之补偿。帝国法律无特别规定时,对于补偿之金额之争议,得利用普通法院救济之。联邦对于邦、地方自治团体及公益团体之征收,非有补偿不得为之。

第 3 项:

所有权负有义务。其利用应以公益为目的。

第 165 条:

第 1 项:

劳工与雇员有权与雇主基于平等地位,共同参与关于工资与劳动条件,以及关于生产力之整体经济上发展等事项之规制。双方所成立之组织及协定,应予承认。

第 2 项:

劳工与雇员,为维护其社会与经济上利益,在企业劳工委员会、依经济领域而划分之区域劳工委员会以及帝国劳工委员会中,应获得法定代表。

第 3 项:

为达成整体经济任务,并共同参与关于社会化法律之执行事项,区域劳工委员会与帝国劳工委员会应协同雇主代表与其他相关各界人民代表，共组区域经济委员会与帝国经济委员会。区域经济委员会与帝国经济委员会之组成，应使各重要职业团体，依其在经济与社会领域中之重要性而取得相应之代表。

第 4 项：

帝国政府在提交具有根本重要性之社会政策与经济政策法律草案[于帝国众议院]前，应先将其交由帝国经济委员会鉴定。帝国经济委员会有权自行提出此等法律提案。若帝国政府不同意该等提案，仍须将其提交帝国众议院，但得加注其立场。帝国经济委员会得指派一名成员为代表，于帝国众议院参与关于该提案之讨论。

第 5 项：

各劳工与经济委员会，于其该管领域，得受委托而行使监督与管理权限。

第 6 项：

关于劳工与经济委员会之设置及其任务，并其与其他社会性自治行政团体间关系之规范，专属于帝国（联邦）之权限。

2. 萨克森宪法(1831 年)

第 153 条:

第 1 项:

若在宪法文件之个别点上之解释有疑义产生,而该疑义无法通过政府与等级会议之协议而排除,则政府与等级会议双方的正反争议理由皆应提交国事法院裁判之。

第 3 项:

此处所做出之判决应视为有权解释而加以遵守。

3. 普鲁士宪法
(1920 年 11 月 30 日公布之版本)

第 40 条:

第 1 项:

对于邦职务之执行,邦内阁应使邦参议院随时掌握其进行状态。

第 2 项:

在法律草案提出之前,邦内阁应提供邦参议院有提出鉴定意见之机会。国家参议院得以书面向邦众议院提出不同见解。

第 3 项：

邦参议院有权透过邦内阁，向邦众议院提出法律草案。

第 4 项：

帝国或邦法律之执行命令、或邦内阁之一般性组织命令，应经邦参议院或其辖下具有管辖权之委员会之听证始得公布之。

第 51 条：

法律中无有明文指定单一部长时，由邦内阁制定执行法律之命令。

第 55 条：

于邦众议院非集会期间，为维持公共安全或排除非常紧急状态而有迫切需求时，邦内阁得与依本宪法第 26 条设置之常设委员会形成一致决议，颁布不抵触本宪法，并具有法律位阶效力之命令。该命令应提交于邦众议院之下次集会，寻求其批准。若邦众议院不予批准，该命令应公告于立法公报，并立即失效。

（魏玛宪法第 24 条、第 49 条、第 50 条、第 68 条、第 74 条、第 85 条、第 87 条、第 114 条、第 115 条、第 134 条、第 151 条、第 152 条、第 165 条以及普鲁士宪法系由李君韬翻译，其余皆由苏慧婕翻译）

译名对照表

一　中西对照

（本表中文部分原为繁体字，现为简体字）

一画

一般法律 einfaches Gesetz
一党国家 Ein-Parteienstaat

二画

人民代表机关 Volksvertretung
人民票决 Volksabstimmung

三画

工会国家 Gewerkschaftsstaat

四画

不可知论的 agnostisch
不具政党（党派）色彩的 unparteiisch
不受国家干预的 staatsfrei
中立化 Neutralisierung
公民投票 Plebiszit
公民动议（举行公民投票的提议） Volksbegehren
公民复决 Volksentscheid
公共经济领域 öffentliche Wirtschaft
公投式民主 plebiszitäre Demokratie
公务员 Beamte
反向运动 Gegenbewegung
巴泰勒米 Barthélemy J.
文官制度 civil service
比尔芬格，卡尔 Bilfinger, Carl

五画

主观公权利 subjektives öffentliches Recht
代表 Vertretung
代议 Repräsentation
包尔，奥图 Bauer, Otto
司法形式性 Justizförmigkeit

司法部门 Justiz
市民法治国 bürgerlicher Rechtsstaat
布吕宁 Brüning
布鲁塔斯 Brutus,Junius
平衡考量 Parität
弗里兹·卡尔·曼 Fritz Karl Mann
立法国 Gesetzgebungsstaat

六画

仲裁决定 Schiedsspruch
全面权力 Allmacht
吉泽 Giese,Fr.
同一性 Identität
合作团结原则 Genossenschaftsprinzip
地方自治团体 Gemeinde
多元主义 Pluralismus
多元主义政党国家 pluralistischer Parteienstaat
多角势力 Polykratie
安序兹 Anschütz,G.
托马 Thoma,Richard
考夫曼,埃利希 Kaufmann,Erich
自主性 Autonomie
自主性 Selbständigkeit
自愿管辖 Unterwerfung
艾(艾)伯特 Ebert
行政规则 Verwaltungsordnung
西哀士,伊曼纽尔一约瑟夫 Sieyès, Emmanuel-Joseph
西蒙斯 Simons

七画

伯伦知理(布伦奇利) Bluntschli,J. C.
伯尔纳茨克 Bernatzik
克莱蒙一多奈尔 Clermont-Tonnerre
免除采邑义务之地产 Allod
戒严法 Standrecht
决(決)断 Dezision
决(決)断论 Dezisionismus
私有财产 Privateigentum
邦联 Commonwealth

八画

事物专业取向 Sachlichkeit
供养国 Versorgungsstaat
例外状态 Ausnahmezustand
制宪国民会议 verfassungsgebende Nationalversammlung
取代法律(制定法)地位的命令 gesetzvertretende Verordnungen
委员会国家 Rätestaat
孟德斯鸠 Montesquieu
定在 Dasein
官僚国家 Beamtenstaat
官僚阶层 Beamtentum
承载者 Träger

拉封丹 Lafontaine
拉尔纳奴 Larnaude
波比滋 Popitz, J.
波奇—海付达 Poetzsch-Heffter
波恩 Bonn, M. J.
法律、制定法 Gesetz
法院审查权 richterliches Prüfungsrecht
法规命令 Rechtsverordnung
社会之自我组织 Selbstorganisation der Gesellschaft
社会性实体 soziale Größe
社会性权力复合体 soziale Machtkomplexe
非宗教性的世界观社团 Weltanschauungsgesellschaft
非常权限 außerordentliche Befugnisse
芮(苪)莱尔 Zeiler

九画

哈林顿 Harrington, Jomes
帝国参议院 Reichsrat
帝国强制措施 Reichsexekution
帝国众议院 Reichstag
帝国裁判法院 Reichsspruchgericht
帝国经济委员会 Reichswirtschaftsrat
帝国福利法院 Reichsversorgungsgericht
帝国宪法 Reichsverfassung
帝国储蓄专员 Reichssparkommissar
建构体 Gebilde
恒常性 Permanenz
政策公投 Referendum
政党国家 Parteienstaat
施泰因 Stein, Lorenz von
施塔尔 Stahl, F. J.
既得权利 wohlerworbene Rechte
耶利内克,G. Jellinek, Georg
耶利内克,W. Jellinek, Walter
耶路撒冷 Jerusalem, F. W.
韦(韋)伯,马克斯 Weber, Max

十画

兼任禁止 Inkompatibilität
原告当事人适格 Aktivlegimitation
恩格斯,弗雷德里希 Friedrich Engels
格内斯特,鲁道夫 Gneist, Rudolf
格劳 Grau, R.
格劳秀斯,胡戈 Grotius, Hugo
海曼 Haymann, F.
特里佩尔 Triepel, H.
租税国 Steuerstaat
秘密政治的 kryptopolitisch
脆弱的政党联盟国家 labiler Koalitions-Parteien-Staat
茨威格特 Zweigert
财(財)产,所有权 Eigentum
贡(貢)斯当,本雅明 Constant, Benjamin
哥伯特 Göppert, H.

十一画

参(參)审员 Beisitzer
商事法官 Handelsrichter
国(國)事法院裁判权 Staatsgerichtsbarkeit
国(國)家意志建构过程 staatliche Willensbildung
基佐 Guizot, Francois
基希海默 Kirchheimer, Otto
执(執)行法 Ausführungsgesetz
专(專)业人士 Sachverständige
专(專)业人士、专家 Sachkundige
从(從)事司法实务之法律人 Justizjurist
梅耶,奥图 Mayer, Otto
统(統)一体,统一性 Einheit
统(統)治(部门),政府 Regierung
莫尼尔 Mounier
莫耳 Mohl, R.
勒文塔尔 Löwenthals, M.
推挤法官 Richterschub

十二画

斯巴达五长官制 spartanisches Ephorate
斯麦特,鲁道夫 Smend, Rudolf
斯普朗格,爱德华 Spranger, Eduard
普劳斯 Preuß, Hugo
普鲁士邦参议院 Preußischer Staatsrat
普鲁士邦内阁 Preußischer Staatsministerium
税捐国 Abgabenstaat
等级国家 Ständestaat
等级会议 Stände
诉(訴)讼权能 Klagebefungnis
费(費)希特 Fichte, Johann Gottlieb
雅可比 Jacobi, Erwin
黑格尔 Hegel, G. W. Friedrich

十三画

瑙曼 Naumann, F.
群体化,群体聚合 Gruppierung
圣(聖)西门 Saint-Simon
董事会 Direktorium
预(預)算协定 Budgetvereibarung
预(預)算法 Budgetrecht
照护国 Fürsorgestaat

十四画

维(維)特迈尔 Wittmayer, L.
斡旋权力 pouvoir intermédiare
荣(榮)格尔 Jünger, Ernst
福利国 Wohlfahrtsstaat
紧(緊)急命令 Notverordnung
紧(緊)急状态 Notzustand
蒙德 Mende
宾(賓)丁 Binding
赫曼 Heimann, Eduard

十五画

审(審)计院 Rechnungshof
暂(暫)时措施 Provisorium
调(調)解人 Schlichter
赔(賠)款国 Reparationsstaat
适(﨑)用争议 Meinungsverschiedenheit

十六画

宪(憲)法法律 Verfassungsgesetz
宪(憲)法争议 Verfassungsstreitigkeit
宪(憲)法的违反 Verfassungsbruch
宪(憲)政国家 Verfassungsstaat
独(獨)立性 Unbhängigkeit
穆勒,约翰·斯图亚特 Mill,John Stuart
兴(興)登堡 Hindenburg
霍布斯 Hobbes
霍法克 Hofaker
静(靜)态性 Statik

十七画

环(環)境 Milieu
总(總)务委员会 Generalrat
总(總)体动员 totale Mobilmachung
总(總)体国家 totaler Staat
联(聯)邦主义 Föderalismus
赛(賽)德尔 Seydel,Max von
迈(邁)尔—安序兹 Meyer-Anschütz

十八画

萨(薩)米许 Seamisch

二十画

议(議)会主义 Parlamentarismus
议(議)会民主制国家 parlamentarischdemokratischer Staat

二十二画

权(權)限 Kompetenz
鉴(鑑)定人 Gutzchter

二　西中对照

A

Abgabenstaat 税捐国
agnostisch 不可知论的
Aktivlegimitation 原告当事人适格
Allmacht 全面权力
Allod 免除采邑义务之地产
Anschütz,G. 安序兹

außerordentliche Befugnisse 非常权限
Ausführungsgesetz 执行法
Ausnahmezustand 例外状态
Autonomie 自主性

B

bürgerlicher Rechtsstaat 市民法治国
Barthélemy J. 巴泰勒米
Bauer,Otto 包尔,奥图
Beamte 公务员
Beamtenstaat 官僚国家
Beamtentum 官僚阶层
Bernatzik 伯尔纳茨克
Beisitzer 参审员
Bilfinger,Carl 比尔芬格,卡尔
Binding 宾丁
Bluntschli,J. C. 伯伦知理(布伦奇利)
Bonn,M. J. 波恩
Brüning 布吕宁
Brutus,Junius 布鲁塔斯
Budgetrecht 预算法
Budgetvereibarung 预算协定

C

civil service 文官制度
Clermont-Tonnerre 克莱蒙—多奈尔
Commonwealth 邦联
Constant,Benjamin 贡斯当,本雅明

D

Dasein 定在
Dezision 决断
Dezisionismus 决断论
Direktorium 董事会

E

Ebert 艾伯特
Eigentum 财产,所有权
einfaches Gesetz 一般法律
Einheit 统一体,统一性
Ein-Parteienstaat 一党国家

F

Föderalismus 联邦主义
Fichte,Johann Gottlieb 费希特
Friedrich Engels 弗雷德里希·恩格斯
Fritz Karl Mann 弗里兹·卡尔·曼
Fürsorgestaat 照护国

G

Gebilde 建构体
Gegenbewegung 反向运动
Gemeinde 地方自治团体
Generalrat 总务委员会
Genossenschaftsprinzip 合作团结原则

Gesetz 法律、制定法

Gesetzgebungsstaat 立法国

gesetzvertretende Verordnungen 取代法律(制定法)地位的命令

Gewerkschaftsstaat 工会国家

Giese,Fr. 吉泽

Gneist,Rudolf 格内斯特,鲁道夫

Göppert,H. 哥伯特

Grau,R. 格劳

Grotius,Hugo 格劳秀斯,胡戈

Gruppierung 群体化,群体聚合

Guizot,Francois 基佐

Gutzchter 鉴定人

H

Handelsrichter 商事法官

Harrington,Jomes 哈林顿

Haymann,F. 海曼

Hegel,G. W. Friedrich 黑格尔

Heimann,Eduard 赫曼

Hindenburg 兴登堡

Hobbes 霍布斯

Hofaker 霍法克

I

Identität 同一性

Inkompatibilität 兼任禁止

J

Jerusalem,F. W. 耶路撒冷

Jünger,Ernst 荣格尔

Jacobi,Erwin 雅可比

Jellinek,Georg 耶利内克,G.

Jellinek,Walter 耶利内克,W.

Justiz 司法部门

Justizförmigkeit 司法形式性

Justizjurist 从事司法实务之法律人

K

Kaufmann,Erich 考夫曼,埃利希

Kirchheimer,Otto 基希海默

Klagebefungnis 诉讼权能

Kompetenz 权限

kryptopolitisch 秘密政治的

L

labiler Koalitions-Parteien-Staat 脆弱的政党联盟国家

Lafontaine 拉封丹

Larnaude 拉尔纳奴

Löwenthals,M. 勒文塔尔

M

Mayer,Otto 梅耶,奥图

Mende 蒙德

Meyer-Anschütz 迈尔一安序兹

Milieu 环境

Mill,John Stuart 穆勒,约翰・斯图亚特

Mohl, R. 莫耳
Montesquieu 孟德斯鸠
Mounier 莫尼尔
Meinungsverschiedenheit 适用争议

N

Naumann, F. 瑙曼
Neutralisierung 中立化
Notverordnung 紧急命令
Notzustand 紧急状态

O

öffentliche Wirtschaft 公共经济领域

P

Parität 平衡考量
parlamentarisch-demokratischer Staat 议会民主制国家
Parlamentarismus 议会主义
Parteienstaat 政党国家
Permanenz 恒常性
Plebiszit 公民投票
plebiszitäre Demokratie 公投式民主
Pluralismus 多元主义
pluralistischer Parteienstaat 多元主义政党国家
pluralistischer Parteienstaat 多元主义政党国家
Poetzsch-Heffter 波奇一海付达
Polykratie 多角势力
Popitz, J. 波比滋
pouvoir intermédiare 斡旋权力
Preuß, Hugo 普劳斯
Privateigentum 私有财产
Provisorium 暂时措施
Preußischer Staatsrat 普鲁士邦参议院
Preußischer Staatsministerium 普鲁士邦内阁

R

Rätestaat 委员会国家
Rechnungshof 审计院
Rechtsverordnung 法规命令
Referendum 政策公投
Regierung 统治(部门),政府
Reichsexekution 帝国强制措施
Reichstag 帝国参议院
Reichssparkommissar 帝国储蓄专员
Reichsspruchgericht 帝国裁判法院
Reichstag 帝国众议院
Reichsverfassung 帝国宪法
Reichswirtschaftsrat 帝国经济委员会
Reichsversorgungsgericht 帝国福利法院
Richterschub 推挤法官
Reparationsstaat 赔款国
Repräsentation 代议
richterliches Prüfungsrecht 法院审

查权

S

Seamisch 萨米许
Sachkundige 专业人士、专家
Sachlichkeit 事物专业取向
Sachverständige 专业人士
Saint-Simon 圣西门
Schiedsspruch 仲裁决定
Schlichter 调解人
Selbständigkeit 自主性
Selbstorganisation der Gesellschaft 社会之自我组织
Seydel, Max von 赛德尔
Sieyès, Emmanuel-Joseph 西哀士，伊曼纽尔—约瑟夫
Simons 西蒙斯
Smend, Rudolf 斯麦特，鲁道夫
soziale Größe 社会性实体
soziale Machtkomplexe 社会性权力复合体
spartanisches Ephorate 斯巴达五长官制
Spranger, Eduard 斯普朗格，爱德华
Stände 等级会议
Ständestaat 等级国家
staatliche Willensbildung 国家意志建构过程
staatsfrei 不受国家干预的
Staatsgerichtsbarkeit 国事法院裁判权
Stahl, F. J. 施塔尔
Standrecht 戒严法
Statik 静态性
Stein, Lorenz von 施泰因
Steuerstaat 租税国
subjektives öffentliches Recht 主观公权利

T

Thoma, Richard 托马
totale Mobilmachung 总体动员
totaler Staat 总体国家
Träger 承载者
Triepel, H. 特里佩尔

U

Unbhängigkeit 独立性
unparteiisch 不具政党(党派)色彩的
Unterwerfung 自愿管辖

V

Verfassungsbruch 宪法的违反
verfassungsgebende Nationalversammlung 制宪国民会议
Verfassungsgesetz 宪法法律
Verfassungsstaat 宪政国家
Verfassungsstreitigkeit 宪法争议
Versorgungsstaat 供养国

Vertretung 代表
Verwaltungsordnung 行政规则
Volksabstimmung 人民票决
Volksbegehren 公民动议（举行公民投票的提议）
Volksentscheid 公民复决
Volksvertretung 人民代表机关

W

Weber,Max 韦伯,马克斯
Weltanschauungsgesellschaft 非宗教性的世界观社团
wohlerworbene Rechte 既得权利
Wohlfahrtsstaat 福利国
Wittmayer,L. 维特迈尔

Z

Zeiler 芮莱尔
Zweigert 茨威格特

编 辑 说 明

本书的翻译，苏慧婕负责的是导论、第一章以及第三章第 3 节与第 4 节，李君韬则是前言、第二章、第三章第 1 节与第 2 节。并特别感谢刘锋老师对拉丁文部分提供的翻译与指正。

施密特于内文中所提到的相关参阅页数，皆为原书页码，即本书边码。此外，书中引用之相关宪法条文，已附于本书附录中，以方便读者参考。

图书在版编目(CIP)数据

宪法的守护者/(德)卡尔·施密特著;李君韬,苏慧婕译.—北京:商务印书馆,2017
(汉译世界学术名著丛书:120年纪念版:珍藏本)
ISBN 978-7-100-14500-8

Ⅰ.①宪… Ⅱ.①卡… ②李… ③苏… Ⅲ.①宪法—研究 Ⅳ.①D911.04

中国版本图书馆CIP数据核字(2017)第153987号

汉译世界学术名著丛书
(120年纪念版·珍藏本)
宪法的守护者
〔德〕卡尔·施密特 著
李君韬 苏慧婕 译

商务印书馆出版
(北京王府井大街36号 邮政编码100710)
商务印书馆发行
北京市十月印刷有限公司印刷
ISBN 978-7-100-14500-8

2017年12月第1版 开本 710×1000 1/16
2017年12月北京第1次印刷 印张 17¼
定价:85.00元